CÍORADH

Filíocht agus Prós don Ardteist

GNÁTHLEIBHÉAL

Bríd Nic an Fhailigh • Mícheál Ó Ruairc

AN COMHLACHT OIDEACHAIS

Clár

FILÍOCHT

(i) Dánta dualgais

(ii) Filíocht roghnach

PRÓS

(i) Prós dualgais

(ii) Prós roghnach

FILÍOCHT

(i) Dánta dualgais

1 A Ógánaigh an Chúil Cheangailte

Ní fios cé chum

A ógánaigh an chúil cheangailte
    lé raibh mé seal in éineacht,
chuaigh tú aréir an bealach seo
4   is ní thainic tú dom fhéachaint.
Shíl mé nach ndéanfaí dochar duit
    dá dtagthá 'gus mé d'iarraidh,
is gurb í do phóigín a thabharfadh sólás dom
8   dá mbeinn i lár an fhiabhrais.

Dá mbeadh maoin agamsa
    agus airgead 'mo phóca,
dhéanfainn bóithrín aicearrach
12   go doras tí mo stóirín,
mar shúil le Dia go gcluinfinnse
    torann binn a bhróige,
's is fada ón lá 'nar chodail mé
16   ach ag súil le blas a phóige.

Agus shíl mé, a stóirín,
    go mba gealach agus grian thú,
agus shíl mé ina dhiaidh sin
20   go mba sneachta ar an tsliabh thú,
agus shíl mé ina dhiaidh sin
    go mba lóchrann ó Dhia thú,
nó go mba tú an réalt eolais
24   ag dul romham is 'mo dhiaidh thú.

Gheall tú síoda is saitin dom
    callaí 'gus bróga arda,
is gheall tú tar a éis sin
28   go leanfá tríd an tsnámh mé.
Ní mar sin atá mé
    ach 'mo sceach i mbéal bearna
gach nóin agus gach maidin
32   ag féachaint tí mo mháthar.

Chuaigh tú aréir an bealach seo
is ní tháinic tú dom fhéachaint

An File

Ní fios cé chum an dán seo.

Amhrán grá de chuid na ngnáthdhaoine, ón 17ú haois nó ón 18ú haois is ea é.

Cúlra an dáin

Cuireann an file an t-amhrán grá seo i mbéal cailín tréigthe. Tá brón agus uaigneas ar an gcailín mar go bhfuil a buachaill óg imithe uaithi. Is léir go bhfuil sí croíbhriste ina dhiaidh.

Tá léiriú san amhrán seo ar an ngrá éagmaise is é sin duine amháin i ngrá, ach nach bhfuil an duine eile i ngrá leis-sean nó léise.

Cineál dáin

Baineann formhór na n-**amhrán grá** leis an seachtú agus leis an ochtú haois déag. **I measc na ngnáthdhaoine** a cumadh iad, le cur i láthair comhluadair mar **amhráin** nó mar fhilíocht. Mar sin is amhráin iad a thagann ón gcroí agus mothú láidir dáiríre iontu, de ghnáth.

Ar feadh cúpla céad bliain roimhe sin bhí **dánta foirmeálta grá** á gcumadh. Tháinig an coinbhinsean liteartha seo isteach i litríocht na Gaeilge sna blianta tar éis ionradh na Normannach (*the Norman Invasion*). I gceantar *Provence* na Fraince a tháinig an sórt seo filíochta chun bláthadh den chéad uair. *Amour courtois* (grá cúirte) a bhí sna dánta, toisc gur bhain an fhilíocht le saol suaimhneach na n-uaisle sna meánaoiseanna. Bhí rialacha daingne ag baint leis na *dánta grá* agus mar sin is minic atá níos mó den inchinn (*brain*) na den chroí iontu. Seo a leanas cuid de na tréithe a ghabhann leis na **dánta grá**:

- Ba ghalar é an grá sna dánta seo.
- Bhíodh an fear (nó an bhean) i ndeireadh na feide ag an ngalar seo.
- Ní bhíodh an fear / an bhean in ann codladh oíche ná lae a dhéanamh: ní fhéadfadh sé / sí ithe ná ól; ní fhéadfadh sé / sí faoiseamh a fháil, ach é / í de shíor ag caoineadh is ag osnaíl.
- Ba chuma leis an bhfear (nó leis an mbean) cé acu beo nó marbh dó / di agus é / í i ngreim an ghalair mharfaigh seo.
- Ní raibh ach an t-aon leigheas amháin le fáil ar an ngalar seo (ar ghrá éagmaise – *unrequited love*) agus b'shin póg amháin ón mbuachaill (nó ón gcailín) don leannán tréigthe.

Is cosúil go raibh roinnt mhaith cur i gcéill sna dánta seo – ba mhinic gur **bhean uasal** a bhí á moladh, seachas grá geal an fhile.

D'fhág na **dánta grá** a lorg ar **amhráin ghrá na ngnáthdhaoine**, ó thaobh ábhair agus stíle de. Bíonn blas pearsanta ar na **hamhráin** agus ní bhraithimid aon chur i gcéill orthu.

Toisc gur i measc na ngnáthdhaoine (gan léann, de ghnáth) a cumadh **na hamhráin ghrá**, tá na tréithe seo ag baint leo:

- Fíor-mhothúcháin an chailín / an bhuachalla (thréigthe)
- Ceol agus milseacht cainte – ag éisteacht a bhí an comhluadar, agus ní ag léamh.
- Tagairtí don dúlra agus d'áilleacht na timpeallachta
- Íomhánna agus meafair a léiríonn cumas samhlaíochta na bhfilí seo (féach Véarsaí 2 agus 3 sa dán seo).
- An tsimplíocht agus an daonnacht (*humanity*) atá le sonrú sna amhráin.

Maireann traidisiún na n-amhrán grá fós sna Gaeltachtaí.

I measc na n-amhrán mór grá sa Ghaeilge tá:

Dónall Óg

Jimmy mo Mhíle Stór;

A bhuachaill an chúil dualaigh;

Úna Bhán;

Máirín de Barra

Iníon an Fhaoit' ón nGleann

Mal Dubh an Ghleanna

An Draighneán Donn

B'fhiú cuid de na hamhráin seo a chur i gcomparáid le cuid de phopamhráin ghrá an lae inniu, ó thaobh na cainte, na n-íomhánna agus na rithime de.

Insint eile ar an dán

(líne ar líne)

Véarsa 1

A bhuachaill óig a bhfuil do ghruaig ceangailte ar chúl do chinn agat,

(A bhuachaill) a raibh mé i ngrá leat uair amháin,

chuaigh tú an treo seo istoíche aréir

ach níor thug tú aon chuairt orm.

Cheap mé nach gcuirfeadh sé isteach ró-mhór ort

dá dtiocfá do mo lorg mar bhean chéile,

agus thabharfadh póg bheag uait faoiseamh dom

dá mbeinn go dona tinn.

Véarsa 2

Dá mbeadh saibhreas agamsa

Agus airgead i mo phóca,

dhéanfainn cóngar (*short cut*) cruinn díreach

go dtí teach mo mhuirnín,

agus dóchas mór i mo chroí agam go gcloisfinn

an fhuaim is breá liom, fuaim a choiscéime (*his footsteps*),

agus ní dhearna mé codladh sámh le fada an lá

ach mé ag tnúth le póg uaidh.

Véarsa 3

Agus cheap mé, a ghrá ghil,

go raibh tú chomh tábhachtach leis an ngealach agus leis an ngrian domsa,

agus cheap mé ina theannta sin

go raibh tú cosúil leis an sneachta ar an sliabh,

agus cheap mé chomh maith

go raibh tú cosúil le solas ó Dhia do mo threorú,

nó go raibh tú i do réalt eolais sa spéir

ag dul romham amach is ag teacht i mo dhiaidh (ar eagla go rachainn amú).

Véarsa 4

Gheall tú go dtabharfá síoda agus saitin dom

éadaí galánta faiseanta agus bróga arda,

agus gheall tú ina theannta sin

go rachfá thar farraige i mo dhiaidh.

Ní mar sin a tharla (dom)

ach d'fhág tú go hainnis mé

lá i ndiaidh an lae

ag tabhairt aire do theach mo mháthar.

Cíoradh an dáin

1 Príomhsmaointe an dáin

(a) Cuir ✔ sa bhosca ceart do gach abairt.

		Fíor	Bréagach	Níl a fhios againn ón dán
(i)	Bhí an t-óganach gar do theach an fhile aréir.	✔		
(ii)	Níor thug sé cuairt uirthi.			
(iii)	D'iarr an t-óganach mar bhean chéile í.			
(iv)	Ba mhaith leis an gcailín aicearra a dhéanamh go teach an óganaigh.			
(v)	Codlaíonn an cailín go sámh le fada an lá.			
(vi)	Is fada ó chodail sí go sámh, mar tá sí tréigthe ag an óganach.			
(vii)	Cheap an cailín gurbh iontach an fear é an t-óganach.			
(viii)	Cheap sí gur chuir Dia an t-óganach chuici chun í a threorú.			
(ix)	Gheall an t-óganach éadaí galánta di.			
(x)	Lean sé go Meiriceá í.			
(xi)	Thréig sé í agus tá sí anois go huaigneach ag tabhairt aire do theach a máthar.			

(b) Scríobh na habairtí atá **Fíor** in (a), i ndiaidh a chéile, agus beidh **príomhsmaointe an dáin** agat.

2   (a)   Meaitseáil

A	B
maoin	grian
aicearra	i mo dhiaidh
síoda	aréir
ar maidin	saibhreas
gealach	sról / saitin
romham	cóngar

(ar maidin connected to aréir)

(b)   Cad iad na focail sa dán go bhfuil an chiall seo leo?

    (i)   díobháil

    (ii)   éadaí galánta

    (iii)   folt gruaige

    (iv)   cóngar, cosán gearr

    (v)   saibhreas

    (vi)   solas chun duine a threorú

---

3   *Teicnící filíochta*

comhfhuaim   Nuair a bhíonn an fhuaim chéanna le cloisteáil cúpla uair i ndiaidh a chéile (mar shampla, **é** i líne 2, **ó** i líne 7, **í** i líne 21 etc), glaotar **comhfhuaim** (*assonance*) air sin.

rím   Nuair a bhíonn an fhuaim chéanna ag deireadh línte (mar shampla **é** ag deireadh línte 2 agus 4, **í** ag deireadh línte 6 agus 8, **ú** ag deireadh línte 18, 20, 22 agus 24, glaotar **rím** air sin.

onomataipé   Nuair a bhíonn fuaim na bhfocal cosúil leis an bhfuaim atá i gceist (mar shampla i líne 25 'Gheall tú síoda is saitin dom' áit a gcloiseann tú siosarnach (*the rustle*) an éadaigh, glaotar **onomataipé** air sin.

uaim   Nuair a thosaíonn focail atá in aice a chéile, nó gar dá chéile ar an litir chéanna (mar shampla 'A ógánaigh an (ch)úil (ch)eangailte'), glaotar **uaim** (*alliteration*) air sin. Tá samplaí eile d'uaim sa dán freisin.

athrá   Nuair a úsáideann an file an focal céanna, nó an frása céanna, cúpla uair i ndiaidh a chéile, (mar shampla 'Agus shíl mé…' i línte 17, 19 agus 21), glaotar **athrá** (*repetition*) air sin.

codarsnacht   Nuair a bhíonn baint éigin ag dhá rud lena chéile, ach go bhfuil difríocht mhór eatarthu, glaotar **codarsnacht** (*contrast*) air sin, mar shampla idir líne 25 'síoda is saitin' agus líne 30 ''mo sceach i mbéal bearna'.

íomhánna (images)   **Meafair** (*metaphors*) agus **samhla** (*similes*) an dá shaghas íomhánna is coitianta sa bhfilíocht.

Nuair a deir an file go bhfuil duine / rud amháin *cosúil le*, nó *ar nós*, duine / rud eile, glaotar **samhail** (*simile*) air sin. [Nod: an sean-litriú a bhí ar 'cosúil' ná co*samhail*.]

Nuair a deir an file gurb ionann (*when the poet says one is the other*) dhá rud, nó duine agus rud áirithe, glaotar **meafar** (*metaphor*) air sin. Féach línte 29/30 'Ní mar sin ata mé ach *'mo* sceach i mbéal bearna' (*I am a bush in a gap*). Sin meafar drámúil. Dá ndéarfadh an file 'tá mé *ar nós* sceach i mbéal bearna' (*I am like a bush in a gap*), bheadh samhail againn ann.

meadaracht   Is ionann **meadaracht** (*metre*) agus patrún na línte agus na bhfuaimeanna i bpíosa filíochta. Seo an mheadaracht atá i véarsa 3: seasann ‿ do **shiolla** (*syllable*) nach bhfuil **béim** (*stress*) air.

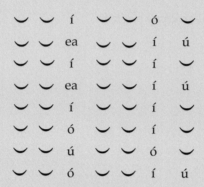

Féach na comhfhuaimeanna agus an rím. Cuireann meadaracht **rialta** (*regular*) mar sin le ceol na cainte, rud a oireann do dhán a bhíonn á chanadh. An réitíonn tú leis an tuairim sin?

4   Mothú

(a)

> Tá a croí briste.
> Braitheann sí gur thréig sé í.
> Bhí an t-ógánach ina dhia beag aici. (*She adored him.*)

Déanann na habairtí sa bhosca cur síos ar mhothú an chailín i línte éagsúla sa dán. Cé acu mothú a bhraitheann tú sna línte seo?
(i)   línte 17 go 24
(ii)   línte 5 go 8
(iii)   línte 29 go 32

Cuir na freagraí atá agat i gcomparáid leis na freagraí atá ag do chara.

(b)   Féach ar an dán go léir arís. Cad é an mothú is láidre a bhraitheann tú sa dán?

5   Téama

Croí-lár an ábhair atá sa dán, glaotar an **téama** (*theme*) air sin. Cé acu seo atá mar theama sa dán 'A Ógánaigh an Chúil Cheangailte'?
–   Ní féidir brath ar na fir i gcúrsaí grá!
–   Is uafásach an phian a bhaineann leis an ngrá éagmaiseach.
–   Níl aon chiall ag na mná nuair atá siad i ngrá!
Léirigh do fhreagra le línte as an dán.

Ceisteanna ginearálta

Freagair **A, B, C** agus **D.**

A

Freagair (i), (ii), (iii) *agus* (iv).

(i)   Cén chuis ghearáin atá ag an gcailín sa dán seo?

(ii)   Mínigh *an dara véarsa* go cruinn *i d'fhocail féin.*

(iii)   'ní mar sin atá mé
ach 'mo sceach i mbéal bearna'
Cad tá i gceist ag an bhfile leis an gcaint sin, dar leat?

(iv)   An maith leat an tríú véarsa den dán? Cuir fáth le do fhreagra.

B

Freagair (i), (ii), (iii) *agus* (iv).

(i)   Inis *i d'fhocail féin* conas a chuireann an file in iúl sa dán go bhfuil an cailín i ngrá le hÓgánach an Chúil Cheangailte.

(ii)   Cad iad na tagairtí don dúlra atá sa dán? Cén úsáid a bhaineann an file astu?

(iii)   Mínigh *an tríú véarsa* go cruinn *i d'fhocail féin.*

(iv)   An gceapann tú go bhfuil an cailín i ndáiríre sa dán seo? Cuir fáth le do fhreagra.

C

Freagair (i), (ii), (iii) *agus* (iv).

(i)   Cad é an mothúchán is láidre, dar leat, sa dán seo?

(ii)   Inis, i d'fhocail féin, cén pictiúr den chailín a chuirtear os ár gcomhair sa dán.

(iii)   Cén sórt duine é an t-ógánach, dar leat? Cuir fáth le do fhreagra.

(iv)   Úsáidtear an Modh Coinníollach go minic sa dán. Scríobh amach seacht sampla as an dán. Cén éifeacht atá leis na briathra seo, dar leat?

D

Freagair (i), (ii), (iii) *agus* (iv).

(i)   Cad iad **na híomhánna** is fear leat sa dán seo? Cén fáth gur maith leat iad?

(ii)   Conas a théann **an t-athrá** i véarsaí 3 agus 4 i bhfeidhm ar an dán?

(iii)   An dóigh leat go gcuireann **an mheadaracht** leis an dán? – an gcuireann sé le ceol na cainte? *nó* an ndéanann sé oiriúnach le canadh é? *nó* an gcuireann an rithim rialta croí agus pian an fhile ag preabadh de shíor i gcuimhne dúinn? *nó…*?

(iv)   Léirigh **an chodarsnacht** idir gliondar an chailín i véarsa a trí agus an briseadh croí atá á fhulaingt aici (*the heartbreak she is suffering*) i véarsa 4. Conas a chuireann an file an chodarsnacht sin in iúl?

Gluais

Véarsa 1

cúl ceangailte: folt gruaige ceangailte siar ar chúl an chinn

2   *seal*: tamall / uair amháin

3   *bealach*: bóthar / treo

4   *ní tháinic*: níor tháinig

      dom fhéachaint: chun cuairt a thabhairt orm

5   *shíl mé*: cheap mé / mheas mé

      dochar: díobháil / damáiste

6   *dá dtagthá*: dá dtiocfá. Seo foirm den bhriathar nach n-úsáidtear anois ach go hannamh.

      mé d'iarraidh: mé a iarraidh mar bhean chéile

7   *sólás*: compord / taitneamh

8   *i lár an fhiabhrais*: go dona tinn; fiabhras: *fever*

Véarsa 2

9   *maoin*: airgead / saibhreas

11   *bóithrín aicearrach*: bóthar beag díreach

12   *mo stóirín*: mo ghrá geal / mo mhuirnín

13   *go gcluinfinnse*: go gcloisfinnse (Modh Coinníollach, 1 Uatha den bhriathar 'cluinim').

14   *torann*: fuaim, *sound*

      binn: (fuaim) a thaitneann go mór liom

      torann a bhróige: fuaim a choiscéime, *his footfall / footstep*

15   *is fada ón lá 'nar chodail mé*: tá tamall fada ann ó chodail mé go sámh

16   *ag súil*: ag tnúth

      blas: pléisiúr, *taste*

Véarsa 3

17   *a stóirín*: a ghrá / a mhuirnín / a rún

18   *go mba gealach agus grian thú*: go raibh tú chomh hálainn agus chomh lárnach (*central*) i mo shaol leis an ngealach agus leis an ngrian

19   *ina dhiaidh sin*: tar a éis sin / freisin

20   *go mba sneachta ar an tsliabh thú*: go raibh tú chomh geal agus chomh glan leis an sneachta ar an sliabh

21   *shíl mé*: cheap mé / mheas mé

22   *lóchrann ó Dhia*: lóchrann: *lantern*; solas ó Dhia, i.e. í go raibh tú cosúil le solas na bhFlaitheas do mo threorú (*guiding me*)

23   *réalt eolais*: *guiding star*, cosúil leis an réalta a threoraigh na trí Rí go Beithil

24   *ag dul romham is 'mo dhiaidh*: ag taispeáint na slí dom

Véarsa 4

25 *gheall tú*: thug tú geallúint, *you promised*

  síoda is saitin: *silk and satin* (sról), éadaí faiseanta

26 *callaí agus bróga arda*: éadaí galánta agus bróga le sála (*heels*) arda

27 *tar a éis sin*: ina theannta sin, chomh maith leis sin

28 *go leanfá tríd an tsnámh mé*: go rachfá thar farraige i mo dhiaidh

29 *ní mar sin atá mé*: ní mar sin a tharla (dom)

30 *sceach*: tor, *bush*

  'mo sceach i mbéal bearna: tá mé tréigthe, caite i leataobh go hainnis agat, *I'm just a stop-gap, like a bush in a gap*

31 *nóin*: tráthnóna

  gach nóin agus gach maidin: lá i ndiaidh an lae, i gcónaí

32 *ag féachaint tí mo mháthar*: ag tabhairt aire do theach mo mháthar.

2 Géibheann

Caitlín Maude (1941-1982)

Ainmhí mé

ainmhí allta
as na teochreasa
4   a bhfuil cliú agus cáil
ar mo scéimh

chroithfinn crainnte na coille
tráth
8 le mo gháir

ach anois
luím síos
agus breathnaím trí leathshúil
12 ar an gcrann aonraic sin thall

tagann na céadta daoine
chuile lá

a dhéanfadh rud ar bith
16 dom
ach mé a ligean amach

An File

I Ros Muc, i nGaeltacht Chonamara, a rugadh an file, Caitlín Maude, sa bhliain 1941. Oileadh ina múinteoir í agus chaith sí tréimhsí ag múineadh i nGaillimh, i nDún Dealgan agus i mBaile Átha Cliath. Tá Gaelscoil i dTamhlacht – Scoil Chaitlín Maude – ainmnithe in onóir di.

Bhain sí clú agus cáil amach mar cheoltóir agus mar amhránaí ar an sean-nós. Eisíodh ceirnín dá cuid amhránaíochta sa bhliain 1975. Tá an téip – Téip CEFC 042 – ar fáil ó Ghael-Linn.

Bhí baint mhór ag Caitlín le drámaíocht na Gaeilge agus aisteoir an-oilte a bhí inti. Ghlac sí páirteanna le Taibhdhearc na Gaillimhe agus le hAmharchlann an Damer i mBaile Átha Cliath. Bhí an phríomhpháirt aici sa dráma Gaeilge *An Triail*, le Máiréad Ní Ghráda, le linn Féile Amharclainne Átha Cliath sa bhliain 1964: bhí sí i mbéal an phobail ag an am, mar mhol Harold Hobson, príomhléirmheastóir drámaíochta an *Sunday Times*, go spéir í.

Bhí Caitlín Maude sáite i ngluaiseacht na Gaeilge ar feadh a saoil. Foilsíodh cnuasach filíochta dá cuid, *Caitlín Maude, Dánta,* sa bhliain 1984. D'aistrigh an file agus an foilsitheoir, Pádraig Ó Snodaigh, cuid dá cuid dánta go hIodáilis agus foilsíodh iad i bhfoirm leabhair sa bhliain 1985. B'iontach an teacht i láthair (*presence*) a bhí inti: thagadh sí os comhair an chomhluadair ag Oícheanta Filíochta mar a bheadh sí gaoithe ann, lena gruaig fhada dhubh, a dreach (*expression*) drámúil agus a stíl phaiseanta reacaireachta (*recitation*). Ní haon ionadh gur thug Máirtín Ó Direáin 'focalrabharta' (*a torrent of words*) ar roinnt dá cuid filíochta.

Caitlín Maude

Insint eile ar an dán
(*líne ar líne*)

Is ainmhí mé

ainmhí fiáin
as ceann de na tíortha atá in aice leis an meánchiorcal
tá clú agus cáil
ar m'áilleacht mar ainmhí

chuirfinn na crainn sa bhforaois ag crith
uair amháin
le mo bhúir

ach sa lá atá inniu ann
fanaim i mo luí
agus féachaim trí shúil amháin
ar an aon chrann amháin atá in aice liom

tagann slua mór daoine go dtí an áit seo
gach lá

a bheadh sásta aon rud a dhéanamh
dom
ach amháin mé a scaoileadh saor

16

Cíoradh an dáin

1 Príomhsmaointe an dáin

(a) Cuir ✔ sa bhosca ceart do gach abairt:

	Fíor	Bréagach	Níl a fhios againn ón dán
(i) Ainmhí tí (bó *nó* capall, *nó* madra etc) atá ag caint sa dán seo.		✔	
(ii) Ainmhí ó thír teochreasach atá ag caint.			
(iii) Tá clú ar an ainmhí seo mar gheall ar a áilleacht.			
(iv) Bhí glór mór láidir aige nuair a bhí sé sa bhforaois.			
(v) Tá an t-ainmhí bocht i gcoill bheag in Éirinn anois.			
(vi) Tá an t-ainmhí sa Sú anois.			
(vii) Tá sé tinn tuirseach den saol atá aige.			
viii) Tagann na sluaite ag féachaint air gach lá.			
(ix) Tugann na daoine sin bia dó.			
(x) Glacann siad pictiúir de.			
(xi) Ach níl na daoine sin sásta é a scaoileadh saor.			

(b) Scríobh na habairtí atá **Fíor** in (a), i ndiaidh a chéile, agus beidh **príomhsmaointe an dáin** agat.

2 (a) Meaitseáil

A	B
cáil	áilleacht
búir	crann amháin
chuile	clú
crann aonraic	gáir
mé a ligean amach	gach uile
scéimh	mé a scaoileadh saor

(b) Meaitseáil gach focal / frása leis an mála ceart:

an saol a bhí
ag an ainmhí
tráth

na céadta daoine
teochreasa
crann aonraic
gáir
ag féachaint trí leathshúil
coill / foraois
i ngéibheann

an saol atá
anois aige

3 *Teicnící filíochta*

Léigh na nótaí ar *Teicnící filíochta* le Dán 1, lgh 9 agus 10, arís.

uaim (i) Scríobh trí shampla de uaim as an dán. Cé acu ceann is fearr leat? Cén fáth?

(ii) Conas a chuireann an uaim leis an dán? — an gcuireann uaim le ceol na bhfocal? *nó* an gcuireann an órnáid seo smaointe os ár gcomhair ar shlí gur furasta cuimhneamh orthu? *nó…?*

comhfhuaim (i) Tá béim ar an bhfuaim **é** i líne 13. Tagann an fhuaim sin dhá uair eile sa dán mar a bheadh macallaí (*echoes*) ann. Scríobh an dá líne ina bhfuil na macallaí sin. Cén éifeacht (*impact*) atá leis na fuaimeanna sin? (An bhfuil siad cosúil le **scréach**, *nó* le glór ainmhí atá i bpéin, *nó…?*)

(ii) Cén éifeacht atá leis an gcomhfhuaim i línte 7 agus 8, agus leis an gcomhfhuaim i línte 10 agus 11, dar leat?

rím agus Níl aon phatrún rialta sa dán seo; **saorvéarsaíocht** (*blank verse*) atá ann.
meadaracht An dóigh leat go n-oireann an rithim neamhrialta (*irregular*) don ábhar? Conas / Cén chaoi?

athrá Cén t-athrá a fheiceann tú sa dán seo? Cén éifeacht atá leis? Meas tú cén fáth nach bhfuil mórán athrá ag an bhfile sa dán?

4 Mothú

(i)

> uaibhreas (*pride*)
> cumha (*nostalgia*)
> tuirse / easpa suime (*boredom*)
> fearg
> easpa muiníne as daoine (*lack of confidence in people*)
> briseadh croí
> éadóchas

Cad iad na línte sa dán ina mbraitheann an t-ainmhí allta na mothúcháin sin?

(ii) Cad é an mothú is láidre sa dán ar fad, dar leat?

5 Codarsnacht

Tá an dán seo ar fad bunaithe ar **chodarsnacht** i saol an ainmhí. Líon isteach na habairtí eile thíos chun an chodarsnacht seo a léiriú.

Tráth		Anois	
1	Ainmhí allta ab ea é.	1	Tá sé cosúil le hainmhí tí.
2	Bhí cónaí air sna teochreasa.	2	....
			....
3	Bhí gáir mhór láidir aige.	3	....
			....
4	Bhí cónaí air sa choill / sa bhforaois.	4	Níl ach crann amháin in aice leis.
5	Bhí saol sona aige aige. aige.	5	Tá saol suarach (*miserable*) brónach
6	Ní raibh aon daoine thart air.	6	....
			....
7	Bhí sé saor.	7	....
			....

6 Íomhánna

Cad iad **na híomhánna** is láidre sa dán?

Tá dhá íomhá láidre sa dán:

(i) An t-ainmhí allta (leon, b'fhéidir) agus é ag búiríl sa choill, nuair a chroithfeadh sé crainnte na coille lena gháir. Feicimid uabhar agus cumhacht an leoin – Rí na Coille – agus é saor ina thimpeallacht nádúrtha.

(ii) An t-ainmhí allta agus é i ngéibheann (ina phríosúnach), é tuirseach, traochta, smachtaithe agus é ag breathnú gan suim ar an gcrann aonair atá in aice leis. Feicimid an t-ainmhí bocht anois agus a sprid briste ag an duine daonna. Tá an leon i ngéibheann faoi smacht sa Sú.

7 (i) Téama an dáin

Baineann an dán seo le ceisteanna timpeallachta. Tá damáiste déanta ag an duine don dúlra agus don fhiántas. Tá na coillte agus na foraoiseacha scriosta ag daoine santacha agus tá na hainmhithe allta ruaigthe chun siúil nó díolta le Súnna acu.

Tá an t-ainmhí allta sa dán seo tógtha as a thimpeallacht nádúrtha (an choill) agus curtha isteach i dtimpeallacht mhínádúrtha (an Sú). An dóigh leat gur cheart deireadh a chur leis an gcleachtadh seo?

(ii) Teideal an dáin

An bhfuil an teideal *Géibheann* oiriúnach don dán seo, dar leat?
Conas? / Cén chaoi?

8 Poncaíocht

Tabhair faoi deara nach bhfuil aon phoncaíocht sa dán seo. Conas a théann sé sin i bhfeidhm ar an dán, dar leat?

Ceisteanna ginearálta

Freagair A, B agus C.

A

Freagair (i), (ii), (iii) *agus* (iv).

(i)   Cé a chum an dán seo? Scríobh nóta gairid ar shaol an fhile. Cén ócáid, dar leat, a spreag an dán seo?
(ii) Cén bhaint atá ag an teideal le hábhar an dáin, dar leat?
(iii) Mínigh go cruinn *i d'fhocail féin*:
      'croithfinn crainnte na coille
      tráth
      le mo gháir.'
(iv) Cad is téama, dar leat, don dán seo?

B

Freagair (i), (ii), (iii) *agus* (iv).

(i)   Cad é an mothúchán is láidre sa dán seo, dar leat? Cén fáth atá le do thuairim?
(ii) Tá dhá phictiúr / íomhá den ainmhí le feiceáil sa dán seo. Cad iad?
(iii) Cén dearcadh atá ag an bhfile, dar leat, ar an gcineál saoil a chaitheann an t-ainmhí anois?
(iv) Ar thaitin an dán seo leat? Cuir fáth le do thuairim.

C

Freagair (i), (ii), (iii) *agus* (iv).

(i)   Cad iad na tagairtí don dúlra atá sa dán? Cén úsáid a bhaineann an file astu?

(ii)   Déan cur síos *i d'fhocail féin* (i) ar an saol atá á chaitheamh ag an ainmhí anois agus (ii) ar an saol a bhíodh á chaitheamh aige tráth.

(iii)   'ach anois
luím síos
agus breathnaím trí leathshúil
ar an gcrann aonraic sin thall'
Cad é an mothú a bhraitheann tú sna línte seo?

(iv)   Cén léargas a fhaighimid ar nádúr an duine sa dán seo?

Gluais

Géibheann: príosún (Gairdín na nAinmhithe / an Sú sa chás seo).

2	*ainmhí allta*:	ainmhí fiáin
3	*as na teochreasa*:	as na tíortha teo atá in aice leis an meánchiorcal (*the equator*)
4	*cliú agus cáil*:	= clú agus cáil / iomrá / ainm in airde
5	*mo scéimh*:	m'áilleacht
6	*chroithfinn*:	Modh Coinníollach de 'croithim', *I would / I could shake*
	crainnte na coille:	crainn na foraoise (*forest*)
7	*tráth*:	uair amháin
8	*mo gháir*:	mo ghlór / mo scread / *my roar*
11	breathnaím:	féachaim
	trí leathshúil:	trí shúil amháin: ní fiú leis an dara súil a oscailt, *he wouldn't bother opening the other eye*
12	*crann aonraic*:	crann aonair: níl ach crann amháin ann
	thall:	*over there*
14	*chuile lá*:	gach aon lá
15/16	*a dhéanfadh…dom*:	a bheadh sásta aon rud a dhéanamh dom
17	*ach mé a ligean amach*:	ach amháin mé a scaoileadh saor

3 Cártaí Poist

Louis de Paor (1961 –)

An t-aer ina chriathar bán
ag craos glórach na bhfaoileán
os cionn an tráiléara
4 ag teacht chun cuain
is clogáin na ngabhar
ag bualadh go toll
i measc na gcrann líomóin.

8 Seanbhean i bhfeisteas caointe
cromtha faoi ualach paidreacha
ina ciaróg chráifeach
ag triall ar an aragal
12 cois cladaigh
is clog práis slóchta le meirg
ag casachtaigh sa séipéal aoldaite.

Leannáin órtha ag siúl na trá
16 ag éisteacht le bladar na farraige
is aoire cianaosta
i dtábhairne ar bharr cnoic
ag imirt fichille le hiarlais
20 i mbrístín snámha,
a gharmhac bán ó Bhronx Nua-Eabhrac.

Ar ardán os cionn na trá
breacaimid aibítir solais ar phár
24 is seolaimid ár mbeannachtaí gréine
ar chártaí poist go hÉirinn.

Louis de Paor

An File

I gcathair Chorcaí a rugadh agus a tógadh an file Louis de Paor. Bhain sé céim dhochtúra amach in Ollscoil Chorcaí lena thráchtas ar shaothar Mháirtín Uí Chadhain. Chaith sé tamall ag teagasc i gColáiste na hOllscoile, Gaillimh agus tamall i gColáiste Thuamhumhan, Luimneach (Ollscoil Luimnigh anois). Chaith sé seal ina eagarthóir cúnta ar an iris *Comhar* agus seal ina eagarthóir ar an tréimhseachán filíochta *Innti*.

Bhuaigh sé Duais an Ríordánaigh (do chnuasach filíochta) faoi dhó i gComórtais an Oireachtais, sna blianta 1988 agus 1992. Foilsíodh a chéad bhailiúchán filíochta, *Próca Solais is Luatha,* sa bhliain 1988. Tá cónaí ar Louis de Paor i Melbourne na hAstráile le tamall de bhlianta anuas. Bhí sé ina chomh-eagarthóir le Seán Ó Tuama ar an díolaim filíochta *Coiscéim na hAoise seo,* a d'fhoilsigh Coiscéim sa bhliain 1991 agus foilsíodh cnuasach eile leis *30 Dán,* sa bhliain 1992. Sa bhliain 1993 d'fhoilsigh The Heros Press i gCanberra an leabhar is déanaí uaidh, *Aimsir Bhreicneach* (*Freckled Weather*), cnuasach dátheangach.

Cúlra an dáin

'Ar Saoire sa Ghréig' a bhí mar ainm ar an dán seo nuair a foilsíodh é sa chnuasach *Innti 12* sa bhliain 1989. Cruthaíonn an file sraith pictiúr den saol sa Ghréig, idir ghnáthshaol na ndaoine agus saol na dturasóirí (*tourists*).

Insint eile ar an dán

(líne ar líne)

Véarsa 1
Tá an spéir cosúil le criathar bán
ag na faoileáin scréachacha ocracha
atá ag eitilt os cionn an bháid iascaigh
agus é ag teacht chun calaidh
    tar éis bheith ag iascaireacht
is tá na cloigíní a chaitheann na gabhair
ag clingeadh go balbh
i measc na gcrann líomóide.

Véarsa 2
Tá seanbhean in éadaí dubha, dorcha
cromtha ag meáchan na bpaidreacha
cosúil le ciaróg bheannaithe
(tá an tseanbhean seo) ar a bealach
go dtí an séipéilín
cois na farraige
is tá clog déanta as prás atá clúdaithe le meirg
ag bualadh go neamhbhinn sa séipéal bán.

Véarsa 3
Tá daoine óga griandóite, atá i ngrá, ag siúl cois trá
iad ag éisteacht le fuaim mhealltach na farraige
is tá seanaoire
i dteach tábhairne ar bharr cnoic
é ag imirt fichille le duine óg atá as áit anseo,
óganach atá gléasta i gculaith snámha
mac a iníne / a mhic ón mBronx i Nua-Eabhrac, a bhfuil cion mór ag a sheanathair air

Línte 22-25
In áit ard os cionn na farraige
scríobhaimid focail gheala ar pháipéar
is cuirimid ár smaointe éadroma gealgháireacha (chun bealaigh)
ar chártaí poist go hÉirinn.

Cíoradh an dáin

1 Príomhsmaointe an dáin

(a) Cuir ✔ sa bhosca ceart do gach abairt.

	Fíor	Bréagach	Níl a fhios againn ón dán
(i) Tá an trálaer ag teacht ar ais tar éis bheith ag iascaireacht.			
(ii) Tá na céadta faoileán os a chionn.			
(iii) Tá gabhair i measc na gcrann líomóide.			
(iv) Cloiseann an file clogáin na ngabhar ag bualadh.			
(v) Feiceann an file seanbhean chríonna chaite ag dul chuig séipéal beag cois farraige.			
(vi) Tá clog meirgeach (*rusty*) an tséipéil ag bualadh.			
(vii) Feicimid daoine atá i ngrá ag siúl na trá.			
(viii) Is turasóirí iad na daoine sin.			
(ix) Tá seanaoire i dteach tábhairne ar bharr cnoic.			
(x) Tá sé ag imirt peile lena gharmhac ó Mheiriceá.			
(xi) Tá an t-aoire agus a gharmhac ó Mheiriceá ag imirt fichille.			
(xii) Suíonn an file ar ardán, ag scríobh cártaí poist le cur go hÉirinn.			

(b) Scríobh na habairtí atá **Fíor** in (a), i ndiaidh a chéile, agus beidh **príomhsmaointe an dáin** agat.

25

2 (a) Meaitseáil

A	B
craos	séipéal beag
go toll	cois farraige
bladar	mac mic nó mac iníne
aragal	ocras mór
garmhac	plámás
cois cladaigh	go balbh
pár	scríobhaimid
breacaimid	páipéar

(b) Meaitseáil gach focal / frása leis an mála ceart:

seanbhean chromtha
ag siúl na trá
bladar na farraige
ag imirt fichille
aoire cianaosta
aibitir solais
beannachtaí gréine
tráiléar

3 *Teicnící filíochta*

Féach arís ar na nótaí ar *Theicnící filíochta* le Dán 1, lgh 9 agus 10.

comhfhuaim — Tá comhfhuaimeanna suimiúla sa dán seo, mar shampla, i véarsa 2, an chomhfhuaim idir paidreacha (líne 9), aragal (líne 11), cladaigh (líne 12), casachtaigh agus aoldaite (líne 14). Pioc amach comhfhuaimeanna eile den saghas sin (e.g. an fhuaim á i véarsa 3).

rím — I véarsa 1, tá rím ag deireadh línte 1 agus 2 agus ag deireadh línte 5, 6 agus i lár líne 7 – *ngabhar, toll, gcrann* (Gaeilge na Mumhan).

onomataipé / fuaimfhoclaíocht — Pioc amach rímeanna eile sa dán. An dtagann aon cheann de na comhfhuaimeanna sa dán go speisialta lena gciall, dar leat?

uaim — líne 10 ⓒiaróg, ⓒhráifeach

línte 12-14: ⓒois ⓒladaigh

ⓒlog

ⓒasachtaigh

Faigh samplaí eile d'uaim sa dán agus i ngach cás cuir ciorcail ar na litreacha a dhéanann uaim lena chéile.

	V.1	V.2	V.3	
athrá Tá athrá i **leagan amach an ábhair** i véarsaí 1, 2 agus 3.				
(a) an duine / na héin	faoileáin	seanbhean	(i) leannáin	(ii) aoire
(b) cur síos ar (a)	craosach; glórach			
(c) an áit	os cionn an tráiléara			
(d) cad tá á dhéanamh ag (a)? (*action*)	(ag eitilt) go glórach			

codarsnacht

Déan cóip den chairt seo i do chóipleabar agus líon isteach na boscaí folmha. An bhfeiceann tú athrá de shaghas ar bith eile sa dán?

Tá roinnt mhaith codarsnachtaí sa dán, mar shampla:-

véarsa 1: líne 2 craos **glórach** na bhfaoileán agus líne 5 agus 6 clogáin / ag bualadh go **toll**

véarsa 3: líne 15 leannáin órtha ag siúl na trá agus línte 17 / 18 aoire cianaosta (ina shuí) i dtábhairne ar bharr cnoic.

Tá codarsnacht dhrámúil freisin idir 'aoire cianaosta' (líne 17) agus 'iarlais / i mbrístín snámha / a gharmhac' (línte 19-21)

4 Teideal an dáin

Na pictiúir a líníonn an file (*he sketches*) i ngach véarsa, an pictiúir iad den saghas a bhíonn ar chártaí poist i mbailte turasóireachta (*tourist resorts*)?

(a) Cé acu pictiúir a bhaineann le saol na turasóireachta?

(b) Cé acu a bhaineann le gnáthshaol na háite?

(c) Déan pictiúir den 'chárta' is fearr a thaitneann leat. Cuir dath air.

5 Atmaisféar

(a) Cén sórt **atmaisféir** a bhraitheann tú sa dán seo? – suaimhneach sona (*relaxed*)? ciniciúil? sultmhar (*enjoyable*)? geal? buartha? fuadrach (*fussy*)? Cé acu línte ina mbraitheann tú gach saghas atmaisféir a luann tú? Meas tú cén fáth a bhfuil an t-atmaisféar sin sna 'cártaí'?

(b) Tá naoi bhfocal nó frásaí sa dán, a bhfuil **dathanna** nó **solas** i gceist iontu. An féidir leat iad a aimsiú? Is dathanna *láidre* iad go léir. Cén fáth, dar leat? Cén bhaint atá ag an tír atá i gceist leis? Conas a théann na dathanna sin i bhfeidhm ar an dán?

6 Fuaimeanna

(a) Cad iad na fuaimeanna a luann an file i véarsa 1? Cén cineál fuaimeanna iad? Cén t-am den lá atá i gceist, dar leat?

(b) Cén fhuaim a chloisimid i véarsa 2? An dóigh leat go ndéanann an file cur síos maith ar an bhfuaim sin?

(c) Cén fhuaim a chloisimid i véarsa 3? An fuaim thaitneamhach í? Cén t-atmaisféar a chruthaíonn an fhuaim sin?

(d) An bhfuil aon fhuaim i línte 22-25? Meas tú cén fáth nach luann an file fuaim anseo?

7 Friotal (i.e. an chaint)

(a) Tá **seacht n-ainm briathartha** sa dán:

líne 4	*ag teacht*
líne 6	*ag bualadh*
líne 11	*ag triall*

Críochnaigh an liosta.

Cén éifeacht (*impact*) atá leis na hainmneacha briathartha sin? – an gcuireann siad beocht (*liveliness*) sna pictiúir? *nó* an gcuireann siad le héagsúlacht na bpictiúir? *nó…*?

(b) Féach ar na briathra *breacaimid* agus *seolaimid* i línte 23 agus 24. Cén t-atmaisféar a chruthaíonn siad? –   gnó le déanamh?

daoine cruógacha (*busy*)?

tuiscint nach mbíonn in aon saoire ach seal?

nó…?

(c) Féach ar **na haidiachtaí** sa dán. Cad iad na cinn *is drámúla*, dar leat? Cad iad na cinn is gile? Féach go speisialta ar an dá aidiacht sna línte 22-25 (is *ainmfhocail sa tuiseal ginideach* iad). Conas a théann siad i bhfeidhm ar an gcuid eile den dán?

8 Téama an dáin

Dán faoin timpeallacht é seo sa mhéid go dtugann an file pictiúir dúinn de radharcanna a chonaic sé agus fuaimeanna a chuala sé agus é ar saoire sa Ghréig. Cad iad na línte ina luann an file 'cártaí poist' go hindíreach?

9 Íomhánna

Cad iad na híomhánna is láidre sa dán, dar leat?

Ó thaobh na súl de, tá trí íomhá láidir sa dán:

(i) An bád iascaigh agus na faoileáin bhána bailithe timpeall air.

(ii) An tseanbhean in éadaí dubha, dorcha ar a bealach go dtí an t-aragal

(iii) An seanfhear agus a gharmhac ag imirt fichille sa teach tábhairne ar bharr cnoic.

Ó thaobh na cluaise de, tá dhá íomhá thaitneamhacha sa dán:

(i) Cloigíní na ngabhar ag bualadh go balbh i measc na gcrann líomóin

(ii) Clog meirgeach an aragail ag casachtaigh sa séipéilín aoldaite.

An bhfuil íomhánna eile sa dán atá chomh láidir leis na cinn thuas, dar leat?

Meafair

(a) Tá meafar iontach i véarsa 2, líne 10 – *ina ciaróg chráifeach*

    (i) Conas go bhfuil an bhean ina ciaróg?

    (ii) Cén fáth a bhfuil an bhean *cromtha*, de réir an fhile?

    (iii) Cad tá i gceist le ciaróg **chráifeach**?

(b) An maith leat an meafar i línte 23 agus 24? Cén fáth?

(c) Pioc amach dhá mheafar eile. An maise (*enhancement*) ar an dán iad, dar leat? Cén chaoi?

10   Meadaracht

Déan cur síos ar mheadaracht an dáin. An oireann sin don ábhar, dar leat? Cén chaoi?

Ceisteanna ginearálta

Freagair A, B agus C.

A

Freagair (i), (ii), (iii) *agus* (iv).

(i) Tabhair, *i d'fhocail féin*, píosa amháin fianaise ón dán a chuireann in iúl dúinn nach in Éirinn atá an file ar saoire.

(ii) Cad iad na tagairtí don dúlra atá sa dán? Cén úsáid a bhaineann an file astu?

(iii) Mínigh an dara véarsa go cruinn *i d'fhocail féin*.

(iv) Cad é an mothúchán a bhraitheann tú (*What feeling do you sense*) sa véarsa deireanach?

B

Freagair (i), (ii), (iii) *agus* (iv).

(i) Cé a chum an dán seo? Scríobh nóta gairid ar shaol an fhile.

(ii) Tá an file i gcéin (*abroad*) óna thír dhúchais sa dán seo. An gceapann tú go bhfuil uaigneas air?

(iii) Mínigh an tríú véarsa go cruinn *i d'fhocail féin*.

(iv) Cén bhrí a bhaineann tusa as an líne 'breacaimid aibítir solais ar phár'?

C

Freagair (i), (ii), (ii) *agus* (iv).

(i) Cad is téama, dar leat, don dán seo?

(ii) Cad iad na **fuaimeanna** a théann i bhfeidhm ar an bhfile sa dán seo?

(iii) Déan cur síos *gairid / gearr* ar na daoine a chuireann an file os ár gcomhair sa dán.

(iv) Cad iad na tagairtí don aimsir a fheiceann tú sa dán? Cén éifeacht atá leo, dar leat?

Gluais

1   *ina chriathar bán*: cosúil le criathar (*sieve*) bán

2   *ag craos glórach na bhfaoileán*: ag na faoileáin ghlóracha, shantacha, amplacha

3   *os cionn an tráileara*: (a bhí ag eitilt sa spéir) os cionn an bháid iascaigh

4   *ag teacht chun cuain*: a bhí ag teacht i dtír (le hualach éisc)

5   *clogáin na ngabhar*: bhí cloigíní (*bells*) á gcaitheamh ag na gabhair (*goats*) timpeall a muineál

6   *ag bualadh go toll*: ag clingeadh go balbh (*making a hollow sound*)

7   *crainn líomóin* : crainn líomóide

8   *i bhfeisteas caointe*: in éadaí dubha, dorcha

9   *cromtha faoi ualach paidreacha*: í cromtha síos faoi mheáchan na bpaidreacha atá á rá agus ráite aici

10   *ina ciaróg chráifeach*: bhí sí cosúil le ciaróg (*beetle*) agus í ag guí

11   *ag triall ar*: ag dul go dtí

      ar an aragal: ar an aireagal (séipéal beag)

12   *cois cladaigh*: cois farraige

13   *clog práis*: clog déanta as prás

      slóchta le meirg: piachán air leis an meirg a bhí air, *hoarse from all the rust on it*

14   *ag casachtaigh*: *coughing*, ag bualadh go neamhbhinn

      aoldaite: daite le haol, *whitewashed*

15   *leannáin*: daoine atá i ngrá lena chéile

      órtha: dath an óir / dath na gréine orthu, <u>*nó*</u> *leannáin órtha*: daoine a raibh an saol ar a dtoil acu, '*golden' couples*

16   *bladar na farraige*: fuaim mhealltach na farraige

17   *aoire cianaosta*: aoire a bhí an-aosta ar fad, *aoire: shepherd*

18   *i dtábhairne*: i dteach tábhairne

19   *ag imirt fichille*: *playing chess*

      le hiarlais: le duine óg atá as áit anseo, *iarlais: changeling*

20   *i mbrístín snámha*: i gculaith snámha, *in swimming trunks*

21   *a gharmhac bán*: mac mic nó iníne; *bán: beloved*,

      nó craiceann bán air cheal gréine i Nua-Eabhrac

22   *ar ardán*: in áit ard

23   *breacaimid*: scríobhaimid

      aibítir solais: focail gheala

      ar phár: ar pháipéar

24   *seolaimid*: cuirimid chun bealaigh

      ár mbeannachtaí gréine: ár ndeaghuíonna ó thír na gréine

4 Éiceolaí

(Biddy Jenkinson) (1949 –)

Tá bean béal dorais a choinníonn caoi ar a teach,
a fear, a mac,
is a shíleann gairdín a choinneáil mar iad, go baileach.
4 Beireann sí deimheas ag an uile rud a fhásann.
Ní maith léi fiántas.
Ní fhoighníonn le galar ná smál ná féileacán bán
ná piast ag piastáil
8 is ní maith léi an bláth a ligfeadh a phiotail ar lár.

Cuirim feochadáin chuici ar an ngaoth.
Téann mo sheilidí de sciuird oíche ag ithe a cuid leitíse.
Síneann na driseacha agamsa a gcosa faoin bhfál.
12 Is ar an bhféar aici siúd a dhéanann mo chaorthainnse
cuileanna glasa a thál.

Tá bean béal dorais a choinneodh a gairdín faoi smacht
15 ach ní fada go mbainfimid deireadh dúil dá misneach.

An File

Is ainm cleite é Biddy Jenkinson. I mBaile Átha Cliath a rugadh í agus bhain sí céim amach i gColáiste na hOllscoile, Baile Átha Cliath. Tá drámaí don stáitse agus don raidió scríofa aici. Tá mórán duaiseanna Oireachtais buaite aici le blianta anuas, ar fhilíocht is ar dhrámaí. D'fhoilsigh Coiscéim trí chnuasach dá cuid filíochta – *Baisteadh Gintlí* (1987), *Uiscí Beatha* (1988) agus *Dán na hUidhre* (1991).

Insint eile ar an dán

(*líne ar líne*)

Línte 1-8
Tá bean ina cónaí in aice liom agus coimeádann sí ord agus eagar ar a teach,
ar a fear céile agus ar a mac,
is déanann sí iarracht an gairdín atá aici a choimeád in ord sa tslí chéanna.
Gearrann sí gach aon rud a fhásann, le deimheas.
Cuireann rudaí a fhásann go fiáin olc uirthi.
Níl aon fhoighne aici le haicídí, ná le lochtanna, ná leis an bhféileacán bán (mar is uaidhsean a
    síolraíonn an chruimh chabáiste (caterpillar) a itheann na duilleoga cabáiste sa ghairdín)
ná leis na péisteanna a bhíonn sa chré (mar is gnách leo)
Agus ní maith léi na bláthanna a ligeann dá bpiotail titim ar an talamh.

Línte 9-13

Séideann an ghaoth na feochadáin as mo ghairdínse isteach ina gairdín siúd.

Téann seilidí as mo ghairdínse isteach ina gairdín siúd san oíche agus itheann siad a cuid leitíse.

Tá na driseoga atá i mo ghairdínse ag síneadh a ngéag isteach faoin mballa (isteach ina gairdín siúd).

Titeann na cuileanna glasa a bhíonn ar an gcrann caorthainn atá agamsa isteach ina gairdín siúd.

Línte 14/15

Ba mhaith leis an mbean a chónaíonn in aice liom smacht a choimeád ar a gairdín ach ní fada anois go gcuirfimid deireadh lena díograis.

Cúlra an dáin

Tá sé soiléir nach bhfuil an file ró-thógta leis an mbean atá ina cónaí béal dorais léi. Ní thaitneann nósanna na comharsan sin in aon chor léi, ní foláir. Dealraíonn sé gur duine údarásach (*authoritative*) cúngaigeanta (*narrow-minded*) atá inti. Tarraingíonn sí fuath an fhile Léirítear gnéithe áirithe den saol sa bhruachbhaile cathrach sa dán.

Cíoradh an dáin

1 Príomhsmaointe an dáin

(a) Cuir ✔ sa bhosca ceart do gach abairt.

		Fíor	Bréagach	Níl a fhios againn ón dán
(i)	Tá an file ina cónaí in aice le bean an-slachtmhar.			
(ii)	Cuireann an bhean seo ord agus eagar ar a teaghlach.			
(iii)	Déanann sí iarracht an gairdín a choimeád go slachtmhar freisin.			
(iv)	Bearrann sí an féar agus an fál uair sa tseachtain.			
(v)	Is breá léi fiántas.			
(vi)	Is fuath léi féileacáin bhána agus péisteanna.			
(vii)	Is fuath léi é nuair a thiteann piotail na mbláthanna ar an talamh.			
(viii)	Téann feochadáin ar an ngaoth ó ghairdín an fhile isteach i ngairdín na mná seo.			
(ix)	Téann seilidí ó ghairdín an fhile isteach istoíche agus itheann siad leitís na mná.			
(x)	Síneann géaga na ndriseacha ó ghairdín an fhile isteach faoin bhfál idir an dá ghairdín.			
(xi)	Sileann crann caorthainn an fhile cuileanna glasa isteach sa ghairdín béal dorais.			
(xii)	Ní fada go gcuirfidh an file deireadh le slacht a comharsan sa ghairdín.			

(b) Scríobh na habairtí atá **Fíor** in (a), i ndiaidh a chéile, agus beidh **príomhsmaointe an dáin** agat.

2   (a)   Meaitseáil

A	B
go baileach	a thabhairt go fial
galar	díograis
de sciuird	in ord is in eagar
a thál	go slachtmhar
faoi smacht	de ruathar
misneach	aicíd

(b)   Cuir gach ceann de na focail nó na frásaí, isteach sa bhosca ceart:

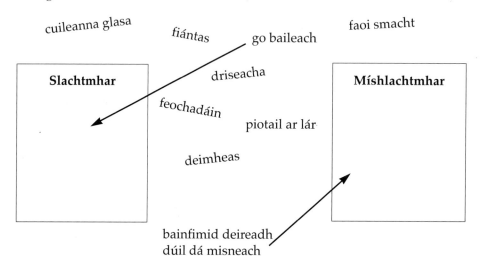

cuileanna glasa   fiántas   go baileach   faoi smacht

Slachtmhar   driseacha   **Míshlachtmhar**

feochadáin   piotail ar lár

deimheas

bainfimid deireadh dúil dá misneach

3   Teicnící filíochta

Léigh na nótaí ar *Theicnící filíochta* le Dán 1, lgh 9 agus 10 arís.

comhfhuaim	Tá béim ar an bhfuaim **í** dhá uair i líne 1, trí huaire i líne 3 agus arís i línte 6 agus 7. Tagann an fhuaim **á** chun tosaigh i línte 4-8. Cén éifeacht atá leis na comhfhuaimeanna seo?
rím	Tá an fhuaim **á** nó **ea** ag deireadh línte 1-3 agus á ag deireadh línte 4-8. Pioc amach na comhfhuaimeanna agus na rímeanna sa chuid eile den dán. An dóigh leat go dtagann na patrúin sin le (*they reflect*) slacht ghairdín na mná béal dorais?
onomataipé/ fuaimfhoclaíocht	Pioc amach aon fhocal nó aon ghrúpa focal sa dán, a bhfuil a bhfuaim ag teacht lena gciall.
uaim	Faigh cúig shampla d'uaim sa dán. An fiú ornáidíocht mar sin a úsáid, dar leat? Cén éifeacht atá léi?
meadaracht agus rithim	Déan cur síos ar mheadaracht an dáin seo. Cad iad na línte is rithim-iúla sa dán, dar leat? Meas tú an oireann an rithim sin go speisialta don ábhar?

friotal

(a) Féach ar na briathra sa dara véarsa:
- **cuirim** feochadáin chuici
- **téann** mo sheilidí de sciuird…,
- **síneann** na driseacha a gcosa…
- **déanann** mo chaorthainn cuileanna glasa a thál

Tá ciúnas áirithe ag baint leo – tá siad réchúiseach (*relaxed*), mall.

cuirim…chuici: tá greann anseo sa mhéid go gceapfá gur mar bhronntanas a chuireann an file na feochadáin chuig a comharsa. Níl aon mhailís (*malice*) sa bhronntanas.

téann…de sciuird: cheapfá gur cuairt chairdiúil atá i gceist.

síneann…a gcosa: cheapfá go raibh na driseacha ag ligean a scíth'.

déanann…a thál: chuirfeadh sí seo bó i gcuimhne duit, agus í ag tál bainne go fial réidh.

Meas tú cén fáth a n-úsáideann an file briathra mar seo sa chuid seo den dán?

(b) Cad iad na briathra sa chéad véarsa is fearr a léiríonn an bhean ag iarraidh a gairdín a choinneáil faoi smacht?

(c) Féach ar an mbriathar go mbainfimid i líne 15. Cén chiall a bhaineann tusa as an uimhir iolra (*plural*) anseo?

Meas tú an bhfuil plean ag an bhfile? Cad é, dar leat?

íomhánna

Cad iad na híomhánna is láidre sa dán, dar leat?

Tá trí íomhá sa dán seo a théann i bhfeidhm go láidir orm:

(i) na seilidí ó ghairdín an fhile ag dul de sciuird oíche ag ithe leitíse i ngairdín na mná béal dorais,

(ii) na driseoga ag síneadh a ngéag faoin mballa, isteach sa ghairdín eile

(iii) crann caorthainn an fhile ag tál cuileanna glasa ar an bhféar i ngairdín na mná béal dorais.

Baineann na híomhánna seo leis an dúlra.

An bhfuil íomhánna eile sa dán atá chomh láidir leis na trí cinn thuas, dar leat?

4   Mothú

(i) Tá na mothúcháin seo le brath i línte éagsúla sa dán. Cad iad na línte?

Mothú	Línte
fearg mífhoighne éad drochmheas magadh	

(ii) Cad é an mothú is láidre sa dán, dar leat? Mínigh do fhreagra.

5 Codarsnacht

Cad a thuigeann tusa le héiceolaí? Cé acu an t-éiceolaí, dar leat, an bhean bhéal dorais nó an file? Líon isteach do chuid fáthanna:

Is éiceolaí í _____ mar:	Ní héiceolaí í _____ mar:

6   (a)   Meas tú conas a choinníonn an file a gairdín féin?

       (b)   An bhfuil an dá theach díreach in aice a chéile? Cá bhfios duit ón dán?

       (c)   Scríobh an cuntas a thabharfadh an bhean bhéal dorais ar a gairdín féin agus ar ghairdín an fhile, dar leat.

7 Téama an dáin

Is dán faoin dúlra / faoin **timpeallacht** é an dán seo. Ciallaíonn 'éiceolaí' duine a bhfuil meas mór aige / aici ar an timpeallacht is a dhéanann iarracht í **a chaomhnú** is a choimeád glan. Is **aoir** í an dán seo. Tá an file **ag aoradh** na mná béal dorais. Tá meas ag an mbean seo ar a timpeallacht, dealraíonn sé, ach is beag meas atá aici ar mhuintir a tí ná ar a comharsana béal dorais, más fíor don fhile. An réitíonn tusa le tuairim an fhile?

8 Teideal an dáin

An oireann an teideal **Éiceolaí** don dán seo, dar leat?

Ciallaíonn 'éiceolaí' duine a thugann aire mhaith don timpeallacht. An t-ainm a bhí ar an gComhaontas Glas (*The Green Party*) ar dtús ná Páirtí Éiceolaíochta na hÉireann. Is léir go bhfuil idir **shearbhas** (*sarcasm*) agus **íoróin** (*irony*) ag baint le teideal an dáin. Is éiceolaí an bhean béal dorais, ach tá sí **ag dul thar fóir leis,** dar leis an bhfile. Cén teideal a chuirfeá féin ar an dán seo?

Ceisteanna ginearálta

Freagair A, B agus C.

A

Freagair (i), (ii), (iii) *agus* (iv).

(i)   Cad is téama, dar leat, don dán seo?

(ii)   Inis, *i d'fhocail féin*, an pictiúr a chuirtear as ár gcomhair sa dara véarsa (línte 9-13).

(iii)   Cad é an mothú is láidre sa dán, dar leat?

(iv)   Cén tábhacht, dar leat, a bhaineann le teideal an dáin?

B

Freagair (i), (ii), (iii) *agus* (iv).

(i)   Mínigh, *i d'fhocail féin*, an **dá** dhearcadh ar an saol a léirítear sa dán seo.

(ii)   'Ní maith léi fiántas.' An bhfuil aon fhianaise sa dán a léiríonn fírinne an ráitis seo?

(iii)   Cé a chum an dán? Scríobh nóta gairid ar an bhfile.

(iv)   An dóigh leat gur dán taitneamhach é seo? Cén fáth atá agat le do thuairim?

C

Freagair (i), (ii), (iii) *agus* (iv).

(i)   An gceapann tú go bhfuil gaol maith idir an file agus an bhean béal dorais?
        Cuir fáth le do fhreagra.

(ii)   'Tá bean béal dorais a choinneodh a gairdín faoi smacht
        ach ní fada go mbainfimid deireadh dúil dá misneach.'
        Cad tá i gceist ag an bhfile sna línte seo, dar leat?

(iii)   Déan cur síos ar na tagairtí don dúlra atá sa dán.

Gluais

Éiceolaí: ecologist, duine a dhéanann staidéar ar an ngaol a bhíonn idir plandaí / ainmhithe / daoine agus a dtimpeallacht

1   *bean béal dorais*: bean atá ina cónaí in aice liom, *my next-door neighbour*
    a choinníonn: a choimeádann
    caoi: ord agus eagar, *order*

3   *a shíleann*: a cheapann / a dhéanann iarracht
    a choinneáil: a choimeád (in ord is in eagar)
    mar iad: cosúil leosan
    go baileach: go cruinn / go néata

4   *deimheas*: uirlis garraíodóireachta, *a hedge-clippers*
    beireann sí deimheas ag…: úsáideann sí an deimheas ar…, bearrann sí… le deimheas
    an uile rud: gach uile rud, gach aon rud

5   *fiántas*: rudaí a bheith ag fás go fiáin

6   *ní fhoighníonn (sí) le*: níl aon fhoighne (*patience*) aici le
    galar: aicíd, *disease*
    smál: locht / laige / mí-ádh /*blemish*
    féileacán bán: white butterfly; ó uibheacha an fhéileacáin bháin a shaolaítear an chruimh
    chabáiste (*caterpillar*), a itheann duilleoga cabáiste sa ghairdín

7   *piast*: péist, *worm*
    ag piastáil: 'worming', go péistiúil, ag déanamh mar a dhéanann péist ó nádúr, i.e. ag
    déanamh tolláin (*tunneling*) tríd an ithir, ach í go gránna suarach, dar leis an mbean seo

8   *a ligfeadh*: a shilfeadh, *who would drop / shed* (Modh Coinníollach an bhriathair 'ligim')
    ar lár: ar an talamh

9   *Cuirim*: *I send*. Ag magadh atá an file anseo – ní chuireann sí fiailí (mar bhronntanas!)
    chuig a comharsa: iompraíonn an ghaoth (*it carries them*) isteach iad.
    feochadáin: thistles
    ar an ngaoth: leis an ngaoth

10 *mo sheilidí*: na seilidí (*snails, slugs*) atá agam i mo ghairdín féin
    de sciuird oíche: de ruathar oíche, *on a night foray / attack*

11 *síneann (siad)*: *they stretch*, faoi mar a bheidís ag ligean a scíth'
    driseacha: briars
    faoin bhfál: *under the garden-fence*

12 *ar an bhféar aici siúd*: ar a cuid féir siúd, *on **her** grass*
    mo chaorthainnse: an crann caorthainn atá i mo ghairdínse, *my rowan tree / mountain-ash*

13 *cuileanna glasa*: green-flies
    a thál: a thabhairt, *provide, yield*

14 *a choinneodh*: *who would (like to) keep*
    faoi smacht: *under control*

15 *ní fada go mbainfimid*: bainfimid sara fada, *soon, before long*
    go mbainfimid deireadh dúil dá misneach: go gcuirfimid deireadh lena críochnúlacht sa
    ghairdín
    an misneach a bhaint di: *to make her lose heart*
    deireadh dúil: e.g. bhain mé deireadh dúil de = ní raibh suim agam ann a thuilleadh, *I
    gave up all enthusiasm for it.*

5 Fothrach Tí i Mín na Craoibhe

Cathal Ó Searcaigh (1956 –)

Tá creatlach an tseantí
ag baint ceoil as an ghaoth;
gan doras gan fuinneog gan sclátaí dín
4   gach foscailt ina feadóg fhiáin
ag gabháil fhoinn.
Ó bhinn go binn
tá an teach tréigthe éirithe
8   ina shiansa stoirmspreagtha.
Mo cheol thú, a sheantigh;
a leithéid de phortaíocht
ní chluinfí choíche
12   ó theach téagartha teaghlaigh
lá gaoithe.

An File

I Mín a' Leágha, lámh le Gort an Choirce, i nGaeltacht Dhún na nGall, a saolaíodh Cathal Ó Searcaigh. Nuair a bhí sé ag freastal ar ollscoil Mhá Nuad sna seachtóidí, chuir sé aithne ar fhilí *Innti* (Michael Davitt, Nuala Ní Dhomhnaill, Liam Ó Muirthile srl) a bhí ar an ollscoil i gCorcaigh ag an am. Chaith sé tamall ag obair in RTÉ agus tamall i Londain. D'fhill sé ar a cheantar dúchais i ndeireadh na n-ochtóidí. Tá sé ina scríbhneoir cónaithe ('*writer in residence*') in Ollscoil na Ríona, Béal Feirste, faoi láthair.

Tá tionchar mór ag an dúlra agus ag a áit dhúchais ar a chuid filíochta. Tá drámaí don stáitse agus don raidió scríofa aige e.g. *Mairimid leis na Mistéirí*, agus *Tá an tóin ag titim as an saol*. Go dtí seo tá trí chnuasach filíochta foilsithe aige – *Súile Shuibhne* (1983), *Suibhne* (1987) agus *An Bealach 'na Bhaile* (1993). Tá caiséad foilsithe ag Cló Iar-Chonnachta – caiséad CIC / L07 – ar a léann Ó Searcaigh cuid dá dhánta féin. Chraol an bealach teilifíse BBC 2 cúpla clár ar Chathal féin (a shaol agus a fhealsúnacht) agus a shaothar i bhfómhar na bliana 1994. Beidh ceann de na cláir sin, *File an Phobail*, á chraoladh ag RTÉ amach anseo.

Cúlra an dáin

Tá sé ráite ag Cathal Ó Searcaigh go dtaitneann filíocht leis a bhaineann leis na céadfaí seachas leis an intleacht. Is féidir, dar leis, filíocht a bhunú ar ábhar ar bith, is cuma cé chomh suarach. Chuir sé suim san fhilíocht ar dtús toisc gur thaitin na fuaimeanna leis – bhíodh filíocht Bhéarla á haithris ag a athair agus cé nach raibh Béarla ar bith ag Cathal ag an am, chuaigh an fhilíocht i bhfeidhm go mór air.

Insint eile ar an dán

(*líne ar líne*)

Tá fothrach an tseantí
ag iompú glór na gaoithe ina píosa ceoil;
níl doras ná fuinneog fágtha air, ná sclátaí ar an díon
tá gach poll sa teach mar a bheadh feadóg ann, agus an ghaoth
ag feadaíl go fiáin tríothu.
Ó cheann ceann an tí
tá glór na gaoithe sa teach folamh
cosúil le caoince cheoil atá spreagtha ag an stoirm.
Maith thú! a sheanteach;
ní chloisfí ceol mar seo riamh
ó theach breá socair a bhfuil daoine ina gcónaí ann,
lá go mbeadh an ghaoth ag séideadh.

Cíoradh an dáin

1   Príomhsmaointe an dáin

Tá an ghaoth ag séideadh tríd an seanteach. Tuigtear don bhfile go bhfuil fothrach an tseantí ag déanamh ceoil agus an ghaoth ag séideadh tríd. Níl doras ná fuinneog ná díon ar an seanteach agus an ghaoth ag séideadh trí gach oscailt ann. Tá an seanteach cosúil le ceolfhoireann (*orchestra*) agus an stoirm ag stiúradh (*conducting*) siansa (*symphony*) ceoil ann.

Deir an file go bhfuil an seanteach seo níos ceolmhaire agus níos binne ná gnáththeach teaghlaigh mar nach gcloisfeá ceol dá leithéid uaidh sin lá gaoithe.

Féach siar ar dhánta 1, 2, 3 agus 4, faoin teideal **Príomhsmaointe an dáin** i ngach cás.
Tá abairtí leis na dánta sin atá **Fíor,** abairtí atá **Bréagach,** agus cúpla abairt faoin teideal **Níl a fhios againn ón dán.**

(i)   Scríobh trí abairt atá **Fíor** i dtaobh príomhsmaointe an dáin 'Fothrach tí i Mín na Craoibhe'.

(ii)   Scríobh trí abairt atá **Bréagach.**

(iii)   Scríobh trí abairt a chuirfeá faoin teideal **Níl a fhios againn ón dán.**

2   (a)   Meaitseáil

A	B
creatlach	maith thú!
ag gabháil fhoinn	portaireacht, ceol
siansa	cnámha
mo cheol thú!	caoince
portaíocht	ag déanamh ceoil
téagartha	clann
teaghlach	láidir, compordach

Cathal Ó Searcaigh

(b)   Cuir gach focal sa seomra ceart:

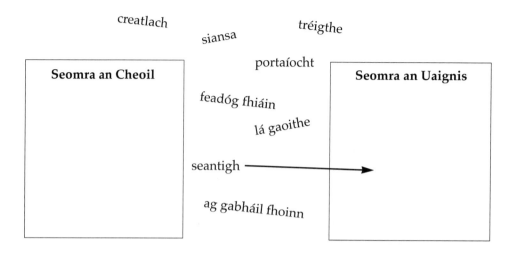

creatlach

siansa

tréigthe

portaíocht

feadóg fhiáin

lá gaoithe

seantigh

ag gabháil fhoinn

| Seomra an Cheoil | Seomra an Uaignis |

3   Teicnící filíochta

Féach siar, más gá, ar na nótaí ar *Theicnící filíochta* le Dán 1, lgh. 9 agus 10.

comhfhuaim   Tá **comhfhuaimeanna** ar fud an dáin seo, mar shampla, an fhuaim **é** i líne 7, nó an fhuaim **í** i línte 5 agus 6. Cén éifeacht atá leis na comhfhuaimeanna sin?

rím   Cén fhuaim is minice ag deireadh línte sa dán seo? Cé mhéad líne a bhfuil an fhuaim sin mar chríoch leo? Cé mhéad líne sa dán? Cén fáth, dar leat, a bhfuil an fhuaim **í** chomh minic sin ag an bhfile sa dán? Cad a chuireann na fuaimeanna sin i gcuimhne duit? – clog ag bualadh? **nó** an ghaoth ag séideadh? **nó** duine ag canadh? **nó**…?

onomataipé/
fuaimfhoclaíocht   Nuair a thagann focail lena gciall mar sin, glaotar onomataipé nó fuaimfhoclaíocht ar an ornáid filíochta sin. Scríobh amach línte as an dán ina dtagann na focail le feadaíl na gaoithe.

Teideal an dáin: Léigh teideal an dáin seo os ard. Cad é an ornáid a thugann tú faoi deara ann? An oireann an teideal d'ábhar an dáin, dar leat? Féach ar an bhfocal 'Mín' in ainm na háite: ciallaíonn **mín** *smooth level land*. B'fhéidir gur bhain an tréith seo leis na daoine a bhí ina gcónaí sa teach.

uaim   Féach ar líne 12,   'ó (t)heach (t)éagartha (t)eaghlaigh'.
Scríobh dhá shampla eile d'**uaim** as an dán agus cuir ciorcail ar na litreacha a dhéanann uaim lena chéile. Cén éifeacht (*impact*) atá leis an uaim seo sa dán, dar leat? – an gcuireann sé le *ceol na filíochta*? **nó** an bhfuil sé ann chun *taitneamh a thabhairt don tsúil* chomh maith leis an gcluas? **nó** an dóigh leat nach bhfuil ann ach *ornáid ar son na hornáide*? **nó**…?

athrá   Féach an t-athrá ar an bhfrása 'gan–' i líne 3;
'gan doras gan fuinneog gan sclátaí dín'
'Bhfuil aon sampla eile d'athrá sa dán?

4 Íomhánna

meafair   Tá an dán tógtha (*built*) ar mheafar iontach amháin – an ghaoth ag séideadh tríd an seanteach tréigthe agus an fhuaim ina siansa (*symphony*) á sheinm ag ceolfhoireann (*orchestra*).

Féach arís ar líne 4
'gach foscailt ina **feadóg fhiáin**'.
Tá macalla na bhfocal 'feadóg stáin' (*tin whistle*) anseo. Cad iad na línte ina 'gcloiseann' tú ceol na feadóige? Cad iad na huirlisí eile ceoil atá á 'seinm' sa seanteach? – veidhlín? druma? dordveidhil (*cello*)? feadóg mhór (*concert flute*)? nó...? Cad iad na línte?

Bíonn an ghaoth ag feadaíl, ag siosarnach, ag caoineadh, ag búiríl, ag screadaíl, ag greadadh (*pounding*), ag portaíocht,... Cad iad huirlisí ceoil a chuireann na fuaimeanna sin i gcuimhne duit?

I línte 7 agus 8 deir an file go bhfuil 'an teach tréigthe éirithe / ina shiansa' (*it has* **risen** / *to a crescendo*), nó tá an teach éirithe ón mbás. An dóigh leat gurb é seo buaicphointe (*climax*) an tsiansa?
Ciúnaíonn an ceol beagán arís ina dhiaidh sin. Cad iad na huirlisí is mó a chloisimid i línte 9-13?

Tá cúpla meafar eile taobh istigh den mheafar mór sa dán – cad iad?

5 Mothú

(a)   An mothaíonn tú iad seo sa dán?
uaigneas? briseadh croí? cumha i ndiaidh an tsaoil atá thart? (*nostalgia for times past*)? meas ar an gcultúr traidisiúnta? dóchas? éadóchas? ...?
Cad iad na línte ina mbraitheann tú na mothúcháin sin?

(b)   Cad é an mothú is láidre sa dán, dar leat?

6 Meadaracht an dáin

Saorvéarsaíocht atá sa dán seo. Níl sé bunaithe ar aon phatrún daingean (*strict*) rialta ó thaobh rithime ná ó thaobh fuaimeanna. An oireann seo don ábhar, dar leat?

7 Téama an dáin

An aontófá gur **caoineadh** (*lament*) é an dán seo? Cad tá á chaoineadh ag an bhfile? Bíonn an fhuaim chéanna ag deireadh línte nó ag deireadh gach dá líne i gcaointe móra na Gaeilge, mar shampla, an fhuaim í ag deireadh na línte seo a leanas, sa dán *Donnchadh Bán*:

Tá mé ag teacht ar feadh na h**oí**che
Mar a bheadh uainín i measc seilbh mhór c**ao**rach:
Mo bhrollach foscailte is mo cheann liom sc**aoi**lte
Is cá bhfaighinn mo dheartháirín romham ach s**í**nte!

Ar ndóigh, tá uaigneas an fhile dírithe go bunúsach (*basically*) ar **an seanteach**.

Cuimhníonn sé ar **mhuintir an tí** ansin is dócha, ansin an **comhluadar** / an 'chuileachta' **airneáin** a bhíodh sa teach (an ceol, damhsa, amhránaíocht etc). Leathnaíonn sé seo amach go dtí **saol an cheantair** agus as sin go dtí **saol agus cultúr na Gaeltachta**. Ar deireadh thiar b'fhéidir gurb iad **meath na Gaeilge agus seanchultúr na hÉireann** atá á gcaoineadh ag an bhfile. An réitíonn tú leis an gcuilithe (*ripple*) seo?

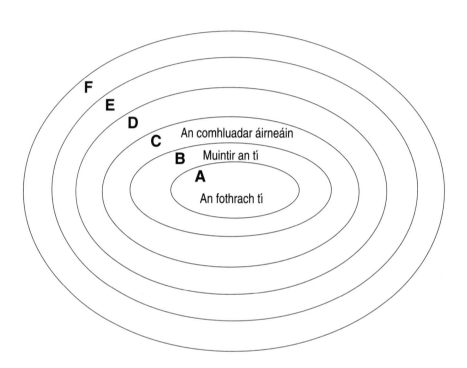

Na tacair (*sets*) thuas

A = An fothrach tí
B = Muintir an tí
C = An comhluadar / an 'chuileachta' áirneáin

D = Saol an cheantair
E = Saol agus cultúr na Gaeltachta
F = Meath na Gaeilge agus seanchultúr na hÉireann

Líon isteach na lipéid do D, E agus F.

Ceisteanna ginearálta

Freagair A, B agus C.

A

Freagair (i), (ii), (iii) *agus* (iv).

(i)   Cad is téama, dar leat, don dán seo?

(ii)   Cé a chum an dán? Scríobh nóta gairid ar shaol an fhile.

(iii)   Cén tábhacht, dar leat, a bhaineann le teideal an dáin?

(iv)   An dóigh leat go bhfuil pictiúr de shaol na tuaithe intuigthe (*implied*) sa dán seo?

B

Freagair (i), (ii), (iii) *agus* (iv).

(i)   'Mo cheol thú, a sheantigh'. Cad chuige go ndeir an file é seo, meas tú?

(ii)   Déan cur síos gairid, *i d'fhocail féin*, ar 'chreatlach an tseantí'.

(iii)   Cén éifeacht, dar leat, atá leis an ainm áite atá luaite i dteideal an dáin seo?

(iv)   An gceapann tú gur dán faoin timpeallacht an dán seo? Cuir fáth le do thuairim.

C

Freagair (i), (ii), (iii) *agus* (iv).

(i)   An gceapann tú gur dán ceolmhar an dán seo? Cuir fáth le do thuairim.

(ii)   Cad é dearcadh an fhile i leith an tseantí a léirítear sa dán seo?

(iii)   Cuirtear *dhá* phictiúr de thithe os ár gcomhair sa dán. Cad iad?

(iv)   Cé acu dán dóchasach, nó dán éadóchasach, é an dán seo? Cuir fáth le do thuairim.

Gluais

Fothrach tí: seanteach nach bhfuil fágtha de ach na ballaí

Mín na Craoibhe: ainm áite i gceantar dúchais an fhile, i gContae Dhún na nGall

1   *creatlach*: fothrach, an méid atá fágtha de na ballaí agus den díon, *the skeleton*

       an tseantí: Tuiseal Ginideach an ainmfhocail 'an seanteach'

2   *ag baint ceoil as an ghaoth*: tá an ghaoth ag séideadh tríd an seanteach agus tá an glór cosúil le píosa ceoil.

3   *gan sclátaí dín*: níl aon sclátaí (*slates*) fágtha ar dhíon (*roof*) an tí

4   *gach foscailt*: gach oscailt

4/5   *ina feadóg fhiáin*: (gach poll sa bhfothrach) mar a bheadh feadóg (*tin-whistle*) ann, agus ceol fiáin á sheinm ag an ngaoth air

       ag gabháil fhoinn: ag déanamh ceoil

6   *Ó bhinn go binn*: ó cheann ceann an tí

7   *tréigthe*: gan éinne ann

       éirithe: lán de ghiodam, *has risen, full of verve, whipped up by the wind*, nó aiséirithe ón mbás, b'fhéidir (beo arís)

8   *ina shiansa stoirmspreagtha*: cosúil le siansa (caoince) ceoil (*symphony*) atá dúisithe ag an stoirm, *a symphony whipped up (orchestrated) by the storm*

9 *Mo cheol thú*: maith thú!
10 *a leithéid de phortaíocht*: portaireacht mar seo, ceol chomh breá leis seo
11 *ní chluinfí choíche*: ní chloisfí riamh, *would never be heard*
12 *ó theach téagartha teaghlaigh*: ó theach compordach a bhfuil clann ina cónaí ann, *from a comfortable family house*

(i) Filíocht roghnach

1 Tá mé 'mo shuí

Ní fios cé chum

Tá mé 'mo shuí ó d'éirigh an ghealach aréir,
'cur tine síos gan scíth 's da fadú go géar;
tá bunadh an toí 'na luí is tá mise liom féin;
4   tá na coiligh ag glaoch 's tá an tír 'na gcodladh ach mé.

A sheacht n-anam déag do bhéal, do mhala 's do ghrua,
do shúil ghorm ghlé fár thréig mé aiteas is suairc';
le cumha i do dhéidh ní léir domh an bealach a shiúl,
8   's a chara mo chléibh, tá na sléibhte eadar mé 's tú.

Deirid lucht léinn gur cloíte an galar an grá;
char admhaigh mé é go raibh sé i ndéidh mo chroí 'stigh a chrá;
aicíd ró-ghéar – faraor nár sheachnaigh mé í!
12   's go gcuireann sí arraing is céad go géar fríd ceartlár mo chroí.

Casadh bean sí domh thíos ag lag Bhéal an Áth',
's d'fhiafraigh mé dí an scaoilfeadh glas ar bith grá;
dúirt sí ós íseal i mbriathraibh soineanta sámh' –
16   nuair a théid sé fán chroí cha scaoiltear as é go brách.

– ón mBéaloideas

An File

Ní fios cé a chum an t-amhrán seo. Amhrán grá de chuid na ngnáthdhaoine is ea é. Cumadh formhór mór na n-amhrán grá seo san ochtú haois déag agus sa naoú haois déag. Tháinig siad faoi anáil an ghrá chúirte nó an *'Amour Courtois'* a tháinig chun blátha den chéad uair i bPróvans na Fraince.

Tréithe an amhráin ghrá

Is iondúil sna hamhráin ghrá go mbíonn an file uaigneach, croíbhriste, dearóil mar go bhfuil sé / sí tréigthe ag a leannán. Is ionann an grá seo agus 'grá éagmaise' (*unrequited love*).

Ní féidir leis an bhfile feidhmiú mar ghnáthdhuine ná faic a dhéanamh dó / di féin. Tá sé / sí i ndeireadh na feide. Déantar an leannán a mholadh go hard na spéire sna hamhráin seo.

Is ionann an grá sa chás seo agus galar nó aicíd nach bhfuil leigheas ar bith air seachas bás a fháil.

Ar na hamhráin is cáiliúla sa traidisiún seo tá:

– A Ógánaigh an Chúil Cheangailte (féach lgh. 4-13 sa leabhar seo.)
– Máirín de Barra
– Jimmy mo Mhíle Stór
– Úrchnoc Chéin Mhic Cáinte
– Caoineadh Airt Uí Laoghaire

Insint eile ar an dán

(líne ar líne)

Véarsa 1
Ní dheachaigh mise a luí in aon chor aréir,
Tá an oíche ar fad caite agam ag iarraidh an tine a choinneáil ar lasadh;
Tá muintir an tí ar fad ina gcodladh is táimse fágtha i m'aonar;
Cloisim na coiligh ag glaoch (tá an mhaidin ag gealadh) is tá gach éinne eile fós ina chodladh
   ach mise amháin.

Véarsa 2
Molaim áilleacht d'aghaidhe go hard na spéire,
'sí áilleacht do shúile goirme is cúis le mé bheith uaigneach, brónach;
Táim chomh croíbhriste sin i do dhiaidh nach bhfuil fhios agam cá bhfuil mo thriall
'S a ghrá mo chroí, tá an bheirt againn i bhfad óna chéile.

Véarsa 3
Deir lucht an eolais gur uafásach an galar an grá;
níor aontaigh mise leis an ráiteas sin go dtí gur chéas an grá mo chroí féin;
is galar pianmhar é gan dabht ar bith– tá brón orm anois go raibh aon bhaint agam riamh le
   galar an ghrá
is mise atá cráite, céasta, croíbhriste aige.

Véarsa 4
Bhuail mé le bean sí thíos i mBéal an Átha,
is chuir mé ceist uirthi an raibh leigheas ar bith ar ghalar an ghrá;
d'fhreagair sí mé go caoin, cneasta, béasach –
agus dúirt nuair a théann an grá sa chroí nach leigheastar an galar go deo.

Téama an dáin: An grá éagmaise

Na mothúcháin is láidre sa dán

Is iad na mothúcháin is láidre atá sa dán seo ná briseadh croí agus brón.
Tá an file i ndeireadh na feide ar fad mar go bhfuil sé tréigthe ag a ghrá geal. Ní féidir leis dul a chodladh san oíche, ná ní féidir leis faic na ngrást a dhéanamh mar nach bhfuil a ghrá geal ina theannta.
Is díol trua *(pity)* é agus an rud is measa ar fad ná nach bhfuil leigheas ar bith ar an ngalar atá air.
Bheadh trua agat don bhfile agus an droch-chás ina bhfuil sé sa dán seo.

Cíoradh an dáin

1 Cé a chum an dán 'Tá mé 'mo shuí'?
2 Déan cur síos i d'fhocail féin ar an bpictiúr a chuirtear os ár gcomhair sa chéad véarsa.
3 Tá cur síos ar an gcailín sa dara véarsa. Breac síos dhá rud a luaitear ina taobh.
4 'Deirid lucht léinn gur cloíte an galar an grá'. Mínigh an líne seo i d'fhocail féin.
5 Cad é an mothú is láidre atá le sonrú i véarsa 3? Cuir fáth le do thuairim.
6 'aicíd ró-ghéar – faraor nár sheachnaigh mé í!'
An gceapann tú go bhfuil an file i ndáiríre anseo, nó an gceapann tú nach bhfuil ann ach cur i gcéill? Cuir fáth le do thuairim.
7 Cad dó a sheasann an 'bhean sí', dar leat?
8 Cén cheist a chuir an file uirthi?
9 Cad é do mheas ar an bhfreagra a thug an bhean sí ar an bhfile?
10 Cad iad na tréithe is mó a chuaigh i bhfeidhm ort san amhrán seo? Mínigh.

Gluais

Véarsa 1

2 *gan scíth*: gan sos
dá fadú: á coinneáil ar lasadh, á coinneáil beo; *fadaigh*: *to kindle/to lengthen*
3 *bunadh an tí*: muintir an tí

Véarsa 2

5 *a sheacht n-anam déag*: molaim go hard na spéire
do mhala: *your eyebrow (s)*
do ghrua: *your cheek (s)*
6 *glé*: gléigeal / geal.
aiteas is suairc: áthas agus suaimhneas
7 *cumha*: brón / uaigneas
ní léir domh: ní fheicim go soiléir
an bealach: an bóthar
8 *tá na sléibhte eadar mé 's tú*: táimid i bhfad óna chéile; *eadar* = idir

Véarsa 3

9 *cloíte*: uafásach, ainnis
galar an grá: b'ionann grá agus galar / aicíd i gcuid mhór de na hamhráin / dánta grá.
[Féach 'A Ógánaigh an Chúil Cheangailte', lch.4]
10 *char admhaigh mé*: níor admhaigh mé é / níor chreid mé go raibh sin fíor
a chrá: a chéasadh, a bhriseadh
11 *aicíd ró-ghéar*: galar an-phianmhar
12 *arraing*: pian

13   *casadh*: bhuail mé le

       bean sí: bean draíochta

       lag = log: áit íseal / poll / duibheagán

       Bhéal an Áth: Ballina, Co. Mhaigh Eo

14   *glas*: gléas daingnithe do dhoras / *lock,* nó sa chás seo, eochair, b'fhéidir

15   *i mbriathraibh soineanta sámh*: i bhfocail chaoine chneasta

16   *a théid sé*: nuair a théann sé

       fán chroí: go domhain (*deep*) sa chroí

       cha scaoiltear: ní scaoiltear / ní féidir é a ruaigeadh

       go brách: go deo

2 Máistir scoile

Michael Davitt

D'fhágais an scoilbhliain
id dhiaidh sa chathair.
Is maith a d'aimseodh
4   rian na cailce
ar do gheansaí Árann.
Tá fear ón áit farat
ag an gcuntar; chuala
8   ag rá *cúntúirt* tú uair
nó dhó anocht; ní foláir
nó bhís ar an mBuailtín
cheana, a sheanmháistir,
12   ach níor leagas-sa súil ort
le dhá scoilbhliain fichead.

Is cuimhin liom go mbíteá
ag caint fadó ar Thír na nÓg
16   agus b'fhearr ná *sixtyfoura*
d'eachtraí ailigéadair
ar chúrsa uachtarach
an Zambezi íochtaraigh:
20   mar a chroiteá piobar
i súile liopard,
do shíoba grinnill
ar eireaball crogaill.
24   Toisc gur chreideamar ionat
chreideamar tú,
b'in do bhua scéalaí:
an fhírinne gheal a rá,
28   don diabhal leis na fíricí.

N'fheadar an aithneofá mise
dá mbuailfinn trasna chugat
is dá ndéarfainn:
32   'Dia dhuit a mháistir
is mise Mícheál Mac Dáibhíd
an cuimhin leat gur mhúinis mé
i Rang a Trí?'
36   An ndéarfá: 'Á a Mhichíl
is cuimhin is cuimhin
bhí guth binn agat
bhíodh do chuid gramadaí cruinn.'

40   A Chríost, ní hea.
      Fanfad anseo i gcúinne an tí
      go bhfille do ghábhanna
      teicnidhaite chun mo shamhlaíochta;
44   is do chúinne féin
      den chuntar samhraidh
      fágfad agat le gean
      mar d'fhágais an scoilbhliain
48   id dhiaidh sa chathair, Tarzan.

An File

Micheal Davitt a scríobh an dán seo. As cathair Chorcaí do Mhicheal. B'é a chuir tús leis an tréimhseachán filíochta 'Innti'. Tá cónaí air i mBaile Átha Cliath faoi láthair agus post aige le RTÉ. Is duine de cheannródaithe na Nuafhilíochta é Davitt. Tá trí chnuasach filíochta i gcló aige: *Gleann ar Ghleann* (Sáirséal – Ó Marcaigh 1982); *Bligeard Sráide* (Coiscéim, 1983) agus *An Tost a Scagadh* (Coiscéim 1994).

Gearrinsint ar an dán

Uair amháin bhí an file i dteach tábhairne i mBaile an Fhirtéaraigh i gCorca Dhuibhne i gCiarraí agus chonaic sé máistir scoile a bhíodh aige sa bhunscoil ann.

Thosaigh an file ag machnamh ar a laethanta bunscoile féin agus an *craic* a bhíodh acu sa rang i dteannta an tseanmháistir. Ba mháistir scoile neamhghnách é agus bhaineadh sé úsáid as modhanna neamhchoitianta múinteoireachta. Bhí fonn ar an bhfile dul chun cainte leis ach tháinig athrú aigne air agus shocraigh sé gan cur isteach ar a sheanmháistir.

Léiríonn an dán seo an gaol a bhíonn idir daltaí agus múinteoirí is mar a théann múinteoirí áirithe i bhfeidhm ar scoláirí áirithe, gan fhios dóibh féin go minic.

Agallamh samhailteach

(Brúnn an file tríd an slua mór daoine sa teach tábhairne. Seasann sé os comhair an mháistir amach.)

File:	Dia dhuit, a mháistir. Conas atá tú?
Máistir:	Ó, go diabhal ar fad! Cé tú féin, dála an scéil?
File:	Á, is mise Mícheál Mac Dáibhíd; nach cuimhin leat mé?
Máistir:	Ní cuimhin! Ní cuimhin!
File:	Mhúin tú mé i rang a trí...
Máistir:	Á, a Mhichíl! Is cuimhin! Is cuimhin! Bhí guth binn agat agus bhíodh do chuid gramadaí cruinn! Cad tá ar siúl agat na laethanta seo, a Mhichíl?
File:	Á, táim ag gabháil do dhánta Gaeilge is tá post agam le RTÉ.
Máistir:	*Fair play* dhuit, a bhuachaill. Bhí a fhios agam i gcónaí go raibh mianach ionat...
File:	Múinteoir iontach a bhí ionat, a mháistir. An cuimhin leat go mbíteá ag cur síos ar Thír na nÓg sa seomra ranga...?

Máistir:	Ó, is cuimhin! Is cuimhin! Agus dhéanainn cur síos leis ar ailigéadair agus ar chúrsa uachtarach…
File:	…an Zambezi íochtaraigh! Is maith is cuimhin liom é, a mháistir, agus mar a chroiteá piobar i súile liopard gan trácht ar do shíoba grinnill ar eireaball crogaill…
Máistir:	Á, éirigh as anois, a bhligeaird! Tá tú ag magadh fúm anois! Caithfidh mise filleadh ar mo chomhluadar féin. Dála an scéil, cathain a bhí tú mar dhalta agam?
File:	Ó, tamall fada ó shin. Dhá scoilbhliain fichead ar a laghad. Is cuimhin liom go mbíodh geansaí Árann á chaitheamh agat…
Máistir:	Á, a Mhichíl, tá cuimhne eilifinte agatsa! Slán anois, a fhile. Nach ait mar atá dúil agat INNTI!
File:	Slán agat, Tarzan!

[Fágann an file an máistir scoile ina dhiaidh agus filleann ar a dhán féin.]

Cíoradh an dáin

1 Cá bhfuil an dán seo suite?
2 Conas atá an máistir scoile gléasta?
3 Cá bhfios dúinn go raibh an máistir scoile 'ar an mBuailtín cheana'?
4 Cé chomh fada is tá sé ó bhuail an file leis an máistir scoile?
5 Conas a spreag an máistir suim na ndaltaí a bhí aige?
6 Tabhair dhá shampla den ghreann atá le fáil sa dara véarsa.
7 'Toisc gur chreideamar ionat / chreideamar tú'. Cad tá i gceist ag an bhfile sna línte seo, dar leat?
8 Cén fáth, dar leat, a bhfuil drogall (reluctance) ag an bhfile dul chun cainte leis an máistir scoile seo?
9 An bhfuil sé soiléir ón dán go raibh meas ag an bhfile ar an máistir scoile seo? Conas?
10 Mínigh an tagairt do 'Tarzan' atá sa líne dheiridh.
11 Ar thaitin an dán seo leat? Cuir fáth le do thuairim.
12 Déan cur síos gairid, i d'fhocail féin, ar an sórt duine ba ea an máistir, dar leat.

Gluais

3 *d'aimseodh*: a d'aithneodh / a d'fheicfeadh
6 *farat*: in éineacht leat
8 *cúntúirt*: leagan den fhocal 'cuntar' (counter) atá coitianta i gCorca Dhuibhne
10 *An Buailtín*: ainm áitiúil ar Bhaile an Fhirtéaraigh i gCorca Dhuibhne i gCiarraí.
13 *dhá scoilbhliain fichead*: dhá scoilbhliain is fiche
16 *sixtyfoura*: greannáin (comics) a bhfuil seasca ceathair leathanach iontu (Beano / Dandy)
17 *d'eachtraí ailigéadair*: alligator adventures
18/19 *ar chúrsa uachtarach / an Zambezi íochtaraigh*: on the upper reaches of the lower Zambezi (abhainn san Afraic)
20 *croiteá*: you used to shake

22	*síoba grinnill:* síob = marcaíocht (*ride*), grinneall = urlár an aigéin: – *your ride to the bottom of the ocean*
23	*ar eireaball crogaill: on a crocodile's tail*
26	*bua scéalaí:* do bhua (do thallann) mar scéalaí
27	*an fhírinne gheal:* fírinní a raibh snas na samhlaíochta (*the shimmer of imagination*) orthu
28	*fíricí: facts;* an fhírinne lom; don diabhal leis na fíricí: ba chuma leat sa donas faoin bhfírinne lom chruinn
42	*go bhfille do ghábhanna:* go dtí go dtiocfaidh cuimhne do chuid eachtraí ar ais chugam (*until your exploits return to me*)
43	*teicnidhaite: technicoloured*
44/46	*fágfad agat le gean:* ní chuirfidh mé isteach ar do chomhluadar ag an gcuntar, mar tá cion agam ort, mo sheanmháistir
48	*Tarzan:* laoch mór na foraoise agus na saoirse i sraith seanscannán

3 Gealt?

Áine Ní Ghlinn

Léim gealt in airde ar bhus a sé déag inné
agus pitseámaí air – stríocaí liath is dearg orthu!
Shuigh sé síos in aice le fear a raibh babhlaer agus *briefcase* air!
4   Rug an créatúr greim an duine bháite ar a *bhriefcase*!
Trí shuíochán síos uaidh chrosáil bean a cosa!
Rug máthair greim an duine bháite ar a páiste!
D'fhéach an páiste ar an ngealt!
8   Rinne an gealt meangadh mór mantach gáire!

Labhair an tiománaí le fear an *depot*!
Labhair fear an *depot* le lucht 999!
Fuair sé lucht dóiteáin ar dtús is d'fhiafraigh siadsan de
12   an raibh an gealt i mbaol nó tré thine nó in airde ar chrann – Ní raibh!
Bhris an fear dóiteáin an líne!
Ghlan an tiománaí sruth allais dá éadan!
16   'A Chríost,' a scread sé – de chogar ar eagla go gcloisfeadh

Tháinig na Gardaí is ghlanadar an bóthar amuigh i Ráth Fearnáin!
Tháinig an t-arm is luíodar taobh thiar dá leoraithe, meaisínghunnaí crochta!
Tháinig na dochtúirí lena gcuid steallairí is le veist cheangail!
20   … Tháinig an bus!
Bhí fear an *bhriefcase* báite ina chuid allais féin!
Bhí bríste an tiománaí fliuch!
Bhí bean na gcos crosáilte fós coschrosáilte!
24   Bhí rúnaí a bhí le bheith in oifig mhór i Sráid Chamden
leathuair a' chloig ó shin anois i Ráth Fearnáin!
Bhí an páiste ag stánadh ar an ngealt!

Bhí an gealt ag súgradh le cnaipí a phitseámaí
28   – é fós ag gáire go mantach!
… Stad an bus!
… D'ardaigh an gealt a cheann!
D'aithin sé dochtúir! D'aithin an veist cheangail!
32   Is é fós ag gáire léim sé suas is rith amach an doras
isteach i lámha an dochtúra! Isteach sa veist a bhí gan lámha!

Istigh sa bhus phléasc osna faoisimh!
Níor labhair ach an páiste –
36   'A Mhamaí, cén fáth nach ligfeá domsa mo phitseámaí
a chaitheamh ar an mbus?'

An File

Is as Crosaire an Ghúlaigh, Co. Thiobraid Árann d'Áine Ní Ghlinn. Tá cónaí uirthi i mBaile Átha Cliath faoi láthair agus post aici le RTÉ. Is duine de na filí is mó le rá sa tír í. Foilsíodh a céad chnuasach filíochta, *An Chéim Bhriste*, sa bhliain 1984 agus foilsíodh *Gairdín Pharthais agus Dánta Eile* i 1988. Tá dánta dá cuid foilsithe sa díolaim *Coiscéim na hAoise Seo*.

Gearrinsint ar an dán

Lá dá raibh an file ar a bealach i dtreo na cathrach, tháinig gealt ar an mbus. Pitseámaí a bhí á gcaitheamh aige! Scanraigh sé cuid de na paisinéirí. Rug fear amháin greim daingean ar an *mbriefcase* a bhí aige. Chuir bean a cosa trasna ar a chéile. Rug máthair greim docht ar an bpáiste a bhí léi. Rinne an páiste iontas den ghealt.

Cuireadh fios ar na Gardaí, ar an arm, agus ar na dochtúirí. Tháinig siad go léir, rugadh ar an ngealt agus cuireadh veist cheangail air chun é a thabhairt go Teach na nGealt. Bhí áthas ar na paisinéirí go léir a bhí ar an mbus ansin, cé is moite den pháiste, a chuir ceist ar a mháthair cad chuige nach bhféadfadh sé féin a phitseámaí a chaitheamh ar an mbus!

Is dán greannmhar é seo; tugtar léiriú éifeachtach ann ar an nath cainte '*the lunatic taking over the asylum*'. Léirítear tuiscint an fhile don ghealt ann freisin agus feicimid an dearcadh cúng atá ag 'gnáthdhaoine' ar ghealta agus ar ghealtachas. Cé gur dán greannmhar é, tá pointe tábhachtach á dhéanamh ag an bhfile ann: ní thuigeann 'gnáthdhaoine' éinne nach bhfuil cosúil leo féin agus ní dhéanann siad iarracht iad a thuiscint ach an oiread.

Sa dán seo feicimid codarsnacht (*contrast*) idir an gnáthdhuine agus an gealt agus faighimid léargas orthu araon.

Cíoradh an dáin

1   Cén fáth, dar leat, go n-úsáidtear comhartha ceiste i dteideal an dáin seo?
2   Conas a bhí an gealt gléasta?
3   Cad a rinne an fear a raibh babhlaer air?
4   Cad a rinne an bhean a bhí trí shuíochán síos uaidh?
5   Cad a rinne an mháthair?
6   Cad a rinne an páiste?
7   Déan cur síos gairid, i d'fhocail féin, ar gach ar tharla sa dara véarsa (línte 9-16).
8   Cár tharla an eachtra seo?
9   Cad a rinne an t-arm nuair a tháinig siad?
10 Cad a bhí ag na dochtúirí?
11 Cad a tharla don ghealt ag deireadh an dáin?
12 'Istigh sa bhus phléasc osna faoisimh!' Cad chuige, dar leat, gur tharla sé seo?
13 An aontaíonn tú gur dán greannmhar é seo? Luaigh trí shampla den ghreann ón ndán.
14 Cén áit dar leat, atá ag an bpáiste sa dán? Cén gaol atá idir é agus an gealt?

Gluais

1   *gealt*: duine atá as a mheabhair / fear buile / duine le Dia

3   *babhlaer*: hata babhlaeir / hata crua dubh a bhíonn ar fhir ghairme, i Sasana go speisialta

4   *greim an duine bháite*: greim docht, daingean

5   *chrosáil*: chuir sí trasna ar a chéile iad

8   *mantach*: duine nach bhfuil fiacla ar bith ina bhéal aige, *nó* duine a bhfuil **cuid** de na fiacla ar iarraidh air

13   *Bhris…an líne*: d'imigh sé den líne teileafóin láithreach

18   *crochta*: ullamh / réidh le scaoileadh / ardaithe

19   *steallairí*: feadáin / *needles for injecting*
       veist cheangail: strait-jacket

23   *coschrosáilte*: a cosa trasna ar a chéile aici

26   *ag stánadh*: ag féachaint gan stad, (*staring*)

34   *phléasc osna faoisimh*: lig a lán daoine osna ag an am céanna, mar ní raibh imní orthu a thuilleadh
       osna faoisimh: a sigh of relief

4 Rogha

Mícheál Ó Ruairc

In ionad bheith ag caint
Téimis ag siúl
In ionad bheith ag machnamh
4   Déanaimis dearmad
Ar chúramaí an tsaoil.
Féach! Tá fear bréige
I ngort an choirce
8   Mar thaise ó dhomhan eile
Agus thíos ag bun na habhann
I bprochlais faoi thalamh
Cónaíonn dobharchú
12   Agus ar oíche ghealaí
Ar shleasa Chnoc Bhréanainn
Chloisfeá sionnach ag tafann –

Anois teacht an tsamhraidh
16   Fágaimis an chathair inár ndiaidh
Agus tugaimis aghaidh
Ar áilleacht an dúlra
Scaraimis le deamhain ár mbeatha
20   Ag siúl cois cladaigh tráthnóna
Ag breathnú ar nithe
A ghealfaidh an croí
'S ag éisteacht le fuaimeanna
24   a dhíbreoidh an imní.

An File

Is as Taobh a' Chnoic, Bréanainn, an Leitriúch in Iarthar Chiarraí do Mhícheál Ó Ruairc. Cónaíonn sé i mBaile Átha Cliath faoi láthair, áit a bhfuil post aige mar mheánmhúinteoir. Tá dhá chnuasach filíochta i gcló aige – *Fuil Samhraidh* (Coiscéim 1987) agus *Humane Killing* (Aisling, 1992). Tá cuid mhaith gearrscéalta foilsithe aige agus is é údar an tsraith téacsleabhar *Taisce* é, sraith a bhfuil ráchairt uirthi i measc aos óg na tíre seo le roinnt blianta anuas.

Gearrinsint ar an dán

Is léir go bhfuil an file tuirseach de shaol na cathrach agus tugann sé cuireadh don domhan mór agus a mháthair an chathair a thréigean agus imeacht i dteannta an fhile amach faoin tuath. Tá i bhfad níos mó faoisimh aigne agus suaimhnis intinne le fáil faoin tuath, dar leis.

Is dán dúlra an dán seo agus tugtar pictiúr den dúlra dúinn ann. Déantar tagairt do ghort an choirce, don dobharchú agus don sionnach. Ba mhaith leis an bhfile dul ag siúl ar an trá agus dearmad a dhéanamh ar an saol míshona atá á chaitheamh aige sa chathair. Tabharfaidh áilleacht na tuaithe ardú meanman (*raise his spirits*) dó, tabharfaidh sé seans dó an imní (*anxiety*) a dhíbirt as a shaol ar feadh tamaill.

Tá codarsnacht láidir sa dán seo idir saol na tuaithe agus saol na cathrach. [Féach Máirtín Ó Direáin – 'Faoiseamh a Gheobhadsa' agus 'Stoite'.]

Tá sé soiléir ón dán go mbíonn strus agus brú ar an bhfile sa chathair is go mbíonn sé ar a shuaimhneas i gcónaí faoin tuath.

Cíoradh an dáin

1. Cén cuireadh a thugann an file don saol mór?
2. Cén fáth, dar leat, go dteastaíonn uaidh éalú ó 'chúramaí an tsaoil'?
3. Cad dó a seasann an fear bréige, dar leat?
4. Ainmnigh na hainmhithe atá luaite sa dán. Cén éifeacht atá leo, dar leat?
5. 'Scaraimis le deamhain ár mbeatha'. Cad a chiallaíonn an líne seo, i do thuairimse?
6. Cad iad na buntáistí a fheiceann an file i saol na tuaithe?
7. Tá codarsnacht sa dán seo idir saol na cathrach agus saol na tuaithe. Cad iad na gnéithe de shaol na cathrach is mó atá luaite sa dán?
8. Cén fáth, dar leat, gur ag tús an tsamhraidh a thagann fonn ar an bhfile an chathair a thréigean?
9. 'Dán dúlra é seo'. Cad iad na tréithe de chuid an dúlra a luaitear sa dán?
10. Ar thaitin an dán seo leat? Cuir fáth le do thuairim.

Gluais

rogha: malairt ('is geall le sos malairt oibre') / nó *choice, alternataive*

5   *cúramaí an tsaoil*: fadhbanna an tsaoil, dualgais an tsaoil

6   *fear bréige*: *scarecrow*

8   *taise*: taibhse / sprid / gósta

10 *prochlais*: uaimh, poll

11 *dobharchú*: madra uisce, *otter*

12 *oíche ghealaí*: oíche go mbíonn an ghealach sa spéir; oíche gheal.

13 *sleasa*: (uatha 'slios') cliatháin / taobhanna

     Cnoc Bhréanainn: cnoc atá in Iarthar Chiarraí, an dara cnoc is airde in Éirinn. Tá sé 3, 127 dtroigh ar airde. De réir an tseanchais, chaith Naomh Breandán seal ina chónaí ar mhullach an chnoic seo.

19 *scaraimis*: *let us part with*

     deamhain ár mbeatha: na diabhail nó na drochrudaí atá ag goilliúint orainn

20   *cois cladaigh*: cois na farraige / cois trá
21   *nithe*: rudaí, radharcanna
22   *a ghealfaidh*: a ardóidh, a dhéanfaidh níos gile
24   *a dhíbreoidh*: a chaithfidh amach, a chuirfidh an ruaig air.
      an imní: an crá croí, an bhuairt; an strus, an brú a bhaineann le saol na cathrach

5 An Bhreasaíl

Nuala Ní Dhomhnaill

Cloisim tú
ag glaoch orm
3   san oíche

ag rá liom teacht
go dtí do oileán
6   draíochta.

Fuaimníonn do ghuth
mar thoirneach
9   thar an mbóchna.

Is mórthaibhseach
do ghlór
12   agus is naofa –

'Tair chugam, tair
chugam, éinne
15   atá traochta.'

An File

I Sasana a rugadh an file Nuala Ní Dhomhnaill, ach is in Éirinn a tógadh í, ar an Aonach i dTiobraid Árann agus i gCorca Dhuibhne i gCiarraí. As Corca Dhuibhne dá muintir. Tá cónaí ar Nuala i mBaile Átha Cliath faoi láthair. Is file agus scríbhneoir lán-aimseartha í agus tá a hainm in airde ar fheabhas agus ar éagsúlacht a cuid filíochta. Ar na cnuasaigh fhilíochta atá i gcló aici tá *An Dealg Droighin*, *Féar Suaithinseach*, *Feis* agus *An Mhurúch agus Dánta Eile*. Tá a cuid dánta aistrithe go Béarla ag filí móra na haoise seo – Séamas Heaney, Michael Longley, Paul Muldoon, Michael Hartnett srl – agus éileamh uirthi i gcónaí mar fhile sna meáin chumarsáide.

Gearrinsint ar an dán

B'ionann an Bhreasaíl (nó an Bhrasaoil – leagan truaillithe den áitainm 'an Bhrasaíl' (*Brazil*) i Meiriceá Theas, is dócha) agus Tír na nÓg, oileán samhlaíochta a bhfuil tagairt dó sna seanscéalta béaloidis, i gCúige Mumhan ach go háirithe.

Chreid daoine áirithe go raibh a leithéid d'áit ann is go bhféadfaí dul ann chun éalú ó chruatan an tsaoil seo. Chreid siad freisin go bhféadfaí an Bhreasaíl a fheiscint ar laethanta breátha gréine le linn an tsamhraidh.

Chreid daoine ar an mBlascaod Mór gur chomhartha báis ab ea é do lucht na mbád dá bhfeicfeadh siad é agus, mar sin, níor theastaigh uathu caint ar bith a chloisteáil faoi.

Hy Brasil nó *Atlantis* na hainmneacha is coitianta an 'An Bhrasaíl' sa Bhéarla.

[Féach *The Choric Song of the Lotus-Eaters* le Alfred Tennyson].

Cloiseann an file an Bhreasaíl ag glaoch uirthi san oíche, ag tabhairt cuireadh di dul ar cuairt go dtí an tír dhraíochta atá amuigh i lár na farraige móire.

Is ionann an Bhreasaíl agus áit fhoscaidh do dhaoine atá cráite, céasta ag cúramaí an tsaoil.

[Féach freisin, 'Rogha', lch. 59 sa leabhar seo]

Sliocht as an leabhar *Peig*

'Féach thuaidh an Bhrasaoil, a Sheáin!' arsa mise.

'Cá bhfuil sí, a dhiabhail?' arsa Seán, mar ní raibh ceannach na mionn air. D'iompaigh sé thairis.

'Níl amhras,' ar seisean, 'ná gur deas an radharc tráthnóna samhraidh é. Thabharfadh duine an leabhar gur talamh éigin fé dhraíocht é.'

'Sea leis, dar ndóigh,' arsa mise, 'nach minic a chuala Eibhlís Sheáin á rá go bhfaca sí féin an Bhrasaoil nochta san áit chéanna sin tráthnóna Fómhair, agus í ag baint aitinn ar Mhaoilinn an Choma?'

'Sa riach tú féin agus Eibhlís Sheáin,' arsa Seán agus fonn grinn air ar mhaithe liomsa. 'Nuair a raghair don Bhrasaoil nár thagair as! Éirigh i do shuí agus téigh abhaile duit féin. Tá sé in am agat feasta.'

Cíoradh an dáin

1   Cad a chloiseann an file san oíche?
2   Cén teachtaireacht atá ag an mBreasaíl don fhile?
3   Mínigh an tríú véarsa i d'fhocail féin.
4   'Is mórthaibhseach / do ghlór / agus is naofa'
     Cad a chiallaíonn na línte seo, i do thuairimse?
5   Cad dó a seasann 'An Bhreasaíl', dar leat?
     An bhfuil aon dán / scéal eile léite agat atá cosúil leis seo?

Gluais

7   *fuaimníonn*: déanann sé fuaim
8   *mar thoirneach*: cosúil le torann trom tar éis tintrí; *like thunder*
9   *thar an mbóchna*: thar an fharraige mhór
10   *mórthaibhseach*: iontach, draíochtúil, *magical, entrancing*

PRÓS

(i) Prós dualgais

1 Clann Uisnigh

Séamas Ó Searcaigh

Mír 1   Lá dá ndeachaigh Conchúr mac Neasa ar fleá agus féasta go teach Fheidhlimidh mhic Daill, scéalaí Chonchúir, rug bean Fheidhlimidh iníon álainn. Rinne Cathbhadh draoi, a bhí ar an fhéasta, tairngreacht go dtiocfadh trioblóid agus dochar mór ar Chúige Uladh de bharr na girsí a tháinig ar an tsaol i dtigh Fheidhlimidh an lá sin.

Ar a chluinstin sin do na huaisle a bhí sa láthair is éard ba mhian leo an iníon a mharú. Chuaigh an rí ina n-aghaidh agus dúirt go gcuirfeadh seisean i lios ar leith í agus oide agus buime a bhéarfadh aire agus oiliúint di aici, agus nuair a bheadh sí inphósta go mbeadh sí ina haon bhean aige féin.

Bhaist Cathbhadh Deirdre uirthi. Chuir Conchúr i lios ar leith í agus ní raibh cead ag aon duine dul dá cóir ach a hoide agus a buime agus bancháinteach Chonchúir ar ar tugadh Leabharcham. D'fhás agus mhéadaigh sí go raibh sí inphósta.

Tharla gur mharaigh a hoide gamhain lá sneachta le béile a ullmhú do Dheirdre, agus thit cuid d'fhuil an ghamhna ar an tsneachta. Tháinig fiach dubh a ól na fola agus chonaic sise é agus í ag amharc amach.

'A Leabharcham,' ar sise, 'is mairg gan fear agam ar a bhfuil na trí dathanna sin: dath an fhéich ar a chuid gruaige, dath na fola ar a ghrua, agus dath an tsneachta ar a chneas.'

'Maise, tá a leithéid sin d'fhear ar a dtugtar Naoise mac Uisnigh i gcúirt Chonchúir,' arsa Leabharcham.

D'agair Deirdre Leabharcham faoina chur chun cainte léi.

Tháinig Naoise os íseal chun comhráidh le Deirdre, agus ar a fheiceáil di thug sí gean agus grá dó, agus dúirt nach mbeadh sonas ná séan uirthi choíche go mbeadh ina bean aige. Níor mhaith leis-sean a pósadh, óir bhí a fhios aige go mbeadh fearg ar Chonchúr dá n-imíodh sé le Deirdre.

Ar a fheiceáil do Dheirdre nár mhian leis a glacadh mar chéile mar gheall ar an eagla a bhí air roimh Chonchúr chuir sí geasa air éalú léi, agus ní raibh teacht as aige ach imeacht léi go hAlbain.

Mír 2   Chuaigh Ainle agus Ardán, beirt dearthaireacha Naoise, agus trí chéad laoch in éineacht leo go hAlbain. Fuair siad cónaí agus seirbhís in arm rí na hAlban agus bhí siad ar a sáimhín só go gcuala an rí iomrá ar scéimh Dheirdre. Dúirt sé gur mhaith leis ina bean aige féin í. Thóg sin bruíon idir Clann Uisnigh agus muintir an rí, ach ba threise le muintir an rí i ndeireadh na dála, ach b'éigean do Chlann Uisnigh teitheadh go raibh siad ar oileán mara.

I gceann tamaill tháinig an scéala go Cúige Uladh go raibh Clann Uisnigh ar a seachnadh ar oileán mara in Albain. Ar a chluinstin do na huaisle dúirt siad le Conchúr gur mhór an trua iad a bheith ar deoraíocht mar gheall ar bhean, agus gur chóir scéala a chur faoina gcoinne agus a dtabhairt chun an bhaile.

Ar impí na n-uaisle thoiligh Conchúr ar theachtaire a chur go hAlbain á iarraidh ar Chlann Uisnigh teacht ar ais go hÉirinn. Ach bhí an t-olc ina chroí do Naoise i dtólamh cionn is éalú le Deirdre agus, cé gur thoiligh sé ar chuireadh a chur air féin agus ar a dheartháireacha, bhí sé ag meabhrú fill orthu chomh luath agus a bhainfeadh siad Eamhain amach.

Ar féasta a bhí i gcúirt an rí gan mhoill ina dhiaidh sin labhair Conchúr ar Chlann Uisnigh agus dúirt gur mhór an easpa ar a theach gan trí coinnle gaisce Gael, mar a bhí Naoise, Ainle agus Ardán, a bheith ann. Dúirt sé gur mhaith leis teachtaire a chur faoina ndéin, ach go raibh geasa ar Naoise teacht le haon teachtaire ach duine de thriúr a bhí sa láthair, mar a bhí Conall Cearnach, Fearghus mac Róigh agus Cú Chulainn.

Thug sé Conall i leataobh go bhfuair amach uaidh go ndéanfadh sé scrios agus ár dá dtéadh sé faoina gcoinne agus díobháil nó dochar i ndán dóibh ar theacht dóibh. Níor thaitin sin le Conchúr.

Thug sé Cú Chulainn i leataobh, ach ba mheasa leis an bhagairt a rinne Cú Chulainn faoin scrios agus ár a dhéanfadh sé, dá ndéanfaí feall ar Chlann Uisnigh agus eisean á dtabhairt ar ais go hEamhain Mhacha.

Thug sé Fearghus mac Róigh i leataobh. Dúirt Fearghus nach mbainfeadh sé le Conchúr, ach go ndéanfadh sé bia míoltóg d'aon duine eile a leagfadh méar ar Chlann Uisnigh dá dtugadh seisean ar ais chun an bhaile iad.

Shocraigh sé ar Fheaghus a chur faoina gcoinne.

Mír 3 D'imigh Fearghus ar béal maidine agus a bheirt mhac, Iollann Fionn agus Buinne Borbrua leis, agus níor stad agus níor chónaigh in aon áit go raibh siad in Albain. Ar theacht i dtír dóibh lig Fearghus trí scread as. Bhí Naoise agus Deirdre ag imirt fichille san am.

'Cluinim scread Éireannaigh,' arsa Naoise.

'Ní scread Éireannaigh ach scread Albanaigh í,' arsa Deirdre, cé go raibh a fhios aici gurbh í scread Fhearghusa í.

Lig Fearghus an dara scread.

'Scread Éireannaigh gan amhras í,' arsa Naoise.

'Ní hea, ach scread Albanaigh,' arsa Deirdre.

Lig Fearghus an tríú scread.

'Éirigh, a Ardáin,' arsa Naoise, 'agus téigh in araicis Fhearghusa.'

D'admhaigh Deirdre ansin go raibh a fhios aici féin gurbh é Fearghus a bhí ann ar an chéad scairt a lig sé ach nár mhaith léi sin a admháil mar gheall ar aisling a bhí aici an oíche roimh ré. Go bhfaca sí san aisling trí héin chuici as Éirinn agus trí bholgam meala ina mbéal leo. Gur fhág na héin an mhil ag Clann Uisnigh agus go dtug siad trí bholgam de chuid fola na bhfear sin leo. Gurbh é a thuig sí as sin go raibh Fearghus ag teacht chucu le teachtaireacht síochána ó Chonchúr, óir nár mhilse mil ná teachtaireacht síochána an fhealltóra.

Ar mhéad is a bhí de lúcháir ar Naoise roimh theacht Fhearghusa níor ghéill sé don mheadaracht a bhain Deirdre as an aisling. Bhrostaigh sé Ardán chun an phoirt in araicis an Ultaigh.

Mír 4 Bhí fáilte mhór ag Clann Uisnigh roimh Fheargus agus a bheirt mhac, agus is orthu a bhí an lúcháir faoi bheith ag dul chun an bhaile go hÉirinn. Níorbh amhlaidh sin do Dheirdre. Bhíothas á thaibhreamh dise gur buaireamh agus brón a bhí i ndán dóibh dá bhfilleadh siad. Ní áthas a bhí uirthi nuair a chonaic sí iad ag déanamh réidh le himeacht.

D'fhág siad Albain, agus ar theacht i dtír in Éirinn dóibh chuaigh Bórach, duine uasal a raibh a dhún cois na farraige, síos chun an phoirt a thabhairt cuiridh chun féasta d'Fhearghus. Conchúr a d'iarr air an féasta a ullmhú d'Fhearghus, mar bhí sé de gheasa ar Fhearghus gan féasta a dhiúltú, agus bhí a fhios ag an rí go gcuirfeadh sin moill ar mhac Róigh agus go mbeadh caoi aige féin ar an fheall a imirt ar Chlann Uisnigh sula sroicheadh Fearghus Eamhain Mhacha.

Bhí Fearghus i gcruachás. Bhí geallta aige Clann Uisnigh a chur go hEamhain chomh luath is a thiocfadh siad i dtír, agus níor mhian leis a gcur ann gan é féin a bheith leo. Sa deireadh shocraigh sé ar Iollann Fionn agus Buinne Borbrua a chur leo agus é féin fanacht agus an féasta a chaitheamh.

D'imigh siad ag tarraingt ar Eamhain Mhacha, agus ar an bhealach mhol Deirdre dóibh dul go Reachrainn go mbeadh an féasta caite ag Fearghus. Go sábhálfadh sin Fearghus ar bhriseadh na geallúna a bhí tugtha aige agus gur bhuaine an saol dóibhsean é.

Ní éisteodh na fir léi, óir bhí muinín acu astu féin agus níor shamhail siad nach mbeadh ar a gcumas iad féin a chosaint dá dtigeadh crua orthu.

Ar aghaidh leo agus Deirdre ag déanamh tuair agus tairngreachta faoin olc a bhí i ndán dóibh as na haislingí a bhí ag teacht chuici ar an bhealach. Mhol sí dóibh dul go Dún Dealgan chuig Cú Chulainn go dtigeadh Fearghus, ach ní rachadh. Ba threise an tréanmhuinín a bhí acu astu féin ná an tuar a bhí Deirdre a dhéanamh dóibh.

Ar theacht cóngarach d'Eamhain dóibh labhair Deirdre arís leo agus dúirt dá mba i dteach na Craobhruaidhe a chuirfí iad gur chomhartha cinnte sin go raibh rún ag Conchúr feall a dhéanamh orthu.

Go teach na Craobhruaidhe a d'ordaigh Conchúr a gcur ar theacht go hEamhain Mhacha dóibh. Tugadh rogha gach bia agus togha gach dí chucu, agus bhí siad go léir sona sásta ach Deirdre amháin.

Mír 5   Ba mhaith le Conchúr a fhios a bheith aige an raibh a cruth agus a scéimh ar Dheirdre mar a bhí riamh, agus chuaigh Leabharcham ag teach na Craobhruaidhe a fháil na faisnéise sin dó. Tháinig sí ar ais le scéala nach raibh a cruth ná a scéimh féin ar Dheirdre, óir bhí gean mór ag Leabharcham ar Dheirdre agus bhí a fhios aici gur olc a thiocfadh as di, dá gcluineadh Conchúr go raibh sí ar mhná áille an domhain. Mhaolaigh an t-éad a bhí ar an rí nuair a chuala sé nach raibh an ghnaoi chéanna ar Dheirdre a bhí.

I gceann tamaill smaoinigh sé ar Dheirdre arís. Samhlaíodh dó nár inis Leabharcham an fhírinne dó. Chuir sé giolla darbh ainm Tréandorn a fháil faisnéise faoi scéimh Dheirdre.

Bhí Naoise agus Deirdre ag imirt fichille ar theacht do Thréandorn go teach na Craobhruaidhe. Bhí na doirse go léir dúnta agus níor fhéad sé amharc a fháil ar aon duine a bhí istigh ach trí fhuinneog a bhí foscailte. Chonaic Deirdre an aghaidh ag an fhuinneog agus d'inis do Naoise é. Rug Naoise ar fhear fichille gur bhain an tsúil leis as an fhear a bhí ag an fhuinneog.

Tháinig Tréandorn ar ais ar leathshúil gur inis do Chonchúr nach raibh bean ar dhroim an domhain chláir inchurtha le Deirdre ar scéimh. Mhéadaigh sin ar éad an rí agus d'ordaigh sé dá chuid fear teach na Craobhruaidhe a ionsaí.

Thosaigh an troid. Rinne Buinne Borbrua ár millteanach ar mhuintir Chonchúir sa chéad ruathar, ach d'éirigh leis an rí a cheannach gur thréig sé Clann Uisnigh. Níor thréig Iollann Fionn iad, ach throid sé go calma. Ghríosaigh Conchúr a mhac féin, Fiachra Fionn, chun comhraic leis. Sciath an athar a bhí ag Fiachra, agus nuair a bhí mac an rí á chloí ag Iollann Fionn scread an sciath. Ghéim trí tonna Éireann, mar atá Tonn Tuaighe, Tonn Rúraí, agus Tonn Clíona, ag tabhairt freagra ar an sciath. Geis a bhí ar sciath Chonchúir scread nó géim a chur aisti agus an fear a raibh sí ar iompar leis i ngéibheann.

Chuala Conall Cearnach agus é i nDún Sobhairce géim Thonn Tuaighe, agus bhí a fhios aige go raibh cruachás éigin ar Chonchúr agus gurbh é a chomaoin dul chun tarrthála air. Thug sé a aghaidh ar Eamhain Mhacha. Ar rochtain na háite dó fuair sé Fiachra Fionn á chloí ag Iollann Fionn. Tháinig sé ar chúl Iollainn agus sháigh claíomh trína chroí. Níor thuig Conall gur ag cosaint Chlann Uisnigh a bhí Iollann.

Rinne Ardán agus Ainle agus Naoise troid mhór ansin in éadan na nUltach a bhí ag ionsaí teach na Craobhruaidhe. Bhí a chuma air go mbuafadh Clann Uisnigh ar mhuintir Chonchúir. D'fhág siad mórán acu ar lár sna ruathair a rinne siad orthu.

Mír 6   Ar a fheiceáil dó mar a bhí Clann Uisnigh ag cosaint, chuaigh Conchúr chuig Cathbhadh draoi á iarraidh air draíocht a imirt orthu. Gheall sé do Chathbhadh nach ndéanfadh seisean aon dochar dóibh. Chreid Cathbhadh focal an rí agus chuaigh sé i gceann na draíochta. Chuir sé loch timpeall chlann Uisnigh gurbh éigean dóibh dul ar an tsnámh. Níor lig an eagla do na hUltaigh a n-ionsaí mar sin féin go bhfaca siad iad á gcloí ag an uisce agus na hairm ag titim as a lámha. Ba ansin a ghabh siad iad.

Tugadh Clann Uisnigh i láthair Chonchúir. D'iarr sé ar an bhásaitheoir iad a mharú. Dúirt seisean nach maródh. Bhí Maine Lámhgharg, mac rí Fhionnlochlann, ag éisteacht agus dúirt sé go gcuirfeadh seisean iad chun báis. Naoise a mharaigh athair Mhaine, agus ba í seo uair na faille aige le díoltas a bhaint amach. Le haon bhuille de chlaíomh Naoise nach bhfágadh fuíoll béime bhain sé an ceann d'Ardán, d'Ainle agus de Naoise.

Bhí Deirdre ag gol is ag caoi agus ag smaoineamh ar gach lá aoibhinn a chaith sí i gcuideachta Naoise in Albain. Leis an tocht a bhí uirthi a ligean amach thosaigh an fhilíocht bhrónach aici.

Casadh Cú Chulainn uirthi agus í i lár an bhuartha. D'agair sí coimirce Chú Chulainn. Bhí gean mór aigesean ar Naoise agus ghoill sé go croí air Deirdre a chluinstin a chaoineadh.

Cuireadh Clann Uisnigh san uaigh. Thit Deirdre síos ar ucht Naoise agus fuair bás.

Chuir Cathbhadh draoi mallacht ar Eamhain Mhacha agus dúirt nach mbeadh aon duine de shliocht Chonchúir ann go brách.

Cúlra an scéil

Tógadh an leagan seo den scéal 'Clann Uisnigh' nó 'Oidheadh Chlainne Uisnigh' as leabhar dar teideal *Laochas – Scéalta as an tSeanlitríocht*, cnuasach a bhailigh Séamas Ó Searcaigh (1887-1965) agus a foilsíodh ar dtús i 1945. Chuir Séamas Ó Searcaigh roimhe leaganacha simplí de na scéalta Fiannaíochta agus Rúraíochta a chur ar fáil d'fhoghlaimeoirí Gaeilge: 'scéalta faoi dhéithe na nGael, faoi churaidh na Craobhruaidhe, faoi laochra agus eachtraí na bhFiann is mó atá sa leabhar. Seanbhéaloideas is bun leis na scéalta sin, (*Réamhrá an leabhair*). Míníonn sé dúinn sa réamhrá céanna go mba mhór an caitheamh aimsire riamh an scéalaíocht – go dtaitníonn scéal maith (inniu féin) le gach duine.

Trí Thrua na Scéalaíochta

Clann Uisnigh sciath na bhfear,
Ba thrua a dtuitim gan neart sluagh,
Ba mhaith a gcaidreamh, ba gheal a gcneas:
Ag sin agaibh an treas truagh.

(*Trí Truagha na Scéaluidheachta*
le Seán Ua Ceallaigh .i. Sceilg)

Trí thrua na scéalaíochta a thugtar ar na trí scéal seo ina bhfuil cur síos ar *Oidhe/Oidheadh* (i.e. bás tragóideach). trí chlann:

'Oidhe Chlainne Tuireann'
'Oidhe Chlainne Lir'
'Oidhe Chlainne Uisnigh'.

Mar is léir ón rann thuas, is é scéal Chlann Uisnigh an tríú scéal truamhéileach sa tsraith. Tá na trí scéal á n-insint fós sa bhéaloideas agus is minic a rinne scríbhneoirí Béarla athinsintí orthu – m.sh. scríobh W.B. Yeats dráma dar teideal '*Deirdre*' agus scríobh J.M. Synge dráma dar teideal '*Deirdre of the Sorrows*'.

Ceol

Tá *cantata* nua-aoiseach, *The Children of Lir*, cumtha ag Patrick Cassidy, an cumadóir óg Éireannach, bunaithe ar *Oidhe Chlainne Lir* agus tá sé ag obair faoi láthair ar *chantata* eile, *Deirdre*, bunaithe ar *Oidhe Chlainne Uisnigh*. Ag labhairt dó ar *Dheirdre* le déanaí, luann sé '… the lingering resonance of the myth of Deirdre, which goes back over a thousand years and relates to Ulster and its people in a timeless sense' agus arís 'it is all about what it means to be an Ulster person – a subject that is particularly appropriate in the context of the peace process'.

An Rúraíocht

Is iad 'Oidhe Chlainne Uisnigh' agus 'Táin Bó Cuailgne' an dá scéal is mó cáil a tháinig anuas chugainn ó ré na laochra in Éirinn. Ceaptar go bhfuil na scéalta seo bunaithe ar an bhfírinne, cé go bhfuil an-chuid de na sean-mhiotais Cheilteacha fite fuaite iontu chomh maith. Tugtar '*An Rúraíocht*' ar na scéalta agus na dánta a bhaineann leis an ré seo: scéalta faoi Chonchúr Mac Neasa, Rí Uladh; uaisle a chúirte agus laochra Uladh (An Chraobh Rua). Tá leagan scríofa den scéal 'Clann Uisnigh' le fáil i *Leabhar Laighean*, leabhar a scríobhadh i mainistir sa tír seo idir na blianta 1150 agus 1201 agus leagan eile i leabhar a scríobhadh níos déanaí ná sin, *Leabhar Buí Leacan*. Tá an dá leabhar luachmhara seo á gcoimeád i Roinn na Lámhscríbhinní, Coláiste na Tríonóide, Baile Átha Cliath. Níl aon amhras, áfach, go raibh an scéal á *insint* i bhfad sular *scríobhadh* síos é. De réir saineolaithe áirithe, bhí na scéalta rúraíochta seo á n-insint roimh an 6ú haois.

Téamaí agus Tréithe na Scéalta Rúraíochta

Toisc gur bhain an Rúraíocht le ré na laochra, is léir crógacht na laochra sna scéalta. Bhí gradam agus uaisleacht ag baint leis na daoine a throid, cé gur bhain nósanna barbartha leis an gcomhrac go minic. Bíonn cur síos áiféiseach ar chathanna i gcuid de na scéalta; ba nós leis na seanchaithe cur leis an méid a maraíodh i gcónaí, d'fhonn an scéal a dhéanamh níos drámúla ar ndóigh. Ba mhinic an draíocht in úsáid sna scéalta chun cabhrú leis an laoch éalú ó chruachás agus ar ndóigh chuir an cumas draíochta go mór le cumhacht agus stádas na ndraoithe sa seansaol Ceilteach.

Tá an téama bunúsach sa scéal 'Clann Uisnigh' – bean óg luaite le seanfhear – coitianta i scéalaíocht agus litríocht na Gaeilge ó shin. Tá sampla againn ó na scéalta Fiannaíochta – sraith scéalta a tháinig níos déanaí ná na scéalta Rúraíochta – de scéal cáiliúil, 'Tóraíocht Dhiarmada agus Ghráinne', a bhfuil an téama agus na móitífeanna (pátrúin scéalaíochta) céanna ann: bhí bean óg álainn, Gráinne, luaite le seanfhear, Fionn mac Cumhaill, agus chuir sí Diarmaid – laoch óg dathúil de chuid saighdiúirí Fhinn, faoi gheasa éalú léi. Níor mhaith Fionn riamh do Dhiarmaid gur éalaigh sé le Gráinne agus is é do-mhaiteachas Fhinn is cúis le bás Dhiarmada ar deireadh.

Faighimid léargas sa scéal 'Clann Uisnigh' ar an seansaol Ceilteach – na huaisle, na cathanna, na dúnta, na draoithe, na cluichí fichille, na féastaí agus a lán eile. Chomh maith le saol na ndaoine a fheiceáil ón taobh istigh, cuirtear tréithe na laochra os ár gcomhair, idir shuáilcí agus dhuáilcí.

Tréithe na laochra sna scéalta Rúraíochta

Fearúlacht:	Fearúlacht na nUltach nach rachadh go hAlbain chun feall a imirt ar Naoise.
Crógacht:	Iollann Fionn, Naoise, Ardán agus Ainle a thóg orthu féin Muintir Chonchúir a throid.
Dílseacht:	Dílseacht i measc na nUltach – dílseacht Iollainn, Ainle agus Ardáin do Naoise go háirithe
Cion/Grá:	An grá a bhí ag Clann Uisnigh dá dtír dhúchais, an grá a bhí ag Naoise dá dhearthaireacha an cion a bhí ag fir Uladh ar Chlann Uisnigh grá Dheirdre do Naoise grá Leabharchaim do Dheirdre
Díoltas agus	D'fhuadaigh Naoise rún a chroí ó Chonchúr agus níor mhaith Conchúr dó é.
Do-mhaiteachas:	Do-mhaiteachas Mhaine Lámhgharg a ghríosaigh é chun Clann Uisnigh a mharú
Uaisleacht:	Uaisleacht Chú Chulainn, Fhearghusa, a bheirt mhac agus Chonaill Chearnaigh a sheas le Deirdre agus Clann Uisnigh, cé go raibh comhlint idir sin agus a ndualgas i leith an Rí.

Daoine a luaitear sa scéal

Conchúr mac Neasa:	Rí Uladh, a bhí ina cheannaire ar an gCraobh Rua, buíon saighdiúirí a bhí ann chun an cúige a chosaint. Ní léirítear é mar dhuine a bhfuil tréith na huaisleachta ag baint leis sa scéal seo.
Feidhlimidh mac Daill:	Scéalaí agus seanchaí oifigiúil i gcúirt an Rí; athair Dheirdre. Bhí féasta á chaitheamh ina theach nuair a rugadh Deirdre.
Cathbhadh:	draoi (*fáidh*), duine an-chumhachtach sa seansaol Ceilteach. D'oibrigh an draoi i gcúirt an Rí, mar shagart, mar fhile, mar staraí, mar dhochtúir, mar ollamh agus mar bhreitheamh. Bhí an draoi mar chomhairleoir ag an rí nó an taoiseach.
Leabharcham:	bancháinteach (*female satirist*) Chonchúir. Ciallaíonn seo gur chum Leabharcham dánta don rí ag cáineadh a namhad. I leaganacha eile den scéal deirtear gur bean chaointe í Leabharcham – an té a chaoineadh na mairbh, *a keening woman*.

Conall Cearnach, *Fearghus mac Róigh,* *Cú Chulainn:*	Cuid de phríomhlaochra na Rúraíochta a d'fhan dílis do Naoise agus dá dhearbhráireacha. Deirtear gur fhág Fearghus mac Róigh an Chraobh Rua tar éis do Chonchúr an feall a dhéanamh ar Chlann Uisnigh, agus Ferdia, laoch eile, in éineacht leis. Is mar sin a tharla go raibh siad ag troid in arm Chonnacht sa **Táin Bó Cuailgne** agus go raibh ar Chú Chulainn agus Ferdia an comhrac aonair cáiliúil a throid ag Áth Fhirdia, Co. Lú.

Áiteanna a luaitear sa scéal

Cúige Uladh:	Bhain na scéalta agus na dánta Rúraíochta ar fad leis an gCúige seo.
Eamhain Mhacha:	an áit a raibh cónaí ar an Rí i gCúige Uladh.
Reachrainn (Reachlainn):	Oileán gar do thuaisceart Chósta Aontroma.
Tonn Tuaighe: *Tonn Rúraí:* *Tonn Clíona:* }	Trí thonn (agus de réir an tseanchais bhí an ceathrú ceann ann freisin, *Tonn Tóime*) a gháir nó a ghlaoigh in am an ghátair sa tír.

Míreanna

Mír 1	Tosach an scéil	– lch 66 … go hAlbain.
Mír 2		– lch 67 … a chur faoina gcoinne.
Mír 3		– lch 67 … in araicis an Ultaigh.
Mír 4		– lch 68 … ach Deirdre amháin.
Mír 5		– lch 68 … a rinne siad orthu.
Mír 6		– deireadh an scéil.

Achoimre

Mír 1   Bhí Rí agus uaisle Uladh ag féasta mór i dteach Fheidhlimidh mhic Daill, scéalaí an rí. Rugadh iníon óg sa teach i rith na hócáide agus d'fhógair an draoi, Cathbhadh, go mbeadh troid mhor i gCúige Uladh mar gheall ar a háilleacht. Theastaigh ó na huaisle í a mharú, ach d'ordaigh Conchúr í a thabhairt go lios ar leith, ionas nach bhfeicfeadh éinne a háilleacht agus go bpósfadh sé féin í in am tráth. Deirdre an t-ainm a tugadh ar an leanbh agus ní raibh cead ach ag duine amháin í a fheiceáil, is é sin Leabharcham, a banaltra agus a múinteoir. Lá amháin chonaic Deirdre fuil ar an sneachta agus tháinig fiach dubh á hól. Dúirt sí gur mhaith léi fear a mbeadh dath an tsneachta ar a chraiceann, dath an fhéich ar a ghruaig agus dath na fola ar a leicne. Dúirt Leabharcham léi go raibh a leithéid d'fhear i gcúirt an rí, fear darbh ainm Naoise (mac Uisnigh). D'impigh Deirdre ar Leabharcham Naoise a chur chuici agus nuair a chonaic Deirdre é, thit sí i ngrá leis. Chuir sí faoi gheasa é éalú léi go hAlbain, cé gur leasc le Naoise dul, mar gheall ar an eagla a bhí air roimh Chonchúr.

Mír 2	Chuaigh Ainle agus Ardán, deartháireacha Naoise, in éineacht le Naoise agus Deirdre go hAlbain agus bhí siad ina gcónaí ansin go sásta go dtí gur chuala an rí faoi áilleacht Dheirdre agus theastaigh sí uaidh féin mar bhean chéile. Bhí troid ann agus b'éigean do Chlann Uisnigh teitheadh go hoileán mara. Nuair a chuala uaisle Uladh seo, d'impigh siad ar Chonchúr iad a ligean abhaile. Níor mhaith Conchúr ina chroí do Naoise gur éalaigh sé le Deirdre cé gur lig sé air gur mhaith – bhí sé ar intinn aige i gcónaí feall a dhéanamh ar Chlann Uisnigh nuair a d'fhillfeadh siad. Oíche amháin ag féasta roghnaigh Conchúr Fearghus mac Róigh mar theachtaire chun dul go hAlbain agus Clann Uisnigh a thabhairt ar ais, á rá go raibh gach rud maite ag an rí dóibh.
Mír 3	Chuaigh Fearghus agus beirt mhac leis go hAlbain. Lig Fearghus trí scread as nuair a tháinig siad i dtír agus chuala Deirdre agus Naoise iad. Lig Deirdre uirthi nár scread Éireannaigh a bhí iontu mar bhí eagla uirthi. Bhí aisling aici an oíche roimhe sin ina raibh trí éan le trí bholgam meala ina mbéal tar éis teacht as Éirinn, gur fhág siad an mhil ag Clann Uisnigh agus gur thug siad abhaile leo trí bhraon d'fhuil Chlann Uisnigh. Thuig Deirdre as an aisling sin go raibh Conchúr ag beartú díoltais. Dúirt sí seo le Naoise ach bhí áthas an domhain air siúd go raibh Fearghus tagtha agus níor thug sé aird ar Dheirdre.
Mír 4	Thosaigh Clann Uisnigh ag ullmhú go háthasach don turas abhaile. Cheap Deirdre, áfach, gur bhrón agus buaireamh a bhí i ndán dóibh in Éirinn. Bhí Fearghus le hiad a thabhairt faoina chosaint go hEamhain Mhacha, ach níorbh fhéidir leis é sin a dhéanamh. Tháinig Bórach, duine uasal, chuige ar theacht i dtír dóibh agus thug sé cuireadh d'Fhearghus chuig féasta (Conchúr a d'iarr ar Bhórach seo a dhéanamh). Bhí sé de gheasa ar Fhearghus gan diúltú do chuireadh chuig féasta. Bhí Deirdre imníoch, cé gur chuir Fearghus a bheirt mhac leo agus mhol dóibh leanúint ar aghaidh. D'iarr Deirdre orthu faoi dhó gan dul ar aghaidh toisc go bhfaca sí droch-chomharthaí ina haislingí. Mhol sí dóibh dul go Reachrainn nó go Dún Dealgan chuig Cú Chulainn go dtí go mbeadh an féasta thart. Nuair a chuala Deirdre go raibh ordú ó Chonchúr iad a chur go teach na Craobhruaidhe ar theacht go hEamhain Mhacha dóibh, bhí sí cinnte de go raibh an rí chun feall a imirt orthu. Tugadh rogha gach bia agus togha gach dí chucu. Bhí siad ar fad sona sásta ach amháin Deirdre.
Mír 5	Chuir Conchúr Leabharcham chuig teach na Craobhruaidhe féachaint an raibh Deirdre chomh hálainn i gcónaí is a bhíodh. Dúirt Leabharcham leis nach raibh, mar bhí sí ag iarraidh éad Chonchúir a mhaolú. Níor chreid Conchúr í, áfach, agus chuir sé duine eile, Tréandorn, chun féachaint uirthi. Bhí Tréandorn ag féachaint ar Dheirdre trí fhuinneog a bhí ar oscailt agus nuair a d'inis Deirdre é sin do Naoise chaith sé fear fichille le Tréandorn agus bhain an tsúil as. Chuir an eachtra seo olc ar Chonchúr agus thosaigh troid fhíochmhar. Bhí Iollann Fionn, mac le Fearghus, i gcomhrac le Fiachra Fionn, mac Conchúir. Nuair a bhí Fiachra á chloí ag Iollann Fionn, thosaigh trí tonna Éireann ag géimneach. Tháinig Conall Cearnach nuair a chuala sé an ghéim agus mharaigh sé Iollann, mar nár thuig sé gur ag cosaint Chlann Uisnigh a bhí Iollann. Bhí Clann Uisnigh ansin ag troid i gcoinne mhuintir Chonchúir agus bhí ag éirí go maith leo.
Mír 6	D'iarr Conchúr ar Chathbhadh draíocht a úsáid chun Clann Uisnigh a chloí, á gheallúint nach ndéanfadh sé féin dochar dóibh. Chuir Cathbhadh loch timpeall

ar an triúr agus ghabh na hUltaigh iad go héasca. Tugadh chuig Conchúr iad agus d'ordaigh sé dá bhásaitheoir iad a mharú, ach dhiútaigh seisean. Ach bhí duine i láthair, áfach, Maine Lámhgharg, a bhí sásta iad a mharú toisc gur mharaigh Naoise a athair siúd. Bhain Maine an ceann den triúr le claíomh Naoise. Tháinig tocht uafásach ghoil agus bhróin ar Dheirdre. D'iarr sí ar Chú Chulainn í a chosaint. Nuair a cuireadh Clann Uisnigh thit Deirdre isteach ar uaigh Naoise agus cailleadh í. Chuir Cathbhadh mallacht ansin ar Eamhain Mhacha nach mbeadh sé i seilbh aon duine de shliocht Chonchúir go brách.

Cíoradh an scéil

Mír 1   1   Athscríobh na habairtí seo san ord inar tharla siad sa scéal:
- Tháinig Naoise chun cainte le Deirdre agus thit sí i ngrá leis.
- Rugadh iníon álainn do bhean Fheidhlimidh an oíche sin.
- Chuaigh Conchúr mac Neasa agus na huaisle chuig féasta i dteach Fheidhlimidh, an scéalaí.
- Cuireadh Deirdre ina cónaí i bhfad ó gach duine.
- Lá sneachta chonaic Deirdre a hoide ag marú gamhna lena ithe.
- Tháinig fiach dubh ag ól na fola.
- Chuir Deirdre geasa ar Naoise imeacht léi go hAlbain.
- Dúirt Conchúr go bpósfadh sé féin Deirdre nuair a bheadh sí fásta ina bean óg.
- Dúirt Cathbhadh draoi go dtiocfadh mí-ádh ar Chúige Uladh de bharr an chailín a bhí tar éis teacht ar an saol.
- D'inis Leabharcham do Dheirdre faoi Naoise mac Uisnigh.
- Dúirt Deirdre gur mhaith léi fear a mbeadh a ghruaig chomh dubh leis an bhfiach, a chraiceann chomh geal leis an sneachta agus a leicne chomh dearg leis an bhfuil.

    2   Líon isteach an chairt eolais á rá cé hiad na daoine seo a luaitear sa mhír:

Conchúr mac Neasa	
Feidhlimidh mac Daill	
Cathbhadh	
Leabharcham	
Deirdre	

74

Mír 2   1   Meaitseáil tús abairte as A le críoch abairte as B.

A	**B**
Bhí Clann Uisnigh ar a sáimhín só in Albain go dtí	D'iarr siad ar Chonchúr iad a thabhairt abhaile.
Bhí troid ann agus b'éigean dóibh	teitheadh go hoileán mara.
Nuair a chuala na huaisle go raibh siad ar deoraíocht	dá leagfaí méar ar Chlann Uisnigh nuair a d'fhillfidís.
Ba mhór an trua, dar leo, Clann Uisnigh bheith ar deoraíocht	mar gheall ar bhean.
Ní ghlacfadh Naoise mar theachtaire ach	ach níor mhaith sé do Naoise gur éalaigh sé le Deirdre.
Dúirt Conall Cearnach agus Cú Chulainn go maródh siad na sluaite	gur chuala an rí faoi áilleacht Dheirdre.
Dúirt Fearghus nach maródh sé an Rí, ach	Conall Cearnach, nó Fearghus, nó Cú Chulainn.
Thug Conchúr cuireadh dóibh teacht abhaile	nach spárálfadh sé aon duine eile dá ndéanfaí feall ar Chlann Uisnigh.

2   I gcás gach duine den triúr thíos abair cad é an freagra a thug siad ar Chonchúr.

Conall   Dá ndéanfaí feall ar Chlann Uisnigh…

Cú Chulainn   Dá ndéanfaí feall orthu…

Fearghus mac Róigh   Dá leagfadh éinne méar orthu…

Mír 3   Líon na bearnaí le cabhair na bhfocal sa bhosca thíos.

Nuair a … Fearghus tír na hAlban lig sé trí scread … . Bhí Deirdre agus Naoise ag … … agus chuala siad Fearghus. Dúirt Deirdre gur scread … a bhí ann, ach dúirt Naoise … ea, ach scread … . Bhí eagla … Dheirdre nuair a chuala sí na hÉireannaigh ag teacht. Bhí aisling aici an oíche roimhe sin ina … sí trí éan ag teacht as Éirinn le trí … … ina mbéal acu. D'fhág siad an … ag Clann Uisnigh agus thug siad abhaile leo trí … de chuid … na bhfear. Cheap Deirdre mar sin gur … Conchúr na hÉireannaigh le teachtaireacht, ach d'airigh sí go … sé feall ar Chlann Uisnigh. Níor … Naoise le Deirdre mar bhí … … … air gur tháinig Fearghus.

> Albanaigh, fola, nárbh, bholgam meala, Éireannaigh, bhfaca, shroich, as, chuir, áthas ar domhain, éist, ndéanfadh, imirt fichille, ar, mhil, bholgam.

Mír 4   Cuir tic sa bhosca ceart:

		Fíor	Bréagach	Níl a fhios againn ón scéal
1	Bhí Clann Uisnigh sásta bheith ag filleadh go hÉirinn.	❏	❏	❏
2	Bhí áthas ar Dheirdre nuair a thosaigh siad ag ullmhú don turas.	❏	❏	❏
3	Bhí cónaí ar Bhórach in aice na farraige in Albain.	❏	❏	❏
4	D'iarr Conchúr ar Bhórach cuireadh chun féasta a thabhairt d'Fhearghus.	❏	❏	❏
5	Bhí geasa ar Fhearghus glacadh le cuireadh chuig féasta.	❏	❏	❏
6	D'fhág Fearghus Deirdre agus Clann Uisnigh gan chosaint.	❏	❏	❏
7	Bhí cúigear fear in éineacht le Deirdre ar an mbealach go hEamhain Mhacha.	❏	❏	❏
8	Ar a mbealach go hEamhain Mhacha, d'impigh Naoise orthu gan dul níos faide.	❏	❏	❏
9	Tháinig ordú ó Chonchúr iad a chur go teach na Craobhruaidhe nuair a thiocfaidís go hEamhain Mhacha.	❏	❏	❏

Mír 5   Críochnaigh na habairtí seo:
1 Cuireadh Leabharcham chuig teach na Craobhruaidhe chun…
2 Dúirt Leabharcham nach raibh Deirdre…
3 Chuir Conchúr Tréandorn chuig an teach, mar …
4 Mhéadaigh ar éad an rí nuair a chuala sé…
5 Ar dtús thosaigh Buinne Borbrua ag troid i gcoinne muintir Chonchúir, ach…
6 Thosaigh Iollann Fionn agus Fiachra Fionn…
7 Scread an sciath a bhí ag Fiachra nuair a …
9 Tháinig Conall Cearnach go hEamhain Mhacha mar …
9 Mharaigh Conall Iollann Fionn mar níor thuig sé…
10 Sa troid ina dhiaidh sin bhí an lámh in uachtar i dtosach ag …

Mír 6 Scríobh na habairtí seo san ord inar tharla na heachtraí sa scéal:
- Chuir Cathbhadh loch timpeall Chlann Uisnigh.
- Bhí Clann Uisnigh i lár an locha agus níorbh fhéidir leo éalú.
- Chuir Cathbhadh mallacht ar Eamhain Mhacha.
- Ghabh na hUltaigh Clann Uisnigh agus tugadh i láthair Chonchúir iad.
- Dhiúltaigh an básaitheoir Clann Uisnigh a mharú.
- Chuaigh Conchúr chuig Cathbhadh draoi, á iarraidh air cabhrú leis.
- Fuair Deirdre bás.
- D'iarr Deirdre ar Chú Chulainn í a chosaint.
- Gheall Conchúr do Chathbhadh nach ndéanfaí dochar do Chlann Uisnigh.
- Bhain Maine Lámhgharg an ceann d'Ardán, d'Ainle agus de Naoise.
- Thit Deirdre síos ar ucht Naoise.
- Cuireadh Clann Uisnigh san uaigh.

Ceisteanna (*mír ar mhír*)

Mír 1
1 Cérbh iad Conchúr? Cathbhadh? Feidhlimidh? Leabharcham?
2 Cad a dúirt Cathbhadh nuair a rugadh Deirdre?
3 Céard a theastaigh (i) ó na huaisle, (ii) ó Chonchúr, nuair a chuala siad an tairngreacht a rinne Cathbhadh?
4 Déan cur síos ar Naoise.
5 Cén fáth a raibh Naoise i gcruachás nuair a d'iarr Deirdre air imeacht léi? Cén fáth ar imigh sé?
6 Aimsigh nathanna nó focail aonair sa mhír a chiallaíonn:

fáidh	d'impigh
is é a theastaigh uathu	grá
darbh ainm	mar
ag féachaint amach	ní raibh an dara rogha aige

Mír 2
1 Conas a d'éirigh le Deirdre agus Clann Uisnigh nuair a chuaigh siad go hAlbain ar dtús?
2 Cén fáth arbh éigean dóibh teitheadh go hoileán mara?
3 Cad a rinne na huaisle i gcúirt Chonchúir nuair a chuala siad go raibh Clann Uisnigh ar deoraíocht ar oileán mara?
4 Ar mhaith Conchúr do Chlann Uisnigh gur éalaigh Naoise le Deirdre?
5 Cén fáth ar roghnaíodh Fearghus mar theachtaire chun Clann Uisnigh a thabhairt abhaile?
6 Mínigh i d'fhocail féin:

ar a sáimhín só	thoiligh Conchúr
scéimh	i dtólamh
bruíon	cionn is éalú le Deirdre
ar a seachnadh	i leataobh

Mír 3 1 Conas mar a bhí a fhios ag Naoise agus Deirdre go raibh Fearghus in Albain?
2 Cad í an aisling a bhí ag Deirdre an oíche roimhe sin?
3 Cad a cheap Deirdre faoi Chonchúr?
4 Mínigh i d'fhocal féin:

ficheall	bolgam
gan amhras	fealltóir
in araicis Fhearghusa	lúcháir
aisling	ar béal maidine

Mír 4 1 Conas a bhraith (a) Clann Uisnigh (b) Deirdre faoi bheith ag filleadh go hÉirinn?
2 Cén fáth a ndeachaigh Fearghus chuig an féasta?
3 Cén fáth ar iarr Conchúr ar Bhórach moill a chur ar Fhearghus?
4 Cén réiteach a bhí ag Fearghus ar an bhfadhb a bhí aige i.e. níor fhéad sé dul go hEamhain Mhacha le Deirdre agus Clann Uisnigh.
5 Cad a mhol Deirdre faoi dhó?
6 Cén fáth a raibh Deirdre imníoch?
7 Cad a thug le fios do Dheirdre go cinnte go raibh Conchúr chun feall a dhéanamh orthu?
8 Aimsigh nathanna nó focail sa mhír a chiallaíonn:

ag ullmhú	dá dtiocfadh
deis	ag insint roimh ré cad a tharlódh
níor theastaigh uaidh	gar do
ag dul i dtreo	féasta an-mhaith
go mbeadh saol níos faide acu dá bharr	

Mír 5 1 Cén fáth a ndeachaigh Leabharcham go Teach na Craobhruaidthe?
2 Cén fáth nár inis Leabharcham an fhírinne do Chonchúr?
3 Conas a tharla gur chaill Tréandorn a shúil?
4 Conas mar a bhí a fhios ag Conall Cearnach go raibh cabhair ag teastáil ó Chonchúr?
5 Cén fáth ar mharaigh Conall Cearnach ceann dá chomh-Ultaigh féin – Iollann Fionn?
6 Mínigh i d'fhocail féin:

a fháil na faisnéise	ar leathshúil
gean	inchurtha le Deirdre
mhaolaigh an t-éad	chun comhraic
amharc a fháil	in éadan

Mír 6 1 Conas a tharla gur gabhadh Clann Uisnigh?
2 Cén bhréag a d'inis Conchúr do Chathbhadh?
3 Cén fáth ar dhiúltaigh an básaitheoir d'ordú ón rí dar leat?
4 Cén fáth a raibh Maine Lámhgharg sásta Clann Uisnigh a mharú?
5 Cén fáth a bhfuair Deirdre bás, dar leat?
6 Cuir gach ceann acu seo in abairt a léiríonn a bhrí agus a cheartúsáid:

uair na faille	ghoill sé go croí air
ag gol is ag caoi	go brách

Ceisteanna ginearálta

1. Inis céard a tharla do Dheirdre ón lá a rugadh í go dtí an lá a d'éalaigh sí go hAlbain le Clann Uisnigh.

2. Céard a chonaic Deirdre sa sneachta a d'athraigh a saol ar fad?

3. 'Níor cheart do Naoise éalú le Deirdre nuair a bhí sí luaite leis an rí.' Do thuairim faoi sin.

4. Mínigh cén fáth a raibh ar Chlann Uisnigh teitheadh go hoileán mara.

5. Maidir leis na geasa a luaitear sa scéal, abair cé na daoine agus cé na geasa a bhí gceist. Tosaigh mar seo 'Bhí sé de gheasa ar…'

6. Cén fáth nárbh fhéidir le Conchúr a rogha duine a chur go hAlbain agus mínigh conas mar a roghnaigh sé an té a chuir sé ann.

7. Cad í an fhianaise atá sa scéal go raibh a fhios ag Deirdre cad a bhí i ndán do Chlann Uisnigh dá bhfillfidís?

8. Luaigh na hócáidí sa scéal ina léirítear gliceas Chonchúir.

9. Déan cur síos ar an turas ó d'fhág Deirdre, Clann Uisnigh, Fearghus agus a bheirt mhac tír na hAlban gur shroich siad Eamhain Mhacha.

10. Cén eachtra ba chúis ar deireadh leis an ionsaí ar theach na Craobhruaidhe?

11. Inis cathain a úsáideadh draíocht sa scéal agus cén tionchar a bhí ag an draíocht ar imeachtaí an scéil ina dhiaidh sin.

12. Conas a tharla gur mharaigh Conall Cearnach Iollann Fionn?

13. Inis conas a tharla sé ar deireadh gur maraíodh Clann Uisnigh.

14. 'Ní de bharr an ghrá a tharla oidhe Chlainne Uisnigh, ach de bharr éada agus díoltais.' Do thuairim uait faoi sin.

15. 'Cé gur bhain Conchúr Mac Neasa leis na huaisle, ní léiríonn sé sa scéal seo go raibh tréith na huaisleachta ann.' Do thuairim uait faoi sin.

16. Céard atá le foghlaim sa scéal seo faoi na nósanna a bhain le scéal Rúraíochta a insint? Tabhair faoi deara, mar shampla, móitífeanna nó patrún sa scéal a úsáidtear níos mó ná uair amháin, úsáid uimhreacha sa scéal agus aon rud eile.

17. Baineann an scéal seo le laochscéalta ar a dtugtar an Rúraíocht. Cad iad na tréithe de chuid na Rúraíochta atá le feiceáil sa scéal seo?

18. 'Filleann an feall ar an bhfeallaire,' a deir an seanfhocal. Conas a d'fhill an feall ar Chonchúr sa scéal seo?

19. Chuir Cathbhadh mallacht ar Eamhain Mhacha a rá nach mbeadh aon duine de Shliocht Chonchúir ann go brách. An dóigh leat go bhfuil an mhallacht sin i bhfeidhm i gcónaí?

20. An bhfuil trua agat do Dheirdre? An féidir a rá gurb í ba chúis le hoidhe Chlainne Uisnigh? Conas?

Leaganacha eile den scéal

Is iomaí leagan den scéal seo atá le fáil agus toisc go bhfuil a insint féin ag gach duine ar scéal, mar a deir an seanfhocal, athraíonn gnéithe áirithe de scéalta le gach insint. Seo mar a tharlaíonn i leaganacha eile den scéal 'Clann Uisneach' – is féidir leatsa do leagan féin a insint – do chuid féin a dhéanamh den scéal chomh maith! Seo roinnt pointí breise atá ar fáil:

- chuaigh 300 laoch go hAlbain leo.
- thug Conchúr cuairt ar Dheirdre gach bliain ar a lá breithe nuair a bhí sí faoi chúram Leabharchaim.

- nuair a bhí Deirdre croíbhriste leis an uaigneas, lig sí rún a croí lena capall, 'Dubh'.
- bíonn aislingí eile ag Deirdre ina mbíonn comharthaí an fhill atá le teacht – feiceann sí néal fola san aer, Iollann Fionn gan cheann…

  Is ag deireadh an scéil is mó a fhaighimid leaganacha difriúla –
- gur chaith Deirdre í féin den charbad bliain i ndiaidh bás Naoise, í in éineacht le Conchúr ag gabháil thar an áit inar maraíodh an triúr.
- gur fhás crann darach san áit ar maraíodh iad agus gach bliain go dtagann péire colúr bán ag neadú ina ghéaga.
- go ndeachaigh Deirdre ag pógadh Naoise san uaigh is ag ól a chuid fola, go ndúirt sí an laoi 'Fada an lá gan Clann Uisneach' agus go bhfuair sí bás ansin san uaigh.

Gluais

Mír 1

draoi: fáidh

tairngreacht: an réamhinsint a rinne an fáidh faoin am a bhí le teacht.

lios: áit chónaithe

oide: múinteoir

buime: banaltra (mar mháthair ag Deirdre)

inphósta: in aois a pósta

dul (d)á cóir: dul in aice léi

bancháinteach: bean a scríobhadh dánta ag cáineadh naimhde an rí (*a satirist*).

gamhain: lao óg

fiach: éan a bhfuil dath an-dubh air, *raven*

is mairg: is trua

a chneas: a chraiceann

d'agair: d'imigh

geasa: ceangal draíochta nárbh fhéidir a bhriseadh nó thiocfadh náire, mí-ádh nó fiú an bás féin dá bharr.

Mír 2

ar a sáimhín só: go sona sásta

iomrá: caint ar

scéimh: áilleacht

bruíon: troid

ar a seachnadh: ar teitheadh (chun éalú ón rí)

ar deoraíocht: cónaí éigeantach (gan rogha) in áit / i dtír eile

thoiligh Conchúr: ba é a thoil é, bhí sé sásta

i dtólamh: i gcónaí

cionn is éalú: toisc gur éalaigh (sé), mar gheall ar éalú

ag meabhrú fill orthu: ag smaoineamh ar feall a dhéanamh orthu

easpa: cailliúint, *lack, want*

trí coinnle gaisce: laochra a bhí ar nós soilse geala (Naoise, Ainle agus Ardán)

faoina ndéin: chucu, chun iad a fháil

i leataobh: tamaillín ón gcomhluadar, *aside*

bia míoltóg: mincemeat, míoltóg: feithid bheag bhídeach

Mír 3

ar béal maidine: breacadh an lae, nuair a bhí an lá ag briseadh

in araicis: chun bualadh le

scairt: scread, glaoch

aisling: fís, brionglóid le teachtaireacht inti

trí bholgam meala: (mil: *honey*) *three mouthfuls of honey*

óir nár mhilse mil ná…an fhealltóra: níl aon rud níos milse ná focail duine atá ag ligean air go bhfuil sé ag lorg síochána, ach atá ag beartú fill (*treachery*) dáiríre.

meadaracht: ciall, míniú

chun an phoirt: chun cladaigh

Mír 4

bhí sé á thaibhreamh dise: bhí sé á shamhlú di siúd, bhí aisling ag teacht chuici

ag déanamh réidh: ag ullmhú

a dhún: a áit chónaithe

caoi: deis, seans

bhí geallta aige: bhí sé tar éis geallúint a thabhairt

go mbeadh: go dtí go mbeadh

gur bhuaine an saol dóibhsean é: go mbeadh saol níos faide acusan mar gheall air

muinín: iontaoibh, *trust*

óir: mar

níor shamhail siad: níor cheap siad

dá dtigeadh crua orthu: dá mbeadh siad i dtrioblóid / i gcruachás.

ag déanamh tuair agus tairngreachta: ag déanamh réamhaithrise, ag rá cad a tharlódh

go dtigeadh: go dtí go dtiocfadh

tréanmhuinín: muinín (*trust*) an-láidir

teach na Craobhruaidhe: áit chónaithe na saighdiúirí a bhíodh ag cosaint an rí agus an chúige.

rogha gach bia agus togha gach dí: an bia agus an deoch ab fhearr, bia agus deoch den scoth

Mír 5

a cruth agus a scéimh: a cuma agus a háilleacht

a fháil na faisnéise sin dó: chun an t-eolas sin a fháil dó

dá gcluineadh sé: dá gcloisfeadh sé

mhaolaigh an t-éad: bhí níos lú éada ar (le Naoise)

samhlaíodh dó: bhí sé ag ceapadh

giolla: searbhónta

ar dhroim an domhain chláir: in áit ar bith ar domhan

inchurtha le: a bhí chomh hálainn le

ár millteanach: troid agus marú uafásach

ruathar: ionsaí (téarma míleata), na fórsaí go léir ag gluaiseacht i dtreo an namhad

go calma: go cróga, go misniúil

chun comhraic: chun troda

á chloí ag Iollann Fionn: Iollann Fionn ag buachan air

scread: bhéic, ghlaoigh

ghéim siad: lig siad béic

geis: dualgas / ceangal draíochta

i ngéibheann: i nguais, i gcontúirt

gurbh é a chomaoin: gurbh é a dhualgas, go raibh sé d'iallach air

dul chun tarrthála air: dul ag cabhrú leis, dul chun é a shábháil

ar rochtain: nuair a shroich

X á chloí ag Y: Y ag fáil an lámh in uachtar ar X sa troid

ar lár: ina luí marbh

Mír 6

chuaigh sé i gceann na draíochta: thosaigh sé ar an draíocht

gurbh éigean dóibh: i dtreo go raibh orthu

uair na faille: an deis a raibh sé ag súil léi

nach bhfágadh fuíoll béime: nach bhfágadh aon rud ina dhiaidh, i.e. a rinne gearradh glan

tocht: mothú láidir bróin a bhí mar ualach trom

d'agair sí coimirce Chú Chulainn: d'iarr sí ar Chú Chulainn í a chosaint.

ghoill sé go croí air: chuir sé isteach go mór air.

2 An Phiast

Síle Ní Chéileachair

Mír 1   An chéad lá a d'aistríos go uimhir a fiche a cúig Ascal uí Mhuirthile fuaireas amach go raibh Frainc Mac Aindriais mar chomharsa béal dorais agam. Bhíos agus Frainc le blianta san oifig chéanna. Duine beag lom ligthe ab ea é agus é an-chiúin ann féin. Bhí sé dea-mhúinte ómósach le gach éinne. Ní raibh aon chomharthaí tine le haithint sa chroiméal tanaí fionn a bhí air ná san aghaidh bheag mhílítheach. Geallaim duit go dtáinig ionadh orm nuair a chonac an bhean. Ní hamháin go raibh sí mór ach bhí sí córach teannláidir. Bhí déad breá fiacal aici, aghaidh leathan, agus cneas luisneach dea-shláinteach. Bhí, chomh maith, teanga chun comhrá aici, éirim ghéar agus gáire croíúil cuileachtanais. Ba dhóigh liom gurbh fhiú í fear ab éifeachtaí ná Frainc a bheith aici, ach dúirt daoine ab fhearr aithne orthu nárbh amhlaidh a bhí, gur scoth chéile Frainc. Ag am scoir san oifig ní dhearna sé aon mhoill ach brostú leis abhaile. Bhíodh deisiú nó déanamh éigin ar siúl i gcónaí aige. Bhí de cháil air go raibh bua sna lámha aige. Aon cheard a tharraingeodh sé air bhí sé aige agus san am céanna níor scorn leis gnó mná tí a dhéanamh nuair ba ghá. Bhíodh a ainm á lua d'fheara eile san Ascal agus mná ag cáineadh gur thaobhaíodar ina n-óige le brúideanna gan tuiscint.

Mír 2   An chéad tráthnóna a bhíos sa teach nua agus mé gan citeal gan fearaistí fuaireas cuireadh chun tae ón bhean chroíbhrothallach. Is dócha go raibh trua aici dhom i dtaobh mé bheith singil agus gur theastaigh uaithi buntáistí an bheatha phósta a chur ar mo shúile dom. Go deimhin caithfead admháil go raibh ag éirí léi, mar lena hanamúlacht féin, lena neart, agus lena háilleacht, d'ardaigh sí mo chroí. Bhí ionadh orm cá raibh Frainc go dtáinig sé isteach chugainn á rá go raibh an tae ullamh. Ní raibh aon chóta air agus bhí a lámha caolsreangacha nocht go dtí na huilleanna. Bhí tae breá againn, ach thugas faoi deara ná raibh ach corrghreim ag Frainc á thógaint agus go raibh sé ag éirí dá shuíochán ag freastal orainn. Thug an bhean faoi deara mé ag faire air agus d'iompaigh sí orm ag míniú an scéil:

'Bhíos amuigh ar feadh an tráthnóna, agus ó táim ag dul amach arís ag imirt bheiriste níorbh fhiú dhom mo chuid éadaigh a athrú agus thairg Frainc an béile ullmhú.'

Dúrt dar ndóigh gur thuisceanach an fear é agus tar éis an tsaoil ná raibh ceart ag gach aon bhean chun saoire díreach mar bhí ag an bhfear agus gur chóir don rialtas dlí a dhéanamh cead dul amach a bheith ag an bhean oiread sin tráthnóntaí sa tseachtain. Bhíos chun gáire a dhéanamh faoi chlisteacht mo chuid cainte féin ach ní tháinig aon chomhartha gáirí ar an mbeirt eile. Chuaigh an chlisteacht amú orthu. Cárbh ionadh liom Frainc ach í féin a bhí chomh haibidh. Bhí sos anshocair ann ar feadh neomait. Ar ámharaí an tsaoil bhéic an leanbh amuigh. Níor chorraigh an mháthair ach léim Frainc as a chorp agus rith amach. Lean an bheirt againne ag caint go doimhin-nósach ar bheiriste agus ar na húdair a mhíníonn é.

Bhí ár sáith ite againn agus sinn tar éis toitín go leith a chaitheamh nuair tháinig Frainc go dtí an doras arís. Bhí aprún anairte an turas seo air agus beirt pháiste iníon ina dhiaidh aniar. Bhí an leanbh ar a ghualainn aige béal faoi. Pantar mór ramhar ab ea é agus mhínigh an bhean ar mhaithe liomsa go raibh nós aige an iomad bainne ól agus go raibh a athair anois ag cabhrú leis chun gaoithe chur de. Bhí súile Frainc

82

chomh hoscailte le súile bó agus é ag éisteacht léi. D'iompaigh sé timpeall chuici go mórálach. Thug sise gigil beag fán smigín don leanbh agus dúirt go raibh a chodladh ag teacht air. Nuair bhíodar imithe arís chuas féin agus í féin isteach níos doimhne ná riamh i scéal an bheiriste…

Mír 3
Níl fhios agam cad é an fhaid a bhíos sa leaba an oíche sin nuair dúisíodh mé le torann sceoin. Bhí an doras thíos á phleancadh go héachtach. Tháinig an briogáid múchta tine im cheann, Éirí Amach na Cásca, agus mórán eile nach iad. Tháinig bean Frainc im cheann. Léimeas go fuinneog. Is í bhí ann agus í ar mire ag bualadh an dorais thíos le baic a scáth fearthainne. Mar go raibh an oíche ciúin cloisfí i gcéin ó bhaile í.

'Haidhe! Éirigh! Éirigh suas! Haidhe!'

'Cad tá bun os cionn?' arsa mise.

'Ó!' a scread sí orm, 'brostaigh! Brostaigh! N'fheadar cad tá imithe ar Frainc. Níor oscail sé an doras dom. Ba chuma liom ach na páistí. Cad a dhéanfaidh mé in aon chor, in aon chor?' Tharraingíos orm mo bhríste, slipéidí agus casóg mhór. Thugas stracshúil ar chúl an tí féachaint an mbeadh solas ann. Ní raibh. Síos liom agus sólás á bheartú agam don bhean.

'B'fhéidir go bhfuil sé imithe ar theachtaireacht éigin obann agus go mbeidh sé ar ais i gceann neomait.' Ach chroith an bhean a ceann chomh maith lena rá: 'Cad é an teachtaireacht a fhéadfadh bheith aige siúd?' Ansin tháinig cuma an ghoil ar a béal agus rinne sí faoistin dom i nglór lag, truánta.

'An croí aige, ní raibh sé ar fónamh. Bhí fhios agam go dtarlódh sé. Dá mbeinn sa bhaile! Mo Frainc bocht! Thug an dochtúir comhairle dhó gan aon dua a chur air féin. Ach ní fhéadfadh sé fanúint socair. An fear bocht!' Dhruid sí isteach liom agus sar ar bhuaigh an gol ar fad uirthi d'éirigh léi cogar croíbhriste a chur im chluais. 'Tanaíocht san fhuil, b'shin é bhí air.'

Bhí fhios agam gur cheart dom rud éigin a dhéanamh. Thriaileas an fhuinneog a oscailt ach bhí sí chomh daingean le doras bainc. D'iompaíos chun bean an ghoil.

'Caithfead an doras a bhriseadh isteach,' arsa mise, 'ach ní mór dom tua nó piocóid nó –' Thug sí lámh dom am chur as an slí. Do shearr sí í féin, agus thug rúid fán doras. Bhuail sí pleanc dá cliathán air a rinne fuaim mar dhéanfadh tionóisc bhóthair. D'oscail an doras isteach agus d'imigh coimeádaí an ghlais agus na scrobhanna ag rince ar an íléadach.

'Anois thú!' ar sise liom agus í ag at le móráil. Mise bhí ag cuimhneamh ar ghol anois. Mhothaíos an-bheag ionam féin. Bhí sí mar bheadh sí ag feitheamh le focal molta ach rinneas amach ná raibh an ócáid oiriúnach chuige sin.

'Cé acu seomra ina mbeadh sé?' arsa mise ag féachaint timpeall orm.

'Fan go bhfeicfead an bhfuil na páistí slán ar dtúis.' In airde staighre léi. Leath slí suas stad sí.

'Tá eagla ag teacht orm, an dtiocfaidh tú in éineacht liom?' Leanas í. Sa chéad seomra bhí an bheirt ghearrchaile ina gcodladh go sámh. Thug sí sciuird ar dhoras a seomra féin. Agus a lámh ar an gcnapán theip an anáil uirthi. Bhí an dath ag tréigint a cneas.

Bhíos féin creathánach go leor ach d'osclaíos an doras di. Geallaim duit go raibh áthas orm ná raibh éinní bun os cionn istigh. Bhí an pantar ramhar de pháiste sa chliabhán caolaigh agus chuaigh suaimhneas a chodladh trím chroí. An dílleachta bocht! Ghlaos uirthi féin. Tug sí sciuird isteach agus chrom os cionn a mic.

'Moladh le Dia, tá an leanbh slán' ar sise agus thóg sí amach as na héadaí buidéal leathlán agus chuir as an slí é. Chuardaíomar na seomraí eile thíos agus thuas. Bhí gach árthach sa chistin ina ionad ceart féin ar an seilp. Bhí urlár na cistine tais mar bheadh sé nuanite.

Síle Ní Chéileachair

Mír 4   Ach cá raibh Frainc? Thosnaigh smaoineamh ag rith tríom cheann go mb'fhéidir nach é an croí bhí tar éis teip air in aon chor ach go raibh sé imithe, a shaoirse bainte amach aige, nó mar adeir lucht an Bhéarla, 'go raibh an phiast tar éis casadh.' Tháinig an rud céanna i gceann na mná mar do stad an brón agus thosnaigh sí ag cuardach ar an matal, ar an driosúr agus sna dráranna mar bheadh súil aici go mbuailfeadh litir léi. D'imigh an trua go léir a bhí agam di agus thosnaíos ag guidhe go mbuafadh Frainc ar an dlí, go mbainfeadh sé amach tír iasachta éigin sa Domhan Thoir nó sa Domhan Thiar agus ná feicfí riamh é á stracadh abhaile ar urla cinn.

Shuíomar beirt ar dhá thaobh an bhoird mar dhéanfadh aireacht stáit nó coiste idirnáisiúnta. Rinneamar an scéal a chíoradh go mion ó thosach deireadh ach ní thángamar ar aon bhreis eolais. Bhí Frainc imithe mar shloigfeadh an talamh é gan aon rian, gan aon chomhartha a neosfadh dúinn cé an treo ar ghaibh sé. Ba í an chomhairle a chinneamar go dtabharfainnse scéala go dtí na Gardaí agus go dtiocfadh Bean uí Mhórdha isteach mar chuideachta faid a bheinnse amuigh. Dob fhurasta Bean uí Mhórdha a thabhairt chun dorais óir bhí sí dúisithe cheana féin ag faire. Tháinig fuadar an domhain uirthi nuair thuig sí éirim an scéil. Rinne sí comhbhrón leis an mbean tréigthe go fíorealaíonta ach go raibh breis bheag fhuinnimh lena caint. Go deimhin sarar chríochnaigh sí is mó d'fhearg ná de bhrón a bhí le braith uirthi. Dúirt sí nárbh iontaoibh aon fhear, go háirithe fear pósta. Dúirt sí gur minic a bhíonn ciúin ciontach, gurb iad na muca ciúine itheann an mhin, agus nár imíodh uainn ach an drochmhargadh.

Bhíos féin ag cur gaoithe im rothar agus mé ag féachaint síos agus suas go bhfeicfinn Garda ag teacht a shaorfadh ón aistear mé. Tháinig an nua-bhaintreach amach chugam agus iarracht de cheann faoi uirthi i ndiaidh cainte na mná eile. Labhair sí an-íseal.

'Dún Laoire, an bád, abair leo… ach ní bheadh an misneach sin aige. Féach, ar do shlí gaibh timpeall go stad an bhus. Ar eagla na heagla gur ansin a bheadh sé ag feitheamh liomsa. Tháinig mé abhaile anocht i ngluaisteán. Fuaireas tiomáint ó chéile mo dheirféar agus – Frainc – is gnáth leis feitheamh liom ag stad an bhus. An raghfá chuige agus a rá leis teacht abhaile go tapaidh.'

Mír 5   Bhí Frainc dar ndóigh ina sheiceadúir, a ghuala táite de chuaille stad an bhus. Bhí an bus deireannach gafa suas fadó ach dála Casabianca ní thréigfeadh sé a phost. Nuair ghlaos abhaile air thug an bhean faoi i dtaobh í ghlasáil amuigh. Dúirt sí an chéad uair eile tharlódh a leithéid go mbaileodh sí léi ar fad. Mar bhuille scoir d'ordaigh sí dhó coimeádaí an ghlais a chur suas arís i gcomhair na hoíche. Faid bhí sé á dhéanamh sin bhí sí féin ag gabháil buíochais liomsa ag an ngeata. Dúirt sí go raibh aiféala uirthi ar shlí ná raibh Frainc imithe mar go mbeadh seans aici fear mórchroíoch mar mé féin a fháil ina ionad.

Bhí an scrobh deireannach tiomáinte ag Frainc. Dúirt sí leis an doras a dhúnadh agus seasamh as an slí go dtriailfeadh sí é. Thug sí rúid mar thug an chéad uair agus thiomáin an doras isteach roimpi gan dua. D'fhéach sí an-mhórálach aisti féin agus d'fhiafraigh sí de Frainc go sotalach an gcoiscfeadh an saghas sin daingniú gadaithe Bhleá Claith. Níor thug seisean aon fhreagra ach phioc suas na scrobhanna go humhal agus rinne athdhaingniú.

An mhaidin dár gcionn dúisíodh arís mé le torann fíochmhar ag mo dhoras féin. An bhean chéanna a bhí ann agus í ag lorg Frainc. An turas seo ní raibh aon amhras sa scéal. Bhí nóta i scríbhneoireacht Frainc idir a méaranna agus í ag gol os a chionn.

85

An t-údar

I gCúil Aodha, i nGaeltacht Mhúscraí in iarthar Chorcaí, a rugadh Síle Ní Chéileachair. Seanchaí cáiliúil ab ea a hathair, Dónal Bán, agus bhí bua an cheoil ag muintir a máthar. Bhí Béarla agus Gaeilge le cloisteáil aici agus í ag fás aníos sa cheantar lena deartháir Donncha, a bhí ina scríbhneoir chomh maith.

Cúlra

Sal bhliain 1946 d'fhreastail Síle agus Doncha Ó Céileachair ar chúrsa litríochta i gCúil Aodha agus thiomnaigh siad an leabhar *Bullaí Mhártain* (a foilsíodh i 1955), cnuasach gearrscéalta a chomhscríobh siad – don té a thug an cúrsa sin, mar gurbh é, dar leo, a mhúin iad'. (Pádraigín Riggs). As an gcnuasach gearrscéalta sin a tógadh an scéal seo, 'An Phiast', chomh maith le scéal de chuid Dhonncha, 'An Grá Géar', (féach lch.). Tá naoi scéal an duine acu sa leabhar agus i measc na dtéamaí atá iontu tá an greann, an grá agus an t-athrú atá ag teacht ar an saol traidisiúnta. Tá léiriú ón mbeirt ar shaol na tuaithe (saol as ar fáisceadh iad) chomh maith le saol na cathrach (saol ar tháinig siad isteach air nuair a d'aistrigh siad go Baile Átha Cliath). Is gearrchúiseach an léargas a fhaighimid ar an dá chineál saoil sna scéalta éagsúla.

Míreanna

Mír 1   Tosach an scéil – lch. 82… gan tuiscint.
Mír 2   – lch. 83, … i scéal an bheiriste…
Mír 3   – lch 83, … nuanite.
Mír 4   – lch. 85, … go tapaidh.
Mír 5   – deireadh an scéil

Achoimre

Mír 1   Bhí an scéalaí agus Frainc Mac Aindriais ag obair in aonoifig le chéile. D'aistrigh an scéalaí go teach nua agus cé bhí ina chomharsa béal dorais aige ach Frainc. B'ionadh leis an scéalaí bean Fhrainc a fheiceáil, toisc go raibh sí féin agus Frainc an-éagsúil lena chéile. Fear beag ceansa (*meek*) ab ea Frainc gan cuma ró-shláintiúil air, ach níorbh amhlaidh dá bhean – bhí sise breá láidir, folláin agus suim aici i gcomhluadar. Bhí Frainc i gcónaí ag fágáil na hoifige faoi dheifir, chun tabhairt faoi obair éigin sa teach.

Mír 2   An chéad tráthnóna a raibh an scéalaí sa teach nua, fuair sé cuireadh chun tae ó bhean Fhrainc agus b'ionadh leis an méid a chonaic sé. Bhí Frainc ag freastal ar an mbeirt acu – ní raibh am aige a chuid féin a ithe, fiú. Mhínigh bean an tí an scéal, á rá go raibh sí tar éis bheith amuigh agus go raibh sí ag dul amach arís ag imirt bheiriste agus mar sin gur thairg Frainc an béile a ullmhú. Nuair a luaigh an scéalaí go mba cheart do gach bean tí saoire a bheith aici anois is arís, bhí sos anshocair sa seomra. Nuair a bhéic an leanbh léim Frainc as a chorp agus rith sé amach. Tar éis an bhéile thosaigh Frainc ar an nglanadh suas. Nuair a tháinig sé ar ais, bhí aprún air, bhí an leanbh óg ar a ghualainn aige agus beirt eile ina dhiaidh aniar. D'fhan an bhean ina suí ag caint leis an gcomharsa nua faoi chúrsaí beiriste.

Mír 3   Níos déanaí san oíche chuala an scéalaí duine éigin ag bualadh ar dhoras a thí – bean Fhrainc a bhí ann is í ar mire ag bualadh agus ag screadaíl. Dúirt sí leis an scéalaí go raibh sí buartha faoi Frainc toisc nár oscail sé an doras di – bhí sí níos buartha fós faoi na páistí. Mhínigh sí go raibh croí lag ag Frainc – go ndúirt an dochtúir leis é a thógáil go réidh. Thriail an scéalaí an fhuinneog a oscailt, ach theip air. Níorbh fhéidir leo dul isteach sa teach gan an doras a bhriseadh isteach – rud a rinne bean Fhrainc toisc í bheith breá láidir. Thug sí rúid faoi agus chuaigh an doras isteach roimpi. Bhí na páistí ina gcodladh, ach ní raibh tásc ná tuairisc ar Frainc. Bhí an chistin ar fad glanta aige – an t-urlár nuanite agus é fós tais.

Mír 4   Ach cá raibh Frainc? Rith sé leis an scéalaí nach taom croí a bhuail Frainc ar chor ar bith agus gur imigh sí toisc nárbh fhéidir leis a thuilleadh a fhulaingt. Is dócha gur smaoinigh a bhean air sin freisin, mar thosaigh sí ag cuardach litreach uaidh. Bheartaigh siad ar scéal a chur chuig na Gardaí agus iarraidh ar Bhean uí Mhórdha, comharsa eile, teacht isteach chun comhluadar a choinneáil le bean Fhrainc faid a bheadh an scéalaí amuigh. Rinne Bean uí Mhórdha comhbhrón leis an mbean 'tréigthe', á rá nárbh fhéidir brath ar na fir, go mór mór na fir chiúine! Díreach nuair a bhí an scéalaí ag fágáil an tí, tháinig bean Fhrainc chuige agus sórt ceann faoi uirthi: d'iarr sí air féachaint ag stad an bhus, mar gurbh ansin a bhíodh sé go hiondúil ag feitheamh léi, ach go bhfuair sí síob abhaile an oíche sin.

Mír 5   Bhí Frainc ansin ag stad an bhus agus an bus deireanach i bhfad imithe. Nuair a chuaigh sé abhaile thug an bhean íde béil dó faoin doras a chur faoi ghlas uirthi agus d'ordaigh sí dó an doras briste a dheisiú. Agus í ag fágáil slán leis an scéalaí, dúirt sí leis go raibh aiféala uirthi ar bhealach nár imigh Frainc, mar go mbeadh seans aici ansin fear cosúil leis an scéalaí a bheith aici! Nuair a dheisigh Frainc an doras thug a bhean chéile rúid eile faoi a chuir isteach arís é agus bhí ar Frainc é a dheisiú arís eile gan focal a rá. An mhaidin dár gcionn bhí bean Fhrainc ag doras tí an scéalaí agus í ag lorg Frainc. Bhí nóta a scríobh sé ina lámha aici – 'bhí an phiast tar éis casadh' gan amhras ar bith an uair seo.

Cíoradh an scéil

Mír 1   11 Meaitseáil na tréithe coirp agus pearsantachta leis na daoine cearta:

Frainc Mac Aindriais		Bean Fhrainc	

ligthe

beag

omósach

gáire croíúil

teann láidir

dea-mhúinte

mór

lom

córach

an-chiúin

aghaidh leathan

éirim ghéar

déad breá fiacal

dea-shláinteach

bua sna lámha

scoth chéile

teanga chun comhrá

oibrí oifige

cneas luisneach

aghaidh mhílítheach

gnó mná tí a dhéanamh

2 Líon isteach an chairt eolais maidir leis an triúr seo:

Ainm/Duine	Frainc	bean Fhrainc	an scéalaí
Seoladh			
Post			
Tréithe fisiciúla			
Tréithe mar dhuine			
Cáil air/uirthi			
Mar gheall ar…			

Mír 2   Meaitseáil an cur síos leis an duine ceart:

| Frainc Mac Aindriais | | Bean Fhrainc |

neart

sos anshocair

beirt pháiste

gan chóta

anamúlacht

léim

ullmhú an bhéile

súile chomh hoscailte
le súile bó

amuigh ar feadh
an tráthnóna

leanbh ar a ghualainn

áilleacht

ag freastal ar
an mbeirt eile

ag caint ar bheiriste

tuisceanach

ag caitheamh toitíní

croíbhrothallach

cuireadh chun tae

rith amach

corrghreim á thógaint
le linn an tae

trua don fhear singil

'Tá an tae ullamh'

aprún anairte

ina dhiaidh aniar

aibidh (= aibí)

ag dul amach
arís anocht

lámha nocht go
dtí na huilleanna

ag cabhrú leis an leanbh

Mír 3   1   Athscríobh na habairtí seo san ord inar tharla na himeachtaí sa mhír:

- Thug bean Fhrainc moladh do Dhia faoi go raibh an leanbh slán.
- Rinne an scéalaí iarracht an fhuinneog a oscailt, ach níor éirigh leis.
- Tharraing an scéalaí air a bhríste, a chuid slipéidí agus a chasóg mhór.
- Shearr bean Fhrainc í féin agus thug sí rúid faoin doras.
- Dúirt sí leis go raibh croí lag ag Frainc agus nár cheart dó an iomarca oibre a dhéanamh.
- Dúisíodh an scéalaí le torann sceoin.
- Chuaigh siad ó sheomra go seomra.
- Thóg sí amach an buidéal agus chuir sí as an slí é.
- Bhí bean Fhrainc ag bualadh an dorais lena scáth fearthainne.
- D'oscail an doras isteach nuair a d'imigh coimeádaí an ghlais.
- Bhí gach rud sa chistin in ord is in eagar agus a t-urlár tais mar bheadh sé nuanite.

2   Scríobh amach an comhrá a bhí ag an scéalaí le bean Fhrainc sa mhír seo, ag tosú duit mar seo:

Bean Fhrainc: Haidhe! Éirigh! Éirigh suas! Haidhe!
An Scéalaí: Cad tá bun os cionn?…

Mír 4   Cuir tic sa bhosca ceart / sna boscaí cearta i gceisteanna 1-6 thíos:

1   Thosaigh an scéalaí ag ceapadh:
   go raibh taom croí ag Frainc.   ❑
   go raibh Frainc tar éis imeachta.   ❑
   go raibh Frainc ag stad an bhus.   ❑

2   Thosaigh an bhean ag cuardach nóta nó litreach, mar cheap sí:
   go raibh Frainc tar éis í a thréigean.   ❑
   go raibh Frainc imithe go dtí na siopaí.   ❑
   gur tugadh Frainc chuig an ospidéal.   ❑

3   I gcás Frainc, ciallaíonn 'tá an phiast tar éis casadh':
   go leanfaidh sé ar aghaidh lena shaol mar atá.   ❑
   go bhfuil sé chun cúrsaí a athrú, toisc nach bhfuil sé sásta lena shaol.   ❑
   go leanfaidh sé ar aghaidh má athraíonn a bhean.   ❑

4   D'imigh an trua a bhí ag an scéalaí do bhean Fhrainc:
   mar chaith sí go dona le Frainc.   ❑
   mar níor léirigh sí brón go raibh Frainc imithe.   ❑

5   Nuair a thuig Bean uí Mhórdha an scéal:
   léirigh sí trua do Frainc.   ❑
   thaobhaigh sí le bean Fhrainc.   ❑
   tháinig brón uirthi.   ❑

6   Bhí beagáiní ceann faoi ar bhean Frainc,
   mar tháinig sí abhaile i gcarr an oíche sin.   ❑

   mar rinne si dearmad go mbeadh Frainc
   ag feitheamh léi, b'fhéidir, ag stad an bhus.   ❑

   mar chuala sí Bean uí Mhórdha ag labhairt
   go feargach faoi fhir ar nós Frainc.   ❑

Mír 5 Críochnaigh na habairtí seo a bhaineann leis na himeachtaí ag deireadh an scéil.
1. Ní fhágfadh Frainc stad an bhus mar ……
2. Nuair a tháinig Frainc abhaile thug a bhean faoi, toisc……
3. Dúirt bean Fhrainc leis go n-imeodh sí féin as an teach ar fad dá ……
4. Fad a bhí bean Fhrainc ag gabháil buíochais leis an scéalaí, bhí Frainc ……
5. Dá mbeadh Frainc imithe, bheadh seans ag a bhean ……
6. Nuair a dheisigh Frainc an doras, dúirt a bhean leis ……
7. D'fhéach sí an-mhórálach aisti féin mar ……
8. D'fhiafraigh sí de Frainc an stopfadh an doras sin ……
9. An mhaidin dár gcionn bhí bean Fhrainc ……
10. An uair seo ní raibh aon amhras ach go raibh Frainc imithe dáiríre, mar ……

Ceisteanna (*mír ar mhír*)

Mír 1
1. Conas mar a chuir an scéalaí aithne ar Fhrainc Mac Aindriais? Céard atá le rá aige faoi gcineál duine é Frainc.
2. 'Geallaim duit go dtáinig ionadh orm nuair a chonaic an bhean.' Cén fáth ar tháinig ionadh ar an scéalaí?
3. Cén fáth a raibh na mná eile san Ascal míshásta leis na fir a phós siad?

Mír 2
1. Cad iad na rudaí ar fad a rinne Frainc an chéad tráthnóna a raibh an scéalaí sa teach.
2. Cén míniú a bhí ag a bhean ar an obair go léir a bhí ar siúl ag Frainc?
3. 'Bhí sos an-shocair ann ar feadh neomait.' Cathain a tharla an sos seo agus cén fáth ar tharla sé, dar leat?
4. Céard é an tuairim a bhí ag an scéalaí de bhean Fhrainc an tráthnóna sin?

Mír 3
1. Céard iad na rudaí a tháinig isteach in aigne an scéalaí nuair a dúisíodh é le torann sceoin?
2. Cén fáth ar cheap bean Fhrainc go raibh Frainc tar éis taom croí a bheith aige sa teach?
3. Cén fáth, dar leis an mbean, nár ghlac Frainc le comhairle an dochtúra? Cén fáth, dar leatsa?
4. Céard a rinne an bhean nuair a d'éirigh leo briseadh isteach sa teach?
5. Céard a fuair siad rompu sa teach?

Mír 4
1. Cén fáth ar thosaigh an scéalaí agus bean Fhrainc á cheapadh 'go raibh an phiast tar éis casadh'?
2. Cén fáth ar thosaigh an scéalaí ag guí? Céard iad na rudaí a bhí uaidh maidir le Frainc?
3. An ndéarfá go raibh Bean uí Mhórdha agus an scéalaí ar aon intinn maidir le Frainc?
4. Cad a bhí le rá ag Bean uí Mhórdha i dtaobh na bhfear?
5. Cad é an smaoineamh a rith leis an 'nua-bhaintreach' ag an nóiméad deireanach?

Mír 5
1. Ní thréigfeadh Frainc a phost. Cén fáth, dar leat?
2. Cad atá le foghlaim againn sa mhír seo nach raibh ar eolas againn cheana féin sa scéal?
3. Conas mar a mhaslaigh bean Fhrainc é an oíche sin?
4. Cén fáth, dar leat ar imigh Frainc ar deireadh?
5. Mínigh, i gcomhthéacs Frainc, cén chiall a bhaineann leis na focail 'bhí an phiast tar éis casadh'.

Ceisteanna ginearálta

1 '...fuaireas cuireadh chun tae ón bhean chroíbhrothallach.' Inis céard a tharla an tráthnóna sin a chaith an scéalaí i dteach Frainc agus céard a bhí le foghlaim aige faoi Frainc agus a bhean as an gcuairt sin.

2 Cad é an cur síos a fhaighimid ag tús an scéil ar Frainc agus ar a bhean? An dóigh leat go bhfuil siad áiféiseach (*exaggerated*) mar charachtair? Mínigh do thuairim.

3 Scríobh síos na habairtí sa scéal a léiríonn go raibh Frainc 'ina phiast' – go raibh sé ró-cheansa (*too meek*) agus ró-umhal ar fad.

4 Cén sórt saoil a bhí ag bean Fhrainc ón méid a thugtar le fios sa scéal agus ón méid atá intuigthe as?

5 Déan cur síos ar na himeachtaí a tharla an oíche a dúisíodh an scéalaí 'le torann sceoin'.

6 An bhfuil aon fhianaise in imeachtaí na hoíche sin a léiríonn nárbh é a fear chéile ba thábhachtaí i saol bhean Fhrainc.

7 'Mise bhí ag cuimhneamh ar ghol anois. Mhothaíos an-bheag ionam féin.' Cén fáth, dar leat, ar mhothaigh an scéalaí mar seo?

8 'Dimigh an trua go léir a bhí agam di...' Cathain a tharla seo agus cén chúis a bhí leis?

9 Conas mar a chaith bean Fhrainc leis nuair a fuair sí amach go raibh sé slán sábháilte agus nach raibh sí tréigthe aige? An mbíonn an léitheoir ag súil leis an iompar seo uaithi, dar leat? Cad leis go raibh tusa ag súil?

10 An bhfuil aon chomharthaí sa scéal go raibh Frainc míshásta lena shaol sular fhág sé? Cad iad? Céard a bheadh le rá ag Frainc, dar leat, dá mbeadh sé ag míniú do dhuine eile na fáthanna a bhí aige le himeacht?

11 Cén bhaint atá ag Bean uí Mhórdha leis an scéal agus cén meon a léirigh sí i leith Frainc agus fir mar é? An gcuireann sé ionadh ort gur thaobhaigh sí le bean Fhrainc?

12 An bhfuil aon chomhartha sa scéal a léiríonn gur scríobhadh é sna caogaidí? An féidir a rá nach mbaineann ábhar an scéil le haon am faoi leith? An bhféadfadh a leithéid tarlú inniu?

13 An gcuireann sé ionadh ort gur bean a scríobh an scéal seo, nuair is léir go bhfuil bá an údair leis an bhfear?

14 Rugadh agus tógadh údar an scéil seo faoin tuath – an dóigh leat go léiríonn an scéal seo an difríocht idir saol na mban sa chathair agus saol na mban faoin tuath?

15 An dóigh leat go bhfuil na carachtair sa scéal seo áiféiseach agus nach gcasfaí a leithéid ort choíche? (bunaithe ar cheist Ardteist, Ardleibhéal, 1972)

16 'Ba dhóigh liom gurbh fhiú í fear ab éifeachtaí ná Frainc.' Pléigh an ráiteas seo, agus scríobh i gcúpla abairt cén fáth, dar leat, ar tugadh an teideal 'An Phiast' ar an scéal. (Ardteist, Ardleibhéal 1985)

17 'Is éifeachtach an léiriú a dhéantar sa scéal seo ar dhaoine a bhfuil meon suarach gránna acu.' É sin a phlé maidir le bean Fhrainc sa scéal seo. (bunaithe ar cheist Ardteist, Ardleibhéal, 1989)

Gluais

Mír 1

lom ligthe: tanaí, lúfar

deamhúinte omósach: deabhéasach (*polite and obedient, respectful*)

comharthaí tine: aon rud a thaispeánfadh go raibh speach (*spunk, 'kick'*) ann

mílítheach: bán san éadan (*pale*)

córach: dea-chumtha

cneas luisneach dea-shláinteach: cuma sláintiúil ina haghaidh

éirim ghéar (aici): (bhí sí) cliste

gáire croíúil cuileachtanais: gáire cuideachtúil (*sociable*)

gurbh fhiú í fear ab éifeachtaí ná Frainc a bheith aici: go raibh fear céile níos fearr ná Frainc tuilte aici

scoth chéile: fear céile an-mhaith

am scoir: am dul abhaile

bua sna lámha: go maith ag déanamh rudaí leis na lámha

níor scor leis: ní raibh náire air, bhí sé sásta

thaobhaíodar…leobrúideanna: chuaigh siad i muinín fir aineolacha (*resorted to, married*) (*brúid: beast, brute*)

Mír 2

croíbhrothallach: anamúil (*lively*)

caolsreangach: an-tanaí (*skinny*)

ag imirt bheiriste: ag imirt cártaí (*bridge*)

aibidh: cliste (ina cuid cainte) (*witty*)

anshocair: míchompordach (*uneasy*)

(ag caint) *go doimhin-nósach*: go heolgaiseach

aprún anairte: aprún déanta as canbhás garbh

pantar: a plump fellow

Mír 3

torann sceoin: torann a thaispeáin go raibh eagla an domhain ar an duine a bhí á dhéanamh

á phleancadh go héachtach: á bhualadh go láidir

ar mire: madly (*knocking*)

stracshúil: sracfhéachaint (*glance*)

sólás á bheartú agam: mé ag smaoineamh ar shlite chun í a chur ar a suaimhneas

gan aon dua: gan stró (a chur air féin)

tanaíocht san fhuil: thinness of the blood

do shearr sí í féin: she stretched herself

thug rúid: thug sí sciuird faoin doras

cliathán: taobh

íléadach: clúdach urláir (*linoleum*)

ag at le móráil: an-bhródúil aisti féin (*swelling with pride*)

ag tréigint a cneas: ag imeacht as a héadan

creathánach: shaky

dílleachta: páiste gan tuismitheoir

tais: damp

nuanite: nite le déanaí

Mír 4

tá an phiast tar éis casadh: 'The worm has turned' (*The meekest will resist or retaliate if pushed too far.*) Seasann an duine is séimhe féin an fód, má chuirtear an iomarca brú air / uirthi

ar urla cinn: by the hair of the head

rian: trace

a neosfadh: a inseodh

éirim an scéil: bunábhar an scéil, *the drift of the story*

tréigthe: deserted

nárbh iontaoibh (aon fhear): that no man was trustworthy

baintreach: bean a bhfuil a fear céile caillte

Mír 5

ina sheiceadúir: mar a bheadh fear faire ann

dála Casabianca: tagairt do dhán a bhíodh coitianta sna scoileanna tráth – '*The boy stood on the burning deck / Whence all but he had fled…*'

mar bhuille scoir: as a parting shot

go sotalach: arrogantly

an gcoiscfeadh: an gcuirfeadh sé stop le

go humhal: humbly

3 Iníon Rí na Cathrach Deirge

Angela Bourke

Nóta: I gcanúint Chonamara, is minic a úsáidtear **a** in áiteanna ina n-úsáidtear **ár, inár,** ar **ár** mbealach srl sna canúintí eile.

Mír 1 Bhí mé féin agus mo dheirfiúracha ag eitilt. Sin é an nós a bhí againn. Laethanta fada an tsamhraidh, nuair a bhí soithigh an dinnéir nite, agus an Rí goite a chodladh sa leaba chlúimh ina sheomra mór geal faoin síleáil ghorm, d'éalaíodh muid, ina nduine is ina nduine, amach go dtí an scioból. Siobhán agus Sinéad, Síle agus Seona, Deirdre, Doireann, Dáiríne agus Damhnait, Máire, Mairéad, Mór agus Muireann, agus mé féin, Áine, ar an tríú duine déag.

Sa scioból a choinníodh muid na ceannchochaill, i measc na dtéad damhán alla is na seanuirlisí meirgeacha. Bhí a cochaillín féin curtha i dtaisce ag gach bean againn, i gcúinní dorcha, nó thuas sna rachtaí: áit ar bith nach bhfeicfeadh na giollaí iad.

Tháinig muid le chéile ar an trá. Bhí mo dheirfiúracha romham ar an ngaineamh, ag síneadh a muinéil is ag searradh a sciathán, agus caint os íseal eatarthu sa siollabadh rúnda a bhíodh againn agus na ceannchochaill á gcaitheamh againn. Nuair a tháinig mise i láthair chuireadar ar fad a ngob le gaoth, thóg mé féin m'áit ar ghualainn Shíle, shíneamar na sciatháin, agus aníos linn.

Is iontach an rud é, staighre na gaoithe a dhreapadh mar sin. Bíonn ort do dhá chois a choinneáil sínte siar as an mbealach, agus matáin láidre na nguaillí a chur ag obair. Airíonn tú cuimilt ghrámhar an aeir ar do bhrollach is ar do bholg, agus feiceann tú a bhfuil le feiceáil sa domhan. Thíos fút tá an t-oileán, agus feiceann tú chomh beag is atá sé. Feiceann tú an trá atá díreach fágtha i do dhiaidh agat ar an taobh thoir de, agus cúr na farraige ar dhath na gcleití lena himeall. Feiceann tú do cuid deirfiúracha féin romhat agus in aice leat sa spéir, agus molann tú i do chroí istigh chomh láidir is atá siad, agus chomh hálainn, chomh saor ó tharraingt throm an talaimh.

D'imíomar trí huaire deiseal ar an oileán mar ba ghnách linn: a n-eite dheis leis an talamh, a n-eite chlé leis an bhfarraige mhór. Ag dul thart ar na haillte dearga sa taobh thiar den oileán, b'fhurasta a thuiscint nach dtagann aon strainséir in aice linn sa chathair. Cathair a thugtar uirthi – An Chathair Dhearg – ach is seanainm é sin. Níl inti dáiríre ach cúirt. Ach tá na haillte chomh hard, agus is í an chloch dhearg chéanna atá i bhfallaí na cúirte, sa chaoi nach n-aithneofá go bhfuil aon chúirt ann, mura mbeifeá ag eitilt.

Sinéad a bhí chun tosaigh agus muid ag dul thart don tríú huair, agus thug sí díreach os cionn na hiothlainne muid, ag gáirí is ag béiciúch, ag magadh faoi Éamonn, a bhí ag siúl trasna agus dhá bhuicéad ar iompar aige. Sheas sé agus bhreathnaigh sé aníos orainn, agus bhí faitíos orm i dtosach go n-aithneodh sé muid. Bhí sé chomh ceanúil sin ar Shinéad. Bhí mé cinnte go raibh sé i gceist aige labhairt leis an rí mar gheall uirthi, agus bhínn ag iarraidh a dhéanamh amach céard ab fhéidir a dhéanamh. Dá bpósfadh Sinéad, cá bhfios cén uair a dhéanfadh sí eitilt arís?

Angela Bourke

Aniar linn os cionn na trá don tríú huair. Siobhán a bhí chun tosaigh anois, mar ba í ba shine is ba chróga. Bhreathnaigh sí siar aon uair amháin ar an gcuid eile againn, a muinéal fada álainn ag lúbadh ar dheis agus ar chlé; agus soir léi ansin, trasna na farraige, i dtreo na hÉireann, agus muide ina diaidh.

Mír 2   B'shin an chéad samhradh agamsa in Éirinn. Chloisinn an chuid eile acu ag caint uirthi, blianta eile, deireanach san oíche sa suanlios, agus thuig mé go raibh mé ró-óg le dul in éindigh leo. Thuig mé go raibh orthu mé a fhágáil sa ghrianán le Máire nó le Mairéad, le Mór nó le Muireann, agus bhí mé buíoch i gcónaí den deirfiúr a d'fhan sa mbaile le comhluadar a choinneáil liom, ach ghoill sé orm mar sin féin. Ghoill sé go mór orm. An iomarca peataireachta a fuair mé uathu, agus bhídís cráite le cantal agam mura bhfaighinn mo chomhairle féin a dhéanamh i gcónaí.

Ní raibh sé i gceist ag Siobhán mé a ligean go hÉirinn go dtí go mbeinn seacht déag, ach nuair a bhain mé mo shé bliana déag amach, ba léir dise agus do chuile dhuine eile go raibh mé i mo bhean fhásta. B'airde de orlach go leith mé ná aon bhean eile acu, agus mo cholainn is mo dhá chois chomh lúfar is a d'fhéadfá iarraidh. An fhuáil a dhéanainn sa ghrianán na tráthnóntaí fada uaigneacha sin, is mé ag fanacht le scuabadh na sciathán a chloisteáil ar an aer, bhí sí chomh fíneálta anois le rud ar bith dá raibh i dtaisce na Seanbhanríona. Bhí ciarsúra agus bráillíní, léinte cnis agus gúnaí oíche déanta agam, agus bróidnéireacht de mo dhearadh féin ar chuile cheann acu. An ghruaig órbhuí a bhí orm is mé i mo pháistín, bhí sí fásta fada fada anois, agus dath dubhrua uirthi. Agus is dath é sin nach bhfeicfeá ar chloigeann aon chailín bhig.

Aon uair a chuaigh mé ag iarraidh uibheacha ó d'fhás mé mór, thosaíodh Cailleach na gCearc ag tabhairt uillinne dom, is ag caochadh súile orm.

'Faraor,' a deireadh sí, 'nach bhfuil Seán Bán sa mbaile, agus iníon óg an rí tagtha ag cuartaíocht', agus thosaíodh sí ag baint miotógaí as mo dhá chíoch, mar bhí mo ghúna róbheag dom.

Ba mhaith leis an gcailleach bheith ag magadh fúm. Bhí fhios aici go maith nach raibh aon iníon ag an rí, mar nár cailleadh an Bhanríon Óg bliain tar éis a bpósta? Bhí fhios aici freisin go mba ghráin liom a mac féin, Seán Bán, agus nach dtagainn in aice lena teach beag suarach go dtí go bhfeicinn ag imeacht é. Ba ghráin liom an boladh bréan a bhí i gcónaí air, agus an bolg ramhar gruagach a d'fheicinn os cionn bheilt a threabhsair. Bhí nós aige seasamh cois claí á thochas féin agus mé ag dul thar bráid, ach ní ligfeadh an náire dom aon fhocal a rá le mo dheirfiúracha faoi. Bhí fhios agam go raibh siadsan go maith in ann ag a leithéidí, agus bhí mé ag iarraidh bheith ag foghlaim. Ach bhraith mé an t-oileán an-bheag.

Bhí mo chochaillín féin cleití agam ar ndóigh, agus bhí fhios agam gurb é a dhéanfadh mo tharrtháil, luath nó mall. Théinn ag breathnú air sa scioból; chuimlínn mo leicne ar chlúmh bog bándearg an bhrollaigh, agus fiú amháin sa dorchadas, d'fheicinn an ruithne mhórálach ar chleití dearga an chinn.

Mír 3   Tráthnóna a dhéanaimis cleachtadh, siar is aniar os cionn na trá; siar is aniar ina dhiaidh sin trasna na n-aillte, chun go bhféadfainn bheith ag foghlaim rithim na gaoithe. Ansin, oíche i ndiaidh oíche sa suanlios, thosaigh Siobhán agus Sinéad ag seanchas, agus thug an chuid eile orm fanacht i mo dhúiseacht ag éisteacht leo, cuma cé chomh tuirseach is a bhínn, nó cé chomh tinn is a bhí mo ghuaillí tar éis eitilt an lae.

D'insíodar dom faoi thír na hÉireann, agus faoi eachtraí a bhain dár sinsir ann fadó; faoin loch bheag álainn ar an Tamhnóg Bhán, agus faoi dhul ag snámh inti; faoin spraoi a bhíodh acu ag éalú ó fhir ann, agus faoi chomh dall is a bhí na fir chéanna. D'insíodar faoi na sluaite móra dár ngaolta féin a bhíonn cruinnithe ar riasca na hÉireann gach geimhreadh, ach a imíonn gach earrach ar ais go dtí oileáin

96

fhuara an tuaiscirt. Ach thostaidís i gcónaí nuair a chuirinn ceisteanna faoi nádúr na n-éan sin, nó faoi nádúr na ndaoine, agus ba léir dom go háirithe go raibh leisce orthu labhairt liom faoi mhná na hÉireann. Brón a bhí orthu, shíl mé, nó trua, agus iad ag cuimhniú ar na mná úd, ach caithfidh sé nach raibh ansin ach mo shamhlaíocht féin.

An chéad lá a ndeachaigh muid ann, bhí sé ar lá chomh hálainn lena bhfaca tú riamh. Ní raibh oiread is puth gaoithe ar an trá agus muid ag déanamh réidh, ach nuair a d'eitil muid ard, ard os cionn na cúirte, agus soir trasna na farraige, d'airigh mé sruthanna cineálta aeir a thabharfadh go hÉirinn mé. Thíos fúinn bhí craiceann roicneach na farraige ag gluaiseacht is ag síor-ghluaiseacht, agus cuma na haoise air, ach thuas anseo a bhí an óige! Buillí láidre aclaí éascaigh; teas na gréine agus fionnuaire na gaoithe; agus imeacht caol díreach san áit ar imigh mná mo chine gach samhradh ón uair a tógadh an Chathair Dhearg.

Bhreathnaigh mé thart ar mo dheirfiúracha, agus thug mé faoi deara chomh geal is a bhíodar ag breathnú, lá gréine mar seo, in ainneoin na gcleití daite a bhí anseo is ansiúd orthu. B'fhacthas dom gur i ndeirge a bhí mo cheannchochall féin ag dul le tamall, agus rinne mé iontas. Chonaic mé an saighead scáileanna thíos fúm ar dhromchla na farraige: trí scáil déag, agus thuig mé gur duine de na mná anois i gceart mé.

Tháinig cósta na hÉireann amach romhainn mar a bheadh lása ar fháithim éadaigh: talamh agus farraige briste idir a chéile, cúpláilte faoi mar nach bhféadfaidís scaradh lena chéile. Chuimhnigh mé ar an oileán sin againne, áit a bhfuil teorainn nó imeall le chuile shórt, agus bhí fhios agam go dtaitneodh Éire liom.

Agus thaitin. Ní dhearna muid an chéad lá sin ach imeacht chomh fada leis an Tamhnóg Bhán. D'imíomar seacht n-uaire deiseal agus tuaifeal timpeall na locha, go dtí go ndearna Siobhán comhartha linn go raibh sé sábháilte luí ann. Bhí fhios agam gurbh é sin a bhí le déanamh i gcónaí. Rud éigin a tharla do bhean dár muintir blianta fada ó shin – Áine rua eile, mar a tharla sé – agus dá bhfeicfeá toirt fia ná fionnóige thart ar an Tamhnóg Bhán, chaithfeá imeacht in áit éigin eile ar an bpointe. Ach ní raibh toirt fia ná fionnóige ann. Ní raibh ann ach muid féin agus lapadaíl an uisce ar an scaineamh, agus boladh cumhra an tráthnóna ag teacht chugainn trasna an phortaigh.

Thaispeáin mo dheirfiúracha dom sceach na haille, áit ar fhág gach bean dár muintir a ceannchochall riamh, agus í ag snámh sa loch, agus thaispeánadar dom an bealach ab fhearr le dul isteach inti; d'insíodar dom faoi bheith ag snámh lomnocht i do chraiceann mná, do dhóthain uisce fút agus gan éinne ag breathnú ort, agus thuig mé go rabhadar uilig chomh mífhoighneach liom féin. Níor mhaith leo bheith ar an Tamhnóg Bhán agus gan bheith ag snámh, ach bhí Siobhán tar éis a chur ina luí orainn ar fad gan na ceannchochaill a bhaint an chéad turas seo.

'Sí Áine is óige,' a dúirt sí, 'agus caithfimid ar fad bheith ag breathnú ina diaidh. Níor mhaith linn aon rud a tharlú di.' Bhreathnaíodar ar a chéile nuair a dúirt sí sin, agus thostadar. Chuir sé sin iontas orm, mar go hiondúil bhíodar go maith in ann caint a choinneáil léi, ach thost mé féin chomh maith, agus d'fhan muid ann go socair go dtí gur thosaigh an ghrian ag dul faoi. Bhí coiníní beaga na háite tagtha ag ithe fhéar na tamhnóige nuair a chuireamar a ngob le gaoth arís, agus aníos linn as an áit sin agus siar amach as Éirinn.

Mír 4 Sheas an aimsir bhreá, agus gach tráthnóna ina dhiaidh sin, chomh luath is a bhí an dinnéar ite agus an rí goite a chodladh, nigh muid na soithigh go cúramach ceart, agus d'imíomar. Chaith muid uaireanta fada gach lá ar an Tamhnóg Bhán in Éirinn, ina suí thart ar an bhféar ag scéalaíocht, nó ag déanamh bolg le gréin, nó ag snámh.

Ní raibh duine ná deoraí riamh ann ach muid féin, ach ó am go chéile d'fheicinn buachaill catach dubh ar an mbóthar nó ar an bportach nó ar thrá na farraige. Thugadh sé suntas dúinn i gcónaí. D'fheicinn dath ón ngrian ar a leicne agus é ag breathnú aníos orainn, agus chloisinn a ghuth anois is arís agus é ag gáirí faoin seanasal a bhíodh ag obair aige. Comhaois liom féin é, shíl mé, agus ba thrua liom nach raibh a leithéid i measc ghiollaí an oileáin. Bhíodh Seán Bán ag stánadh orm na laethanta seo, gan a bheith ag magadh fúm níos mó, ach b'fhearr liom go mór fada an buachaill dubh ná é.

Bhí cleití mo dheirfiúracha ag dul i ngile le himeacht an tsamhraidh, mar a tharlaíonn le línéadach a scarfá faoin ngrian, ach rinne mé amach de réir a chéile gur i ndeirge ar fad a bhí mo cheannchochall féin ag dul. Ag breathnú anois orainn, agus muid ag teacht le chéile ar an trá, nó in aice na locha ar an Tamhnóg Bhán, déarfá gurb é a bhí ionainn, dhá cheann déag d'éanacha geala agus aon éan dearg amháin. Rinne mé iontas de seo, agus luaigh mé le Muireann é. Lig sise uirthi nach bhfaca sí aon difríocht eadrainn, ach choinnigh mé orm á ceisniú. Ar deireadh dúirt sí gurb í Siobhán an t-aon duine a d'fhéadfadh freagra a thabhairt orm. Ach níor éirigh liom labhairt le Siobhán go dtí an lá seo a bhfuil mé ag inseacht faoi.

D'éirigh an Rí ón mbord an lá sin agus ghaibh sé buíochas linn as a dhinnéar mar a rinne sé chuile lá riamh dá raibh cuimhne agamsa air. D'éirigh a dhá chú ó leac an teallaigh len é a leanúint siar ina sheomra, ach sheas an Rí sa doras. Ghlaoigh sé as m'ainm ormsa ansin don chéad uair ó bhí mé i mo chailín beag.

'Theastódh gúna nua uait, a Áine,' ar seisean. 'Feicim go bhfuil an ceann sin ró-bheag duit.' Dheargaigh mé féin, ach bhí sé ag breathnú orm chomh brónach, cineálta, go mba léir nach raibh aon fhreagra uaidh.

'Abair le Siobhán gúna gorm a fháil duit as taisce na Seanbhanríona,' ar seisean ansin, agus d'imigh sé amach an doras agus an dá chú lena shála. D'imigh Siobhán amach faoi dheifir ina dhiaidh, agus chuala mé an focal 'gúna' arís acu, agus 'Rí na Breataine' ina dhiaidh sin.

Níor thug mé aon aird orthu. Bhí fhios agam gur seanfhear críon liath a bhí i Rí na Breataine, a thagadh chun na cúirte uair sa bhliain, ach ní raibh aon spéis agamsa ann. Bhí bord mór an chisteanaigh á thriomú agam nuair a tháinig Siobhán ar ais. Rug sí greim dhá lámh orm.

'Beidh sé ag iarraidh labhairt leat tráthnóna, a Chroí, nuair a éireoidh sé,' a dúirt sí liom, ag breathnú idir an dá shúil orm. 'Cuirfimid gúna álainn ort, ach beidh sé sách luath nuair a thiocfaimid abhaile. Tá sé chomh maith againn imeacht anois. Tá an lá go hálainn.'

Mír 5 Bhí an lá go hálainn. Chuaigh muid seacht n-uaire deiseal agus tuaifeal timpeall na locha ar an Tamhnóg Bhán mar ba ghnách, agus rinne Siobhán comhartha linn luí. Ach díreach agus mé ag teacht anuas ar an duine deireanach, shíl mé go bhfaca mé rud gorm éigin in aice le sceach na haille. Geansaí gorm a bhíodh ar bhuachaill na gruaige duibhe a d'fheicinn agus muid ar a mbealach chun na Tamhnóige. Ní dúirt mé focal faoi.

Ní raibh toirt fia ná fionnóige ar an Tamhnóg Bhán féin. Bhaineamar dínn na ceannchochaill, chuireamar i dtaisce iad ag an aill, agus chuaigh Sinéad, Síle agus Seona, Deirdre, Doireann, Dáiríne agus Damhnait, Máire, Mairéad, Mór agus Muireann, amach ag snámh sa loch. Bhí mé ar tí iad a leanúint nuair a ghlaoigh Siobhán orm agus d'iarr sí orm suí.

'Tá's agat, 'Áine,' a deir sí, chomh luath is a bhí mé socraithe ar an leac in aice léi, 'go mbeidh an rí ag iarraidh labhairt leat anocht.'

'Tá's,' arsa mise.

'Ach an bhfuil fhios agat cén fáth?'

Bhí mé ag breathnú ar mo dheirfiúracha ag snámh, agus fonn orm bheith ina ndiaidh, ach d'iompaigh mé ar ais ar Shiobhán.

'Níl fhios.'

'Beidh sé ag cuimhniú ar chleamhnas a dhéanamh duit.'

Bhí mé cinnte gur ag magadh a bhí sí. Cleamhnas, agus dhá dheirfiúr déag agam a bhí ní ba shine ná mé? D'éirigh mé i mo sheasamh, ach rug sí greim ar rúitín mo choise.

'Chuala tú caint ar an mBanríon Óg,' ar sise, 'nár chuala?'

'Chuala.' Shiúil mé uaithi isteach sa loch. Ar ndóigh bhí cloiste agam faoi Eithne ó bhí mé beag, ach ní raibh mé ag iarraidh bheith ag éisteacht le scéalta fúithi lá mar seo, agus an ghrian chomh hard agus an loch ag fanacht liom.

'Agus tá's agat gur cailleadh an-óg í?'

'Tá's.'

' 'Áine,' a deir Siobhán ansin, 'caithfidh tú éisteacht liom. Níl agat go fóill ach cuid den scéal.'

'I dtinneas clainne a cailleadh Eithne,' ar sí, 'seacht mbliana déag do Nollaig seo chugainn.'

Bhí sí ag caint an-mhall, réidh, ach bhí fuacht ag teacht ormsa, i mo sheasamh mar sin, agus chrom mé faoin uisce.

'Ach rug sí páiste.'

Ní raibh fhios agam agus mo chloigeann á thabhairt aníos agam, an raibh sí cloiste i gceart agam.

'Iníon óg,' a dúirt sí ansin, 'iníon óg rua.'

Ní dhearna mé ach mo chloigeann a chromadh arís agus snámh, suas síos, suas síos.

D'fhan mé sa loch gur chuala mé an chuid eile acu ag dul á ngléasadh féin. Chuala mé Muireann agus Máire ag glaoch orm, agus Siobhán féin ina dhiaidh sin. Faitíos éigin a bhí uirthi, shíl mé, agus í ina seasamh ansin ag glaoch, ach bhí mé i bhfad uaithi ag an bpointe sin. Nuair a tháinig mé in aice leo arís bhí a gcuid ceannchochall éin orthu ar fad: dhá cheann déag d'éanacha geala uaisle ar an Tamhnóg Bhán agus iad an-chorrathónach. Bhíodar ag iarraidh rud éigin a rá liom, ba léir, ach is deacair siollabadh na n-éan a thuiscint agus tú i do chraiceann mná.

'Ar aon chaoi,' arsa mise liom féin, is mé ag snámh go mall ina dtreo, 'is mise iníon an rí, agus caithfidh siad fanacht liom.'

Fuair mé foras ar an scaineamh ar deireadh agus thug mé mo chloigeann is mo ghuaillí aníos ón uisce, mo ghruaig fhada rua thart orm ar snámh. Bhreathnaigh mé thart go réidh ar domhan seo na tamhnóige ar fhaitíos go bhfeicfeadh na mná eile aon deifir orm, agus chonaic mé ansin cinnte mar a bheadh cuid de gheansaí gorm in aice le sceach na haille. Bhí na héanacha scanraithe: ritheadar anuas i dtreo na locha, ag glaoch orm go himníoch, agus chonaic mé Siobhán ag déanamh chomhartha leo.

Choinnigh mé orm i dtreo na haille. Bhí an t-uisce faighte fuar, agus bhí fonn abhaile orm, cibé rud a bheadh romham. Ach cé a bhí ag fanacht ag bun na haille, ina sheasamh go bródúil in aice na sceiche ag breathnú orm, ach buachaill na gruaige duibhe. Agus céard a bhí faoina ascaill aige, buailte aniar faoina lár, ach mo chochaillín dearg cleití féin.

Bhí sé i bhfoisceacht fiche slat den dáréag ban agus chuir an dá éan déag acu a ngob le gaoth agus mé ag breathnú orthu. Aníos leo go héadrom grástúil, agus chonaic mé mo dhá dhuine dhéag de dheirfiúracha dílse ag imeacht uaim, siar abhaile i dtreo na Cathrach Deirge.

An t-Údar

I mBaile Átha Cliath a rugadh Angela Bourke sa bhliain 1952. Thosaigh sí ag cur suim sa Ghaeilge ar dtús is í ar an meánscoil agus le linn tréimhsí i gcoláiste samhraidh i gCarna, Conamara. Rinne sí céim B.A. sa Léann Ceilteach i gColáiste na hOllscoile, Baile Átha Cliath, áit ar bhain sí M.A. agus Ph.D. amach lena staidéar ar ghnéithe de na hamhráin bheannaithe sa Ghaeilge. Tá sí fostaithe mar léachtóir i Roinn na Gaeilge sa Choláiste i láthair na huaire. Tá tréimhsí caite aici ina cónaí sa bhFrainc agus i Stáit Aontaithe Meiriceá, í mar Ollamh Cuarda in ollscoileanna Minnesota, Harvard agus Boston College. Is iomaí aiste agus alt taighde dá cuid, ar ghnéithe de litríocht agus béaloideas na Gaeilge atá foilsithe, chomh maith leis an leabhar *Caoineadh na dTrí Muire* (faoin ainm Angela Partridge). Tá gearrscéalta scríofa aici i mBéarla agus i nGaeilge agus cnuasach dá cuid gearrscéalta Béarla réidh le foilsiú go luath.

Cúlra

Ag tagairt di do thraidisiún na scéalaíochta, dúirt Angela Bourke: 'Nuair a chuimhnímid ar ealaín na scealaíochta samhlaímid an seanfhear liath cois tine agus a dhúidín ina chab, agus nuair a chuimhnímid ar charachtair, is é Mac Rí in Éirinn is túisce a ritheann linn. Níl sé furasta teacht ar íomhánna ban ná ar thraidisiún ban sna cáipéisí móra béaloidis.' Ní scéal bealoidis é 'Iníon rí na Cathrach Deirge', cé go bhfuil gnéithe den scéal béaloidis ag baint leis, ar ndóigh. 'Iníon rí' atá i gceist anseo againn, í mar phríomhcharachtar sa scéal agus, neamhchosúil leis na scéalta béaloidis, ní cuntas faoin mbean atá i gceist anseo, ach cuntas ón mbean féin – an bhean óg í féin ag labhairt sa chéad phearsa – trína súile siúd a fheicimid an saol. Tá a guth féin aimsithe ag an mbean óg le cur síos a thabhairt dúinn ar a himeacht ó aois an pháiste go haois mná. Difríocht shuntasach eile idir an seanscéal béaloidis agus an ceann seo ná an deireadh. Bhí tús, lár agus deireadh le gach ceann de na scéalta béaloidis – deireadh sonasach a bhí ann go minic, ar nós '...happily ever after' an Bhéarla. Ní hamhlaidh atá le hIníon an Rí – ní mór dúinne, léitheoirí, an scéal a chríochnú dúinn féin – fágtar oscailte é le go ndéanfaimis machnamh ar chéard atá i ndán don bhean óg, bean óg atá fiosrach agus ceanndána, sa saol atá roimpi.

Míreanna

Mír 1 Tosach an scéil – lch 96, ... aguis muide ina diaidh.
Mír 2 – lch 96, ...ar chleití dearga an chinn.
Mír 3 – lch 97, ... agus siar amach as Éirinn.
Mír 4 – lch 98, ... an lá go hálainn.
Mír 5 – deireadh.

Achoimre

Mír 1   Nuair a chuaigh an rí a chodladh tar éis dinnéir chuaigh Áine, an scéalaí, amach ag eitilt lena deirfiúracha. Sin mar a chaith siad laethanta fada an tsamhraidh – trí duine dhéag acu ar fad. Chuir siad orthu na cultacha cleití a bhí i bhfolach acu sa scioból agus bhailigh siad ar an trá. Bhí Áine níos óige ná an chuid eile agus chuaigh sí ar ghualainn Shíle sular eitil sí léi féin. In airde leo os cionn an oileáin – bhí an Chathair Dhearg thíos fúthu – Cúirt an Rí . Chonaic siad na haillte dearga – an chloch chéanna iontu a bhí sna ballaí i gcúirt an Rí. D'eitil siad os cionn an sciobóil agus chonaic siad ceann de na searbhóntaí ag obair thíos fúthu.

Mír 2   An samhradh sin chuaigh Áine go hÉirinn den chéad uair. Blianta eile nuair a bhí a deirfiúracha ann chuala sí scéalta faoi, ach bhí sí ro-óg fós le dul leo. D'fhan deifiúr amháin léi chun aire a thabhairt di agus chaith si a cuid ama sa ghrianán ag fuáil. Nuair a bhí sí sé bliana déag ba léir do gach duine go raibh sí ina bean fhásta. Bhí folt fada gruaige uirthi agus dath dubhrua air. Bhíodh Cailleach na gCearc ag magadh fúithi nuair a théadh sí chuici ag lorg uibheacha – í ag tabhairt 'iníon an rí' uirthi agus ag rá go raibh súil ag a mac, Seán Bán, uirthi. Bhí an ghráin ag Áine ar Sheán Bán, lena bholg ramhar agus an boladh bréan a bhí uaidh i gcónaí! Théadh Áine go dtí an scioból ag breathnú ar a cochaillín cleití chun dearmad a dhéanamh ar an gCailleach agus ar a mac.

Mír 3   Is iomaí tráthnóna a chaith siad ag cleachtadh don turas go hÉirinn. Gach oíche agus iad sa suanlios chuala Áine scéalta faoin áit agus faoi na heachtraí a bhain dá deirfiúracha agus dá sinsir ann. Chuala sí faoin loch beag álainn ar an Tamhnóg Bhán agus mar a chuaigh siad ag snámh ann. Thug Áine faoi deara nár labhair siad riamh faoi nádúr na n-éan ná faoi nádúr na ndaoine ann. Níor labhair siad mórán ach oiread faoin mhná na hÉireann. Tháinig an lá faoi dheireadh – lá gréine a bhí ann agus d'eitil siad leo. Thug Áine faoi deara is iad ag eitilt go raibh dath níos deirge ag teacht ar a cleití féin i gcomparáid leis na héin eile a raibh dath geal orthu le cleití daite anseo is ansiúd. Tháinig siad chomh fada leis an Tamhnóg Bhán agus d'eitil timpeall an locha. Bhí orthu bheith cúramach – dá bhfeicfeadh siad fia nó feannóg ann, bheadh orthu imeacht. Taispeánadh sceach na haille di, áit ar fhág na mná a gceannchochaill nuair a chuaigh siad ag snámh. D'inis an chuid eile di conas snámh i do chraiceann mná. Ní dheachaigh éinne ag snámh an lá sin, áfach – dúirt Siobhán, an ceann ba shine, go mbeadh orthu bheith cúramach agus aire a thabhairt d'Áine. Nuair a thosaigh an ghrian ag dul faoi, d'eitil siad siar amach as Éirinn arís.

Mír 4   An samhradh sin chaith siad tráthnóntaí aoibhne ar an Tamhnóg Bhán, ag snámh, ina luí faoin ngrian agus ag scéalaíocht. D'fheiceadh Áine buachaill catach dubh ó am go chéile, ar an mbóthar, ar an bportach, nó ar thrá na farraige. Chuireadh sé suim iontu i gcónaí. Bhí sé i bhfad níos deise ná Seán Bán, a cheap Áine! Bhí cleití Áine ag éirí níos deirge i gcónaí agus chuir sí ceist ar cheann de na deirfiúracha faoi, ach ní bhfuair sí freagra. Lá amháin tar éis dinnéir ghlaoigh an Rí uirthi agus dúirt go cineálta go dteastódh gúna nua uaithi – go raibh an sean-cheann ró-bheag di. Tháinig náire ar Áine. D'iarr an Rí ar Shiobhán gúna gorm a fháil di as taisce na Seanbhanríona. Chuala Áine freisin é ag rá rud éigin faoi Rí na Breataine bheith ag teacht chun na cúirte, ach ní raibh spéis ar bith aici sa chuairteoir sin. As go brách leo go hÉirinn don tráthnóna.

Mír 5 Sular thuirling siad ar an Tamhnóg Bhán chonaic Áine rud gorm éigin ar sceach na haille thíos fúthu. Níor labhair sí faoi. Mhínigh Siobhán di sula ndeachaigh sí ag snámh gurb í iníon an Rí í – gur cailleadh a máthair, Eithne, nuair a rugadh í – gurb é sin an fáth go raibh sí difriúil ó na héin eile – go raibh an Rí chun chleamhnas a dhéanamh di. Níor éist Áine lena thuilleadh a chloisteáil – d'éalaigh sí isteach in uisce an locha. Nuair a bhí na deirfiúracha ar fad réidh le himeacht, ghlaoigh siad ar Áine a bhí fós san uisce. Bhí siad ag iarraidh rud éigin a rá léi, ach níor thuig sí iad mar bhí sise fós ina craiceann mná. Nuair a bhí sí ag teacht amach as an uisce chonaic sí an rud gorm arís ag an sceach. Bhí na héin eile anois scanraithe is iad ag glaoch i gcónaí uirthi. An buachaill dubh catach a bhí ag an sceach agus cochaillín dearg Áine faoina ascaill aige. D'éirigh na deirfiúracha san aer go héadrom grástúil agus d'imigh siad leo siar i dtreo na Cathrach Deirge.

Cíoradh an scéil

Mír 1 Déan liostaí i mboscaí (a), (b) agus (c).

(a)

> Na carachtair a luaitear sa mhír agus cé hiad

(b)

> Rudaí gur féidir iad a fheiceáil ón spéir os cionn an oileáin

(c)

> Na focail a bhaineann le heitilt amháin

Mír 2   Cuir tic sa bhosca ceart i gceisteanna 1-8 thíos:

1   Ní dheachaigh Áine go hÉirinn roimhe seo, mar
    bhí sí ró-óg.   ❏
    bhí sé ró-dheireanach san oíche.   ❏
    bhí sí craite ag cantal Mhairéad.   ❏

2   San oíche labhair na deirfiúracha sa suanlios
    faoi dhul go hÉirinn.   ❏
    faoin saol sa ghrianán.   ❏
    faoi na peataí a bhí acu.   ❏

3   Bhí ar dhuine amháin fanacht sa mbaile
    chun bróidéireacht a dhéanamh.   ❏
    chun aire a thabhairt don Rí.   ❏
    chun nach mbeadh Áine léi féin.   ❏

4   Bhí Áine –
    níos airde ná na deirfiúracha eile.   ❏
    seacht mbliana déag anois.   ❏
    sásta fanacht sa bhaile.   ❏
    cosúil le páiste óg.   ❏

5   Chuaigh sí chuig Cailleach na gCearc anois is arís
    chun gúna nua a fháil.   ❏
    chun bróidéireacht a dhéanamh.   ❏
    chun Seán Bán a fheiceáil.   ❏
    chun uibheacha a fháil uaithi.   ❏

6   Nuair a bhí Áine ina páiste óg
    bhí a toil féin ag teastáil uaithi.   ❏
    bhí gruaig fhada rua uirthi.   ❏
    bhí gruaig ar dhath an óir uirthi.   ❏

7   Anois is arís chuaigh Áine go dtí an scioból
    chun uibheacha a fháil.   ❏
    chun Seán Bán a fheiceáil.   ❏
    chun féachaint ar a cochaillín féin cleití.   ❏

8   Dúirt Cailleach na gCearc
    nach raibh aon iníon ag an Rí.   ❏
    gurb í Áine iníon an Rí.   ❏
    gur cailleadh an Bhanríon Óg sula
       raibh páiste aici.   ❏

Mír 3   Críochnaigh na habairtí seo:
  1 Bhí guaillí Áine tinn san oíche mar…
  2 Nuair a bhí siad sa suanlios d'inis…
  3 Ar an Tamhnóg Bhán…
  4 Níor labhair siad riamh faoi…
  5 Nuair a bhí siad ag eitilt chonaic siad …… thíos fúthu.
  6 Le linn an turais, thug Áine faoi deara…
  7 Níor thuirling siad ar an Tamhnóg Bhán go dtí …
  8 Sula ndeachaigh na mná ag snámh…
  9 Bhí na deirfiúracha mífhoighneach mar…
  10 Bhí ionadh ar Áine nuair nár …

Mír 4   Scríobh abairt amháin i dtaobh gach ceann acu seo, ag míniú cén bhaint atá acu leis
         an scéal.

         Sampla:
         an buachaill catach dubh
         Bhí sé le feiceáil ar an mbóthar, ar an bportach nó ar an trá agus chuir sé suim sna
         deirfiúracha.

         Seán Bán   Rí na Breataine

         Cleití na ndeirfiúracha   An Rí

         Muireann   Siobhán

         Gúna gorm

Mír 5   Líon na bearnaí san achoimre seo ar Mhír 5.
         Tá na focail sa bhosca.

         ┌───┐
         │ na hÉireann   deiseal   díobh   go mbeadh   rud gorm   theastaigh   ionadh   │
         │ cailleadh   róshásta   oíche   pósta   réidh   aird   thuirling   i dtaisce   tí │
         │ ghlaoigh   uirthi   faoi phósadh   níos óige   faiteach   na gruaige duibhe   iníon │
         │ éist   Siobhán   tuaifeal   ní   imeacht   buachaill   │
         └───┘

         Nuair a shroich siad tír na __ chuaigh siad seacht n-uaire __ agus __ timpeall an
         locha. Níor __ siad gur thug Siobhán comhartha dóibh. Chonaic Áine ___ in aice leis
         an sceach, ach __ dúirt sí focal faoi. Bhain siad __ na ceannchochaill agus chuir siad i
         __ iad. Bhí Áine ar __ dul isteach ag snámh nuair a __ Siobhán __. Ní raibh Áine ró__
         mar __ uaithi dul ag snámh leis an gcuid eile. Dúirt Siobhán go __ an Rí ag labhairt
         léi an __ sin faoi __ . Bhí __ ar Áine sin a chloisteáil mar ní raibh na deirfiúracha eile
         __ agus bhí sí féin níos __ ná éinne acu. Dúirt __ léi freisin go raibh __ ag an Rí, ach
         gur __ a máthair, Eithne, nuair a rugadh an leanbh. Níor __ Áine le níos mó den
         scéal agus chuaigh sí ag snámh. D'fhan sí san uisce cé go raibh na deirfiúracha eile
         __ le himeacht. Bhí siad ag glaoch uirthi go __ ach níor thug sí __ ar bith orthu. Ag
         bun na haille chonaic sí __ na __ __ agus a cochaillín dearg cleití aige. Chonaic Áine a
         deirfiúracha ag __ uaithi.

Ceisteanna (*mír ar mhír*)

Mír 1
1. Céard atá le foghlaim sa mhír seo faoin gcineál áite ina raibh Áine ina cónaí?
2. Déan cur síos ar conas mar a chaith Áine agus a deirfiúracha laethanta an tsamhraidh.
3. Is éan tú ag déanamh cur síos ar eitilt áirithe – scríobh cuntas gearr air.
4. Cén fáth nach mbeadh na deirfiúracha sásta dá bpósfaí Éamann agus Siobhán?
5. Mínigh i nGaeilge:

   soithigh   siollabadh
   leaba chlúimh   curtha i dtaisce
   ba ghnách linn

Mír 2
1. Conas mar a chaith Áine na tráthnóntaí nuair a bhí an chuid eile in Éirinn?
2. Cén cur síos a fhaighimid ar Áine sa mhír seo?
3. Cérbh é Seán Bán agus cén fáth nár thaitin sé le hÁine?
4. Céard a bhíodh ar siúl ag Áine sa scioból anois is arís?
5. Mínigh i nGaeilge:

   suanlios   grianán
   ghoill sé orm   mo cholainn

Mír 3
1. Cad iad na scéalta a bhí le cloisteáil ag Áine faoi thír na hÉireann?
2. Cé na rudaí nár labhair na deifiúracha fúthu?
3. Luaigh cosúlacht amháin agus difríocht amháin idir an áit ina raibh Cúirt an Rí agus Éire.
4. Cad é an difríocht a luaitear sa mhír idir Áine agus a deirfiúracha?
5. Cad iad na rudaí a d'fhoghlaim Áine óna deirfiúracha an tráthnóna sin?

Mír 4
1. Scríobh an cuntas a thabharfadh deirfiúr amháin ar thráthnóna tipiciúil ar an Tamhnóg Bhán.
2. Luaigh dhá athrú a tháinig ar Áine le himeacht aimsire.
3. Cén eachtra a tharla lá amháin tar éis dinnéir, eachtra nach raibh Áine ag súil leis?
4. Déan an comhrá a bhí idir an Rí agus Siobhán an tráthnóna sin a shamhlú agus a scríobh síos.
5. Cuir gach ceann de na focail/nathanna seo in abairt a léireoidh a bhrí agus a cheartúsáid:

   duine ná deoraí   ag stánadh
   de réir a chéile   lena shála
   (Tabhair) suntas (do)

Mír 5
1. Cad a thug Áine faoi deara ar an Tamhnóg Bhán an lá seo? Cén fáth, dar leat, nár labhair sí faoi?
2. Cén fáth nach ndeachaigh Áine ag snámh leis na deirfiúracha eile láithreach?
3. Scríobh trí píosa nuachta a chuala Áine ó Shiobhán.
4. Fad is a bhí Áine ag snámh, cad a bhí á dhéanamh ag an gcuid eile?
5. Cad é an abairt a léiríonn gur thuig Áine an tábhacht a bhain léi anois?
6. An bhfuil Áine i gcontúirt ag deireadh an scéil, dar leat?
7. Mínigh i nGaeilge:

   comhartha   bhí fonn abhaile orm
   cleamhnas   corrathónach
   cailleadh í   faitíos
   tinneas clainne

Ceisteanna ginearálta

1 Tá léargas ar Áine sa scéal mar dhuine agus mar éan. Conas a théann sí ó cheann amháin go dtí an ceann eile?

2 Cad é an léargas a fhaighimid ar Áine mar dhuine? Luaigh na pointí seo:
   cuma fisiciúil
   saol laethúil agus caitheamh aimsire
   aois agus fadhbanna a bhain lena haois

3 Cén léargas a fhaighimid sa scéal ar eitilt agus ar shaol éan?

4 Cén cruth a bhí ar na deirfiúracha nuair a bhí siad ar an Tamhnóg Bhán? ina n-éin? ina ndaoine? Cén chontúirt a bhí i gceist, dar leat, ar an Tamhnóg: contúirt dóibh mar éin, nó mar mhná?

5 'Bhí mo chochaillín féin cleití agam etc … mall'. Céard atá i gceist ag Áine, dar leat, leis an gcaint sin? Samhlaigh agus scríobh críoch eile leis an scéal, ina ndéanann an cochaillín Áine a tharrtháil ón mbuachaill.

6 Tabhair cuntas ar an Tamhnóg Bhán faoi na ceannteidil seo:
   (i)   an áit féin – tréithe fisiciúla (*physical features*)
   (ii)   na nósanna a bhain leis
   (iii) mar a chaith na deirfiúracha a gcuid ama.

7 Cad é an léargas a fhaighimid ar an saol laethúil sa Chathair Dhearg?

8 Cad iad na hullmhúcháin a rinne Áine sula ndeachaigh sí go dtí an Tamhnóg den chéad uair? An ndéarfá go raibh sí ullmhaithe go maith don ócáid? Mínigh.

9 Conas mar a chuaigh an scéal d'Áine (*how did she react?*) nuair a chuala sí gurb í iníon an Rí í? An raibh tú ag súil leis sin? Tabhair fáth le do fhreagra.

10 'Ach níor éirigh liom labhairt le Siobhán go dtí an lá seo a bhfuil mé ag inseacht faoi.' Céard a bhí le rá ag Áine le Siobhán? Cad a tharla ar an lá a luaitear? Inis cad a tharla d'Áine níos déanaí an lá sin.

11 Déan liosta de na tagairtí sa scéal (i) do chorp ban, (ii) do chorp éan.

12 Cad iad na nósanna seanaimseartha a luaitear sa scéal a léiríonn nach scéal é a bhaineann le nóchaidí na haoise seo?

Gluais

Mír 1

soithigh: gréithe (cupáin, plátaí srl)

goite: imithe

scioból: foirgneamh feirme le haghaidh féir, srl nó ainmhithe (*barn*)

ceannchochall: clúdach don cheann a thagann anuas go bun an mhuiníl

meirgeach: rusty

rachtaí: cláir adhmaid sa díon (*rafters*)

giollaí: searbhóntaí – daoine a bhí ag obair don Rí

ag searradh: ag síneadh (*stretching*)

sa siollabadh rúnda: caint íseal mhistéireach nár thuig éinne

matáin: fíocháin a chrapann nó a scaoileann chun cuid den chorp a chorraí (*muscles*)

imeall: faobhar, ciumhais, béal (na trá), ag casadh timpeall

deiseal: ag taisteal i leith na láimhe deise, (*clockwise*)

a n-eite: ár n-eithe

os cionn na hiothlainne: os cionn chlós na feirme ina mbíonn cruacha féir agus arbhair

ag béiciúch: ag béiceadh, ag screadaíl

go n-aithneodh sé muid: go mbeadh aithne aige orainn

ceanúil ar: geallmhar ar (*fond of*)

106

Mír 2

suanlios: seomra codlata do dhream daoine (i gcoláiste srl)

in éindigh: in éineacht

ghoill sé orm: chuir sé isteach orm

bhídís cráite le cantal agam: bídís ciaptha agam, bhínn chomh crosta sin

mo cholainn: mo chorp

bróidnéireacht: obair shnáthaide ornáideach (*embroidery*)

dearadh: patrún

ag baint miotógaí: ag baint liomóg, ag priocadh (*pinching*)

ba ghráin liom: b'fhuath liom

boladh bréan: boladh gránna

á thochas féin: *scratching himself*

mo tharrtháil: mo shábháil, fóirthint orm

ruithne: (*radiance*)

Mír 3

dall: gan radharc nó tuiscint

Tamhnóg: lantán, paiste féarghlas i dtalamh sléibhe nó i dtalamh portaigh

riasca: tailte ísle fliucha (*marshes*)

aclaí éascaigh: lúfar mear

i ndeirge a bhí… ag dul: ag éirí níos deirge (*getting redder*)

saighead scáileanna: scáthanna i bhfoirm ceann saighde

fáithim: bun éadaigh fillte agus fuaite (*a hem*)

deiseal; tuaifeal: ag taisteal, ag casadh timpeall, i leith na láimhe deise, na láimhe clé (*clockwise, anti-clockwise*)

toirt fia nó fionnóige: (caint mheafarach) (dá bhfeicfeá rud ar bith, dá mhéad nó dá laghad é)

scaineamh: cladach, trá chlochach

Mír 4

Thugadh sé suntas dúinn: thugadh sé faoi deara sinn, chuireadh sé spéis ionainn

comhaois liom féin: an aois chéanna liom féin

ag dul i ngile: ag éirí geal

línéadach a scarfá faoin ngrian: éadach lín (*linen*) a leathfá faoin ngrian

ag inseacht: ag insint

críon: aosta

Mír 5

comhartha: fógra le cuid den chorp (*sign*)

cleamhnas: pósadh a shocraíonn daoine eile dóibh seachas an lánúin atá le pósadh

cailleadh í: fuair sí bás

fuacht ag teacht: ag éirí fuar

an-chorrathónach: an-mhíshocair (*restless*)

foras fuair mé: d'éirigh liom mo bhoinn a bhualadh ar an gcladach agus seasamh san uisce.

faoina ascaill: idir a uillinn agus a chliathán

buailte aniar faoina lár: (an cochaillín) fillte ar a chéile go cothrom

4 Mise Mé Féin

Siobhán Ní Shúilleabháin

Mír 1   Aithreacha. Ná labhair liom ar aithreacha. Ní thuigim iad, sin uile. Ní féidir iad a shásamh. Mharaigh mé mé féin ag obair don Ardteist – agus anois, ní ligfidh sé dom an rud a theastaíonn uaim a dhéanamh.

'Ach is é mo shaol féin é!' a deirimse.

'Cathain a cheannaigh tú é?' a deir sé sin.

'Nach bhfoghlaimeofá ó shampla do dhearthaireacha?' Dearthaireacha. Ná labhair liom ar dhearthaireacha. Má dheineann siad go maith, mar a dhein Jeaic agus Muiris, a chuaigh cruinn díreach tríd an ollscoil agus atá ag obair anois, cad chuige nach bhfuil tú cosúil leo? Má bhíonn siad ag tabhairt trioblóide mar a bhíonn Joe agus Micí nach bhfaigheann choíche scrúdú gan é a dhéanamh dhá uair, agus uaireanta trí huaire, seachain agus ná bí cosúil leo. Ach mise mé féin. Cad chuige nach dtuigeann tuismitheoirí é sin?

Mí-ádh ceart a bheith ar an té is óige den chlann. Máire a bhí le bheith – ach ansin, tháinig mise gan aon choinne. Níor mhaith sí dom é ar feadh deich mbliana. Bhímis i gcónaí ag troid le chéile. Ach anois, bhuel, murach Máire, ní dóigh liom go bhféadfainn an teach seo a sheasamh ar chor ar bith. Uaireanta ceapaim gurb í an t-aon chara atá agam sa teach í. Agus ní toisc go síneann sí punt chugam anois agus arís – deineann sí sin – tá sí ag obair ó dhein sí an Ardteist – ach chomh maith leis sin, tógann sí mo pháirt i gcónaí. I gcoinne an tseanleaid leis – tá a fhios agam go raibh argóint cheart aici leis, mo thoil a thabhairt dom, ach níor éirigh léi. Nach aisteach sin, agus tá a fhios agam go gceapann sé gurb aisti a éiríonn an ghrian.

Mír 2   'Nach dtuigeann tú an seans atá á fháil agat'? a deir sé liomsa arís. Choinnigh sé orm, gach uile chaoi a fuair sé, arís agus arís eile.

'Dá bhfaighinnse seans mar sin ag an aois sin – ach ní bhfuair – chaith mé jab beag suarach sa Státseirbhís a thógáil ar dhá phunt sa tseachtain – agus punt is coróin de sin a thabhairt ar mo lóistín. Ní bhíodh pingin agam le caitheamh leis an madra'.

Anois, cad chuige a gcaithfeadh éinne pingin le madra? *Okay* – níl ann ach nath cainte aige – ach tá sé cloiste agam chomh minic – agus ní mise faoi deara an saol crua a bhí aige, agus conas mar a chaith sé staidéar san oíche agus obair sa lá, agus gach uile phingin a fhaire. Is dócha gurb é sin an fáth go bhfuil sé chomh cruinn le hairgead anois. Ach amháin nuair a oireann sé dó féin – ach sin scéal eile.

Ní hé go bhfuil mo mháthair puinn níos flúirsí le hairgead. An costas beatha a deir sí, tá sé chomh hard, tá dúbailt ar gach uile shórt anois.

Labhrann said araon ar na seascaidí agus chomh hiontach is a bhí rudaí. Ba dhóigh leat orthu gur ré órga a bhí ann. Bhíos-sa i mo leanbh an uair sin, agus ní cuimhin liom aon ré órga. Bhí airgead chomh gann céanna sa teach seo. Agus is cuma liom, ach tá pá maith ag an seanleaid. Mairg domsa go bhfuil.

Ar shlí eile, is measa an *tseanlady* ná é, mar bíonn sí i gcónaí do mo cheistiú – 'Cá raibh tú aréir? Cá bhfuil tú ag dul anocht? Cé tá ag dul leat? Cathain a bheith tú ar ais?' Ba dhóigh leat uirthi gur leanbh mé – agus mé ocht mbliana déag! Agus na horduithe? Seachain an deoch, seachain na drugaí, seachain an abhainn! Seachain… an saol mór! Dá bhfaigheadh sise a toil, i ngreim láimhe aici a bheadh gach uile dhuine againn fós.

108

Siobhán Ní Súilleabháin

Ach bhíonn trua agam di, ceangailte den teach mar atá sí, agus don seanleaid i gcónaí. Níl a fhios agam conas a sheasann sí é, ag cócaráil, ag ní agus ag glanadh, gach uile lá, ach is dócha go bhfuil cleachtadh aici air faoin am seo. Deir siad gur féidir fáil cleachtach ar rud ar bith. Agus ansin, tá sí sean – beagnach chomh sean le m'athair, agus tá seisean seasca.

Mír 3   Ní féidir liom Beití a shamhlú ag cur suas le saol mar sin. Is í Beití mo chailín – bhuel – de shórt, mar a déarfá. Cheap mé nach mbacfadh sí liomsa a thuilleadh nuair a chuaigh sí don ollscoil, agus an Ardteist romhamsa fós, ach táimid cairdiúil fós. Táimid san aois chéanna, ach thóg an scoil ina rabhas-sa bliain bhreise don chúrsa. Tá an ghráin ag Beití ar gach uile shórt oibre tí.

'Chonaic mé an iomad de,' a deir sí. Ní thuigeann sí conas a bhainimse sásamh as béile a chócaráil. Rudaí áirithe a bhailiú le chéile agus a mheascadh, tine a cur leo agus béile dea-bhlasta a dhéanamh astu, is maith liomsa sin. Sin é an difear atá eadrainn. Faighimse sásamh as a bheith ag déanamh rudaí le mo dhá lámh. Cad chuige a dtabharfainn cúig nó sé bliana in ollscoil ag foghlaim as leabhair? Díreach toisc go bhfuaireas Ardteist mhaith?

Fuaireas Ardteist mhaith, mar d'oibrigh mé chuige ó dhubh dubh – mar dúirt mé liom féin, seo an uair dheiridh a dhéanfaidh mé é le mo shaol. Gheallainn é sin dom féin, nuair a d'ardaínn mo cheann ó na leabhair agus nuair a d'fhéachainn amach ar na crainn silíní faoina mbláth bándearg. Cad chuige gur i dtosach an tsamhraidh i gcónaí a bhíonn scrúduithe, nuair atá gach uile shórt amuigh ag breathnú chomh deas úr? Bheadh sé i bhfad níos fusa staidéar a dhéanamh sa gheimhreadh, nuair a bhíonn sé dorcha fuar amuigh.

Ach bíodh acu. Ní bhaineann sé liomsa a thuilleadh. Féadfaidh mé taitneamh a bhaint feasta as bláth na silíní, agus an tráthnóna a chaitheamh ar an abhainn gan mo choinsias a bheith do mo chrá. Beití bhocht, tá sí tar éis ceangal sé bliana de scrúduithe a chur uirthi féin. Agus nach aisteach é, a hathairse leis, bhí sé ina haghaidh.

'Cad chuige é'? a dúirt sé, 'nach mbeidh tú ag pósadh ar aon chaoi? Nach bhfaighfeá jab beag éigin a dhéanfadh tú idir an dá linn'?

'Sea', a deir Beití liomsa, 'le go mbeidh breis airgid aige féin le caitheamh ar ól agus ragairne'.

Aithreacha arís!

Ach níl Beití ag brath air. Tá deontas aici. Caitheann sí jab samhraidh a bheith aici, ar ndóigh, chun cur leis, ach íocann an deontas as a cuid táillí agus gach uile shórt. D'fhéadfadh sí siúl amach as an teach dá mba mhaith léi, agus chothódh an deontas í. Tá a fhios ag a hathair é sin leis.

Ach ní mar sin domsa. Cé go bhfuair mé oiread onóracha le Beití, ní bhfaighidh mé deontas, mar tá m'athair go hard sa Státseirbhís – ina Chigire Cánach, más é do thoil é! Agus toisc go bhfuilim ag brath air, ceapann sé go bhfuil sé de cheart aige mo shlí bheatha a roghnú dom. Agus tá mo mháthair chomh holc leis.

'Féach Beití', a deir sí. 'Nach ciallmhar an rogha a dhein sí'!

Tá Beití iontach anois mar gur mac léinn leighis í. Ní raibh sí iontach in aon chor anuraidh, nuair a thug mé go dtí Rince an *Debs* í. Cailín as na *Flats* a bhí inti an uair sin, a raibh meisceoir d'athair aici, agus é as obair ina theannta sin. An airsean an locht gur dhún an mhonarcha? Agus pé ól é, choinnigh sé an chlann le chéile agus thóg iad nuair a fuair an mháthair bás. Tá an-mheas ag Beití air – cé nach i gcónaí a réitíonn siad. Deir sí nach n-óladh sé ar chor ar bith nuair a mhair a máthair.

Mír 4   Ní raibh aon aithne agamsa ar Bheití roimh an rince sin. Mo chara, Bill, a bhí ag dul ann le Jane.

'Tar liom', a deir sé, 'beidh an-oíche againn'.

'Níor iarr éinne mé', a deirimse.

'Tá cara le Jane ag lorg páirtí. Seo leat, a Aodh, tá an chulaith agat'.

Culaith Jeaic. Tá Jeaic ag obair mar innealtóir san Araib Shádach – ní bhíonn aon ghá le culaith dhubh rince ansiúd.

'An miste leat mé a thabhairt go dtí an rince sin?' a deir Beití díreach amach nuair a cuireadh in aithne dom í.

'Níl ann ach cur i gcéill dáiríre. *Debs* mar dhea – agus sinn uile ag dul go dtí dioscós agus rudaí le dhá bhliain. Agus caithfimid páirtí a bheith againn – ó ní chosnóidh sé pingin ort – íocfaidh mise as gach uile shórt – ach cad chuige gur gá dúinn páirtí – ach – sin mar atá'.

Sin é a deir Beití i gcónaí – sin mar atá. Glacann sí le rudaí mar atá, ach ar chuma éigin deineann sí a bealach féin tríothu go deas réidh. Mise, bím i gcónaí ag gearán go bhfuil rudaí mar atá.

'Tá teaspach ort,' a deir Beití. 'Ní dheachaigh tú riamh a chodladh agus ocras ort'. 'Ní dheachaigh ach…'. 'Ná ní raibh ort éadaí seanchaite a chaitheamh'. 'Bhí – bhí ceathrar dearthár romham –'. 'Á, éadaí do dheartháireacha – sin gnáthrud – táimse ag caint ar éadaí comharsan nó gaolta –'. Ní deir Beití mórán, ach de réir mar a thuigim, bhí saol crua aici. Ní raibh sí ach deich mbliana nuair a fuair a máthair bás, agus bhí cúigear níos óige ná í.

'Níor ghá dúinn ocras a bheith orainn. Ach ní iarrfaimis déirc. Agus mhóidigh mé dom féin an uair sin, nuair a bheinn mór nach mbeinn bocht choíche arís.'

'Ach cad chuige Leigheas'? 'Chonaic mé an oiread sin ospidéal agus dochtúirí nuair a bhí mo mháthair tinn! Tá's agat, bhíodh sí uaireanta trí huaire an chloig ag feitheamh i gclinic le dochtúir a fheiceáil, agus beirt leanbh ag tarraingt aisti, agus gan í ábalta dóibh –' agus ansin stadann sí – 'Ach sin mar atá. Téanam – téimis suas faoin abhainn'.

Mír 5   B'in anuraidh. Bhí samhradh iontach againn – mise agus Beití, Bill agus Jane. Ach ansin, bhris Bill le Jane, chuaigh Beití don ollscoil, agus luigh mé féin isteach ar staidéar don Ardteist. Cheap Beití leis, is dócha, go mbeinn ina diaidh don ollscoil. Ní dúirt mé faic le héinne faoi cad a bhí ar aigne agam. Líon mé foirmeacha an CAO mar a dhein gach uile dhuine. Bheartaigh mé mo dhícheall a dhéanamh Ardteist mhaith a fháil, ag ceapadh go sásódh sin iad. Ach a mhalairt a tharla. Nuair a tháinig na torthaí –

'Aodh! Ocht n-onóir! Cead agat do rogha cúrsa a dhéanamh san ollscoil – agus níl tú ag dul ann ar chor ar bith, deir tú'?

'Tá áit faighte agam sa Choláiste Réigiúnda. Táim chun Ealaín a fhoghlaim ann'.

'Ealaín! Ach ní gá ocht n-onóir chuige sin'.

'Sin é atá uaim a dhéanamh. Sin é a bhí uaim i gcónaí'.

'Ach nár chuir tú Innealtóireacht agus Leigheas síos ar an bhfoirm CAO –'

'Chuir gach uile dhuine sa rang síos iad chomh maith –'

'Ach ní bhfuair siadsan ocht n-onóir, 'Aodh. Fuair tusa. Gheobhaidh tú tairiscintí'.

'Ní gá dom glacadh leo – beidh áthas ar dhuine éigin eile dul i m'ionad'.

'Ealaín – thar aon ní eile! An chéad rud eile beidh fáinne i do chluais agat agus féasóg ort'. 'Nó gruaig fhada ghioblach –'. 'Nó gruaig ghearr agus í daite pinc'.

'Agus drugaí – tá an áit sin lán de dhrugaí deirtear'.

'Tá siad san ollscoil leis – agus ar na sráideanna', a deirimse.

'Cúrsa cheithre bliana – agus cad a bheidh agat as? Má theastaíonn uait dul ag múineadh caithfidh tú dhá bhliain eile a dhéanamh'.

'Ní theastaíonn uaim múineadh'.

'Agus cá bhfuil na poist múinteora le fáil? Níl siad ann – go háirithe san ealaín. Má tá rogha ag scoil idir múinteoir eolaíochta agus múinteoir ealaíne – is é an múinteoir eolaíochta a gheobhaidh siad'.

'Ní theastaíonn uaim múineadh, dúirt mé'.

'Conas eile a fhéadfaidh tú maireachtáil? Cé a cheannaíonn saothar ealaíne anois agus *recession* ann?'

'Ní go deo a bheidh *recession* ann'.

'Ní slí bheatha é, 'Aoidh, níl ann ach caitheamh aimsire'.

'Sea, coinnigh leis mar chaitheamh aimsire ach roghnaigh slí bheatha cheart'.

Mar a dheineann sé féin le siúinéireacht. Thóg sé seid speisialta le cliathán an tí chuige. Agus bíonn sé de shíor istigh ann. Is measa mo mháthair a ligeann dó. 'Nach fearr ann é ná amuigh ag ól', a deir sí. Ach is dóigh liomsa gurb amhlaidh a bhíonn sé ag seachaint daoine mar gheall ar an bpost atá aige. Agus na meaisíní agus na hoiriúintí go léir atá ansin istigh aige – luach airgid! Agus ní ligfidh sé éinne ina ngaire ach é féin. Bhí sé ar buile nuair a thógas-sa iasacht de sheantoireasc a bhí aige an uair úd a bhíos ag cur fráma ar mo phictiúr.

'Cad a dhein tú leis? Tá an faobhar loite agat'.

'Níor dheineas ach gearradh leis – chuige sin toireasc nach ea'?

'Cad chuige nár iarr tú orm é – thabharfainn seantoireasc eile duit – ach ceann speisialta é seo –'

'Bhí tú as baile – agus bhí deabhadh leis. Caithfidh an pictiúr a bheith istigh don taispeántas amárach'.

'Amárach? Ach cad chuige nár dhein tú an fráma roimhe seo? Níl tú ag déanamh tada eile'.

'Ní raibh a fhios agam gur gá fráma go dtí inné – trí sheans a chuala mé é'.

'Ach ba chóir go mbeadh a fhios agat. Nár léigh tú na rialacha. Taispeáin dom an pictiúr'.

'Táim á phacáil –'

'Taispeáin dom é –'

Ar ndóigh, ní raibh sé sásta leis an bhfráma. Bhí a fhios agam nach mbeadh –

'Fág ansin agam é. Déanfaidh mé fráma ceart dó'.

'Caithfidh mé é a phacáil. Caithfidh sé a bheith istigh amárach –'.

An t-údar

Siobhán Ní Shúilleabháin a scríobh an t-úrscéal *Mise Mé Féin*, as ar tógadh an sliocht seo. Úrscéal do dhaoine óga is ea é a bhuaigh duais i gcomórtas litríochta an Oireachtais i 1985. In Imileá gar do Bhaile an Fhirtéaraigh i nGaeltacht Chiarraí a rugadh í i 1928. Oileadh mar bhunmhúinteoir í agus chaith sí seal ag múineadh i mBaile Átha Cliath agus i gColáiste na Ríona, Béal Feirste. Is iomaí bua atá ag an údar seo, ach is mar dhrámadóir is mó atá cáil bainte amach aici. Cuireadh drámaí dá cuid ar stáitsí in Éirinn agus thar lear agus craoladh drámaí léi ar an raidió agus ar an teilifís sa tír seo chomh maith.

Míreanna

Achoimre

Mír 1

Níl an scéalaí, Aodh, ag réiteach go maith lena athair. Ní féidir aithreacha a shásamh, dar leis. D'oibrigh Aodh go dian don Ardteist, ach níl a athair sásta ligean dó an rud a theastaíonn uaidh a dhéanamh anois. Tá ceathrar dearthár ag Aodh – Jeaic agus Muiris a chuaigh tríd an ollscoil gan dua, agus atá ag obair anois; ansin tá Joe agus Micí ann, nach bhfuair aon scrúdú riamh gan é a dhéanamh dhá uair nó trí! Is é Aodh an duine is óige sa chlann – tá deirfiúr aige, Máire, a bhíonn an-mhaith dó ó thaobh airgid de agus a bhíonn ag argóint lena hathair a thoil a thabhairt d'Aodh. (Ní theastaíonn ó Aodh dul go dtí an ollscoil, ach níl a athair ar aon intinn leis faoi sin.)

Mír 2

Tá athair Aoidh seasca bliain d'aois agus a mháthair beagnach seasca. Tá an bheirt acu an-chúramach faoi airgead agus bhí i gcónaí, cé go bhfuil pá maith ag an athair anois. Tá seans iontach ag Aodh dul ar an ollscoil anois, dar lena athair; nuair a bhí sé féin óg b'éigean dó bheith ag obair sa Státseirbhís sa lá agus ag staidéar san oíche. Tá Aodh ocht mbliana déag, ach níl muinín ag a mháthair as fós; bíonn sí i gcónaí ag cur ceisteanna air – cá bhfuil sé ag dul? cé leis? etc – Faoi mar gur leanbh é. Bíonn trua aige di mar gheall ar an obair go léir a bhíonn le déanamh aici, ach deir sé gur dócha go bhfuil cleachtadh aici air faoin am seo.

Mír 3

Is í Beití an cailín atá ag siúl amach le hAodh – níl sí cosúil le máthair Aoidh mar ní maith léi obair tí ná cócaireacht. Is maith le hAodh béile a ullmhú – go deimhin is fearr leis obair láimhe de shaghas ar bith ná bheith ag foghlaim as leabhair. Tá Beití san ollscoil ag déanamh leighis. Níor thaitin sí le tuismitheoirí Aoidh ar dtús toisc go raibh cónaí uirthi sna *Flats* agus gur mhinic a hathair ólta. Ach anois, toisc gur mac léinn leighis í, tá sí iontach, dar leo. Fuair a máthair bás nuair a bhí Beití óg agus bhí saol crua aici, ach tá an-mheas ag Beití ar a hathair toisc gur choinnigh sé an chlann le chéile.

Mír 4

Bhuail Aodh agus Beití le chéile nuair a bhí Beití ag lorg páirtí do Rince an *Debs* anuraidh. Cairde leo a chuir in aithne dá chéile iad. Glacann Beití go réidh le fadhbanna – téann sí tríd an saol gan gearán a dhéanamh faoi rud ar bith. Ní mar sin d'Aodh. Níor thuig sé cén fáth ar theastaigh ó Bheití sé bliana eile a chaitheamh le staidéar agus scrúduithe. Ach bhí saol crua ag Beití, ag a hathair agus ag an gcúigear clainne a bhí níos óige ná í, nuair a fuair an mháthair bás agus gan ag Beití ach deich mbliana d'aois. Mhóidigh Beití di féin an uair sin nuair a bheadh sí mór nach mbeadh sí bocht go deo arís. Theastaigh uaithi bheith ina dochtúir agus bhí sí sásta staidéar dian a dhéanamh chuige sin.

Fuair Aodh ocht n-onóir san Ardteist agus cheap gach duine, go mór mór a athair, go rachadh sé don ollscoil. Is éard a bhí ó Aodh ná dul go dtí an Coláiste Réigiúnda chun cúrsa Ealaíne a dhéanamh ann. Bhí a athair go mór ina aghaidh seo, á rá go mbeadh drugaí ansin agus go mbeadh sé ina phunc sar i bhfad. Ní raibh sé ciallmhar cúrsa Ealaíne a dhéanamh, dar leis, mar ní bheadh post múinteoireachta ag Aodh as. Níorbh fhiú ceithre bliana a chaitheamh ar sheafóid mar sin, a dúirt an t-athair. Níor aontaigh Aodh leis na hargóintí seo ar chor ar bith. Níor theastaigh uaidh múineadh ar aon nós. Bhí drugaí i ngach áit, ní amháin sna Coláistí Réigiúnda, a dúirt sé. Caitheamh aimsire a bhí san ealaín dar lena athair – níorbh fhéidir slí bheatha a bhaint as.

Bhí an tsiúinéireacht mar chaitheamh aimsire ag an athair, ach chuaigh sé thar fóir leis, dar le hAodh, leis an seid speisialta agus na meaisíní costasacha. D'éirigh go te idir an bheirt acu, lá, toisc gur úsáid Aodh toireasc speisialta a bhí ag a athair nuair a bhí fráma le cur aige ar phictiúr a bhí á chur isteach ar thaispeántas aige. Ní raibh an t-athair sásta leis an bhfráma a bhí déanta ag Aodh agus dúirt sé go gcuirfeadh sé féin fráma ceart ar an bpictiúr.

Achoimre ar an gcuid eile den scéal

Nuair nár ghlac Aodh leis an tairiscint ollscoile ón C.A.O., bhí a athair chomh mór sin ar buile leis gur dhiúltaigh sé na táillí a íoc leis an gColáiste Réigiúnda. B'éigean d'Aodh dul amach agus iarracht a dhéanamh ar airgead a shaothrú agus gan aige chuige ach dhá mhí. Thriail sé cuid dá obair ealaíne a dhíol, chuaigh sé ag díol leabhar ó dhoras go doras agus ar deireadh thosaigh sé ag déanamh obair thógála lena chara Bill agus a athair siúd – bhí siad ag cur píosa leis an gcistin sa bhaile. Nuair a bhí siad ag tabhairt leantóir lán dramhaíle go dtí an *dump* bhuail an smaoineamh Aodh go bhféadfadh sé airgead a dhéanamh as bruscar daoine a dhumpáil dóibh. Fuair sé roinnt mhaith oibre agus thug sé faoi go fonnmhar le 'Micí' a dhearthráir agus leantóir a fuair sé ar iasacht. Bhí sé ar a bhealach abhaile ón *dump*, lá, nuair a rith an carr as peitreal. B'éigean dó dul 'ar an ordóg' chuig garáiste. Chonaic sé fear rua sa tóir air agus thosaigh sé ag rith – má thosaigh, bhí an fear rua ina dhiaidh. Rug an fear air ar deireadh, ceanglaíodh a lámha agus tugadh Aodh go dtí an Bheairic. Caitheadh isteach i gcillín fuar dorcha é – gan fhios aige cén fáth. Garda ba ea an fear rua agus gabhadh Aodh mar cheap an garda go raibh baint aige le leoraí lán fuisce smugláilte – bhí sé gléasta cosúil le leaid a bhí páirteach sa smugláil agus é sa cheantar céanna ag an am. Nuair nár aithin finné a bhí ag na gardaí é, ba léir don Sáirsint gur mí-thuiscint a bhí ann. Thug Aodh ainm agus seoladh bréige do na gardaí toisc nár theastaigh uaidh a mhuintir a tharraingt isteach sa scéal. Nuair a scaoileadh Aodh abhaile faoi dheireadh bhí sé suaite tnáite. Rith Máire chuige go háthasach chun an dea-scéal a insint dó – gur díoladh ceann dá phictiúir ar £300 agus go raibh trí phictiúr eile ordaithe ag an gceannaitheoir céanna. Bhí athair Aoidh chomh sásta leis! – é ag maíomh lena chairde go raibh Aodh an-ealaíonta agus gur roghnaigh sé Ealaín a dhéanamh cé go bhféadfadh sé a rogha rud a dhéanamh san ollscoil. Lá arna mhárach tháinig garda chuig an teach chun labhairt le hAodh – deineadh dearmad ar an dea-scéal láithreach agus thosaigh a thuismitheoirí á chrá le ceisteanna.

'Is leor tuismitheoir amháin a bheith ag leaid,' a dúirt Aodh leis féin. Formhór na n-ainmhithe, ní bhíonn acu ach tuismitheoir amháin agus éiríonn leo. Ach Aodh bocht, tá sé cráite le beirt acu!

Cíoradh an scéil

Mír 1   (a) Fíor nó bréagach?

		Fíor	Bréagach
1	Tuigeann an scéalaí a athair.	❑	❑
2	Tá cúigear deartháir ag an scéalaí.	❑	❑
3	Thug Jeaic agus Muiris go leor trioblóide dá n-athair.	❑	❑
4	Ní dheachaigh aon duine de na deartháireacha go dtí an ollscoil.	❑	❑
5	Is í Máire an duine is óige sa chlann.	❑	❑
6	Bhíodh Máire agus an scéalaí i gcónaí ag troid le chéile, agus tá fós.	❑	❑
7	Chuaigh Máire chuig an ollscoil.	❑	❑
8	Ceapann an scéalaí nach dtuigeann Máire é.	❑	❑
9	Ní réitíonn Máire agus a hathair le chéile.	❑	❑
10	Tá an scéalaí ag obair i monarcha le fada.	❑	❑

(b) Scríobh abairt atá **fíor** in áit gach abairt atá *bréagach* in (a).

Mír 2   Meaitseáil gach tús le críoch cheart na habairte agus athscríobh an abairt iomlán ansin.

Tús	**Críoch**
1 Nuair a bhí athair Aoidh ag staidéar	bhí trua ag Aodh dá mháthair.
2 Cheap an t-athair go raibh an t-ádh le hAodh.	ach dhá phunt sa tseachtain.
3 Nuair a thosaigh an t-athair ag obair, chosain an lóistín	go raibh rudaí níos saoire sna seascaidí.
4 Ní raibh an locht ar Aodh	mar bhí seans aige dul go dtí an ollscoil.
5 Ní raibh de phá ag an athair sa Státseirbhís	beagnach seasca bliain d'aois.
6 Dúirt tuismitheoirí Aoidh	punt is coróin sa tseachtain air.
7 Ní raibh Aodh sásta lena mháthair	go raibh saol crua ag a athair.
8 Nuair a bhíodh Aodh ag dul amach	mar bhí sí i gcónaí á cheistiú.
9 Cé go raibh na horduithe go léir ag cur isteach air,	bhí post aige ag an am céanna.
10 Tá tuismitheoirí Aoidh	thugadh a mháthair go leor orduithe dó.

Mír 3   Meaitseáil an cheist i gcolún A leis an bhfreagra i gcolún B agus scríobh amach gach freagra mar abairt iomlán.

A	B
1 Cá raibh Beití ina cónaí?	… mar chonaic sí an iomad de.
2 Cén aois iad Beití agus Aodh?	… mar bhí sí chun sé bliana eile a chaitheamh ag staidéar.
3 Cad a thugann sásamh d'Aodh?	… ón deontas stáit.
4 Cén fáth nach maith le Beití obair tí?	Tá, ón jab samhraidh.
5 Conas a bhíonn an aimsir le linn scrúduithe go minic?	… ocht mbliana déag.
6 Cén fáth a raibh athair Bheití míshásta léi?	Bíonn an aimsir go hálainn.
7 Cá bhfaigheann Beití a cuid táillí?	… sna *Flats*.
8 An bhfuil aon teacht isteach eile ag Beití?	… bheith ag obair lena lámha.
9 Cén fáth nach mbeidh deontas le fáil ag Aodh.	… sa mhonarcha.
10 Cá raibh athair Bheití ag obair uair?	… mar tá pá maith ag a athair mar Chigire Cánach.

Mír 4   (a) Fíor nó bréagach?

		Fíor	Bréagach
1	D'iarr Aodh ar Bheití dul leis chuig Rince an *Debs*.	❑	❑
2	B'éigean d'Aodh culaith speisialta a cheannach do Rince an *Debs*.	❑	❑
3	Cheap Beití gur chur i gcéill ar fad a bhí sa *Debs*.	❑	❑
4	Seisear clainne ar fad a bhí i dteach Bheití.	❑	❑
5	Glacann Beití le rudaí mar atá, ach bíonn Aodh i gcónaí ag gearán.	❑	❑
6	Nuair a bhí Beití ag éirí aníos ní raibh mórán airgid ag a muintir.	❑	❑
7	Bhí tuismitheoirí Bheití fós beo nuair a bhuail sí le hAodh.	❑	❑
8	Chuaigh Beití go dtí an ollscoil chun innealtóireacht a dhéanamh.	❑	❑

(b) Scríobh abairt atá **fíor** in áit gach abairt atá *bréagach* in (a).

Mír 5   Críochnaigh na habairtí seo i d'fhocail féin:
1   Tar éis an tsamhraidh ní raibh Bill…
2   D'oibrigh Aodh go crua don Ardteist mar cheap sé…
3   Bhí a thuismitheoirí an-sásta leis na torthaí a fuair Aodh, mar …
4   Theastaigh ó Aodh dul…
5   Dúirt tuismitheoirí Aoidh go mbíonn mic léinn Ealaíne …
6   Dúirt siad le hAodh nach mbíonn múinteoirí ealaíne …
7   Níor theastaigh ó Aodh bheith ina…
8   Dúirt tuismitheoirí Aoidh nach gceannaítear saothar ealaíne nuair …
9   Thóg Aodh iasacht de sheantoireasc a bhí ag a athair, chun…
10   Ní raibh athair Aoidh sásta leis an bhfráma a rinne Aodh agus dúirt sé go…

Ceisteanna (*mír ar mhír*)

Mír 1   1   Cad é an t-eolas a fhaighimid faoi Aodh agus a mhuintir sa mhír seo?
2   Cén fáth nach raibh Aodh agus a athair ag réiteach ag an am seo?
3   'Bhí Máire cneasta agus tuisceanach.' An aontaíonn tú leis an ráiteas sin?
4   'Mise mé féin.' Cad tá i gceist ag Aodh nuair a deir sé é seo?
5   An réitíonn Máire lena hathair i gcónaí?
6   **Nathanna**
      Mínigh i nGaeilge:
ní ligfidh sé dom	gan aon choinne
seachain	murach Máire
cad chuige	tógann sí mo pháirt
an té	

Mír 2   1   Cén difríocht a bhí idir saol athair Aoidh nuair a bhí sé ag staidéar agus saol Aoidh anois?
2   Cé mhéad airgid a bhí fágtha ag athair Aoidh gach seachtain nuair a bhí díolta aige as a lóistín?
3   'Tá tuismitheoirí Aoidh cruinn le hairgead fós'. Céard go díreach atá i gceist leis seo?
4   Céard é an difríocht, dar le tuismitheoirí Aoidh, idir na seascaidí agus an t-am a ndearna Aodh an Ardteist?
5   Cén fáth a ndúirt Aodh go raibh an *tseanlady* níos measa ná an seanleaid?
6   **Nathanna**
      Aimsigh nathanna nó focail aonair sa mhír seo a chiallaíonn–
deis	cúramach
lean sé air ag labhairt liom	tá sé méadaithe faoi dhó
post gan tábhacht	tréimhse iontach
dá bhfaigheadh sí an rud a bhí uaithi	ní mise is cúis le

Mír 3   1   Cé hí Beití? Cad as di? Cén aois í?
2   Cén fáth ar chríochnaigh Beití leis an scoil roimh Aodh?
3   Cén fáth nach gcuirfeadh Beití suas leis an saol atá ag máthair Aoidh?
4   Cad tá á dhéanamh ag Beití anois sa saol?
5   Cén teacht isteach atá ag Beití chun í féin a chothú?

6 **Nathanna**

Mínigh i nGaeilge:

gach uile shórt	ina haghaidh
an ghráin ag … ar	breis airgid
an iomad	ragairne
dea-bhlasta	meisceoir
ó dhubh go dubh	ina theannta sin
ag breathnú	locht
níos fusa	nuair a mhair a máthair
a thuilleadh	

Mír 4

1 Conas a chuir Aodh agus Beití aithne ar a chéile?

2 Cén dearcadh a bhí ag Beití ar Rince an *Debs*? Luaigh dhá argóint a bhí aici ina choinne.

3 Luaigh difríocht amháin idir pearsantacht Bheití agus pearsantacht Aoidh atá soiléir sa mhír seo.

4 Cén fáth a ndearna Beití Leigheas san ollscoil? Luaigh *dhá* chúis.

5 Cad é an léargas a fhaighimid sa mhír seo ar an saol a bhí ag máthair Bheití?

6 **Nathanna**

Aimsigh nathanna nó focail aonair sa mhír seo a chiallaíonn –

san áit sin	an méid sin
ní mór dúinn	ag fanacht
ag tabhairt amach	tar liom
daoine muinteartha	

Mír 5

1 Cén fáth ar cheap gach duine go rachadh Aodh go dtí an ollscoil?

2 Céard a theastaigh uaidh a dhéanamh?

3 Luaigh na hargóintí a chuala Aodh i gcoinne dul go dtí an Coláiste Réigiúnda ar chúrsa Ealaíne.

4 Cé na freagraí a thug Aodh ar na hargóintí a chuala sé?

5 Cad é an dearcadh i leith ealaíontóirí a fheicimid sa mhír seo? An bhfuil an dearcadh sin coitianta? An bhfuil sé le cloisteáil faoi aon slí bheatha eile?

6 Cén caitheamh aimsire ba mhó a bhí ag athair Aoidh? An raibh sé ciallmhar i mbun an chaithimh aimsire sin?

7 **Nathanna**

Aimsigh nathanna nó focail aonair sa mhír seo a chiallaíonn –

an bhliain seo caite	lean ar aghaidh leis
thosaigh mé i ndáiríre ar …	pioc
Rinne mé suas m'intinn	i gcónaí
freisin	in aice leo
ag iarraidh éalú ó dhaoine	deifir
go mór mór	slí bheatha a bhaint amach

118

Ceisteanna ginearálta

1   Scríobh cuntas (peannphictiúr) ar Bheití ón méid eolais a fhaighimid sa sliocht fúithi.

2   Céard tá le foghlaim sa sliocht faoi Jeaic, Muiris, Joe agus Micí?

3   *Tréithe daoine*: cad iad na tréithe a bhaineann leis na daoine seo sa sliocht? I gcás gach duine acu, luaigh cén fáth a gceapann tú go bhfuil an tréith sin ann/inti.

(i)   Aodh   (iv)   Beití
(ii) Athair Aoidh   (v)   Athair Bheití
(iii) Máthair Aoidh

Cabhróidh an liosta aidiachtaí seo leat:

- ceanndána (*headstrong*)
- goilliúnach (*sensitive*)
- neamhghoilliúnach (*insensitive*)
- mórchúiseach (*self-important*)
- réchúiseach (*easy-going*)
- réasúnta (*reasonable*)
- míréasúnta (*unreasonable*)
- gluaireánach (*nagging*)
- stuama (*sensible, level-headed*)
- uaillmhianach (*ambitious*)

4   Céard ba chúis leis an easaontas idir Aodh agus a athair?

5   Céard é an leagan (*version*), dar leat, a bheadh ag athair Aoidh ar na himeachtaí atá luaite sa sliocht seo? Is tusa an t-athair: scríobh an cuntas sin (timpeall 100 focal).

6   'Ní mise faoi deara an saol crua a bhí aige.' Conas mar a bhí saol an athar crua?

7   Déan liosta de na deacrachtaí a bhí ag Aodh lena thuismitheoirí. An raibh aon chuid den locht ar Aodh, dar leat, a chuir leis na deacrachtaí seo?

8   *Codarsnacht*: bhí Aodh agus Beití an-difriúil lena chéile.

(i)   Léirigh na difríochtaí a bhí eatarthu, ag leanúint leis an gcairt seo thíos.

Aodh	Beití
Níor theastaigh uaidh dul go dtí an ollscoil.	Theastaigh uaithi dul go dtí an ollscoil.

(ii) Cé go raibh siad an-éagsúil, réitigh siad go maith lena chéile. Cén fáth, dar leat?

9   *Codarsnacht*

(i)   Déan an sliocht a chíoradh chun na difríochtaí a bhí idir Aodh agus a athair a aimsiú.

Aodh	Athair Aoidh

(ii) Cén fáth nár réitigh siad rómhaith lena chéile?

10　Cad é an léargas a fhaighimid sa sliocht ar an gcineál saoil a bhí ag Beití agus a muintir?

11　Céard iad na cosúlachtaí a bhain le Beití agus Aodh maidir leis an gcineál caidrimh (*relationship*) a bhí acu lena n-aithreacha?

12　'Is léir ón sliocht gurbh ag athair Aoidh a bhí an t-údarás sa teach'. É sin a phlé.

13　Samhlaigh an comhrá a bheadh ag máthair Aoidh le máthair déagóra eile a bhfuil an Ardteist díreach déanta aige / aici freisin. Scríobh deich n-abairtí an duine, nó mar sin.

14　I Mír 5 tá comhrá idir Aodh agus duine nó daoine eile faoin Ealaín. Cén duine / Cé hiad na daoine atá ag caint, dar leat? Tabhair fáth le do fhreagra.

15　Níor theastaigh ó Aodh déanamh mar a dúradh leis. 'Déagóir míbhuíoch leithleasach ba ea é.' Do thuairim uait faoi sin.

16　'Léiríonn an scéal seo an bhearna idir na glúnta ar bhealach réalach, sochreidte.' Do thuairim uait faoi sin.

17　An dóigh leat go dtuigeann an t-údar seo meon an duine óig? Léigh an sliocht agus abair an bhfuil an t-údar níos báúla leis an duine óg ná leis na tuismitheoirí? Tabhair fáthanna le do fhreagra.

18　Cén taobh ar a bhfuil tú féin san argóint, ar thaobh Aoidh nó ar thaobh a thuismitheoirí? Cén fáth a bhfuil tú ar an taobh sin?

19　'Mise mé féin. Cad chuige nach dtuigeann tuismitheoirí?' An dóigh leat go bhfuil seo fíor i gcás tuismitheoirí i gcoitinne? An bhfuil sé fíor i do chás féin? i gcás cairde leat?

20　Scríobh an litir a chuirfeadh Aodh chuig cara leis, á insint di / dó conas mar atá an scéal sa bhaile.

Gluais

Mír 1

aithreacha: uimhir iolra den fhocal 'athair'

ní ligfidh sé dom: ní thabharfaidh sé cead dom

cruinn díreach: gan stopadh, gan stró, gan bharrthuisle (*without stumbling*)

seachain: bí cúramach faoi, tabhair aire (*take care*)

cad chuige: leagan Muimhneach de 'Cén fáth?'

an té: an duine

gan aon choinne: ní raibh éinne ag súil (liom), (*unexpectedly*)

Níor mhaith sí dom é: Bhí sé aici i mo choinne, (*she held it against me, she didn't forgive me for it*)

toisc: mar

deineann (sí): leagan Muimhneach de 'déanann'

tógann sí mo pháirt: bíonn sí ag argóint ar mo shon

an seanleaid: m'athair

mo thoil a thabhairt dom: ligean dom mo rogha rud a dhéanamh, ligean dom mo shlí féin a bheith agam (*to let me have my own way*)

(ceapann sé) gurb aisti a éiríonn an ghrian: … go mbíonn an ceart i gcónaí aici

Mír 2

choinnigh sé orm: níor stop sé ach ag tabhairt amach dom

gach uile chaoi: gach seans, gach deis

suarach: gan tábhacht

coróin: cúig scilling, 25p

lóistín: bord agus leaba (*lodgings*)

nath cainte: frása, (*turn of phrase*)

gach uile phingin a fhaire: bheith cúramach le hairgead, féachaint ar gach pingin sular chaith sí í.

cruinn: cúramach, sprionlaithe (*mean*)

puinn: pioc, (*one bit*)

an costas beatha: an costas maireachtála, an t-airgead is gá chun maireachtála, an méid a chosnaíonn bia, éadaí, áit chónaithe, srl

tá dúbailt ar: tá an praghas ardaithe faoi dhó

araon: an bheirt acu

ré órga: am go raibh gach rud go hiontach (*a golden era*)

mairg domsa: is domsa is measa (*'tis all the worse for me, woe is me!*)

an tseanlady: mo mháthair

ba dhóigh leat uirthi: cheapfá ón tslí a labhraíonn sí liom (*you'd think by her*)

seachain: fan amach ó… (*avoid…*)

tá cleachtadh aici air: tá taithí aici air (*she is used to it*)

fáil cleachtach ar: dul i dtaithí ar (*get used to*)

… a shamhlú: (*to imagine…*)

sean: aosta

Mír 3

a thuilleadh: níos mó

tá an ghráin ag Beití ar: is fuath le Beití …

an iomad de: an iomarca de, breis is mo dhóthain de

difear: leagan Muimhneach de 'difríocht'

ó dhubh go dubh: ó mhaidin go hoíche

crainn silíní: silín = cherry

ag breathnú: ag féachaint

níos fusa: céim comparáide na haidiachta 'furasta', níos éasca, níos simplí

bíodh acu: is cuma (*they can have it*)

féadfaidh mé: beidh mé ábalta, beidh mé in ann

do mo chrá: ag cur isteach orm

ar aon chaoi: ar aon nós, pé scéal é

ag brath air: depending on him

deontas: airgead ón Stát do scoláirí 3ú leibhéil

táillí: costas an chúrsa 3ú leibhéil (*fees*)

chothódh an deontas í: bheadh sí in ann maireachtáil ar an deontas (bia, éadaí srl a cheannach)

oiread: an méid céanna

meisceoir: duine a ólann an iomarca, duine a bhíonn ar meisce go minic

ina theannta sin: chomh maith leis sin

pé ól é: pé méid a bhí á ól aige (*whatever about his drinking*)

thóg sé iad (an chlann): he reared them

nuair a mhair a máthair: nuair a bhí a máthair beo

Mír 4

an miste leat…?: an cuma leat…? Leagan béasach de 'Ar mhaith leat…' *nó* 'An mbeifeá sásta…?' (*do/would you mind?*)

cuireadh in aithne dom í: *she was introduced to me*

cur i gcéill: pretence

'Debs' mar dhea: 'Debs' indeed!

páirtí: partner, escort

tá teaspach ort: *you don't know how well off you are*

ní iarrfaimis déirc: *we wouldn't ask for charity*

Mír 5

ní dúirt mé faic: ní dúirt mé aon rud, ní dúirt mé focal

a mhalairt a tharla: rud contráilte ar fad a tharla, *the opposite happened*

luigh mé isteach ar staidéar: thosaigh mé ag staidéar go dian

sin é atá uaim: sin é an rud atá ag teastáil uaim

tairiscintí: áiteanna san ollscoil a thairgíonn an C.A.O. (*offers*)

i m'ionad: i m'áit (*instead of me, in my place*)

gruaig fhada ghioblach: gruaig mhínéata, gruaig gan slacht (*long untidy hair*)

maireachtáil: teacht isteach a thuilleamh, fanacht beo (*earn your living*)

saothar ealaíne: obair ealaíontóra (*artwork*)

cliathán an tí: taobh an tí (*side of the house*)

de shíor: i gcónaí

ag seachaint daoine: ag iarraidh gan bualadh le daoine (*avoiding people*)

meaisíní: innill (*machines*)

oiriúintí: fittings, accessories

ina ngaire: in aice leo

bhí sé ar buile: bhí fearg an domhain air

seantoireasc: an old saw

an uair úd: an uair sin

faobhar: edge

loite: millte, curtha ó mhaith (*ruined*)

chuige sin: for that purpose; chuige sin

toireasc nach ea: isn't that what a saw is for?

deabhadh: deifir

tada: aon rud, rud ar bith

gur gá fráma: go bhfuil fráma riachtanach (*necessary*)

ba chóir go…: ba cheart go

caithfidh mé…: ní mór dom, ní foláir dom (*I must…*)

5 Na Sráideanna

as *Seal le Síomóin*, le Seán Ó Riain

'Do ghabhadh sí an chathair
Ó mhaidin go hoích',
Lánaí is póirsí
Narbh eol d'aon ach í,
ag cnuasach le chéile
Faoi bhinn a seáile
Ceirteanna is giobail
Den uile chineál.

Sa dubh-gheimhreadh féin
Is bior gaotha as gach aird
Ag treaghdadh a coirp
Is ag cuardach a cnámh,
D'aithnímis chugainn í
Ag tarraingt na slí,
A slipéidí briste
Ag lapáil sa draoib.'

Seán Ó Tuama
'Amhrán na Geilte Mná'

Mír 1

Íoslach dorcha i dteach i Sráid Fhearchair a bhí mar cheanncheathrú ag 'cuairt an anraith' (an *'soup run'*) nuair a thosaigh mise ag plé leis an obair sin ar dtús.

Ba bhreá an ceanncheathrú é gan dabht! Seomra beag bídeach, oigheann ann leis an anraith a théamh, leithreas cúng. I gcónaí dorcha is gruama go háirithe ar oíche dhoininne. Fuarthas an seomra seo ar cíos ón bhfear ar leis an teach ar choinníoll go mbogfaí as an áit nuair a bheadh an teach, agus an suíomh ar a raibh sé, ag teastáil uaidh le haghaidh forbartha.

Bhí – agus tá fós – 'cuairt an anraith' mar bhunchloch na hoibre go léir a dhéanann Clann Síomóin. Nuair a cuireadh tús leis an gClann i mBaile Átha Cliath, ní raibh ann ach *'soup run'*. Is oibrithe páirtaimseartha ar fad a bhíonn ag plé leis an *'soup run'* agus ag tús na hoibre i 1969-70 chaithidís siúd a lán lán ama ag cuardach na cathrach ag lorg na ndaoine a bhí gan dídean.

De réir tuairiscí roinnt de na daoine a rinne an obair sin, ní bhíodh sé ródheacair teacht ar na bochtáin féin ach thógadh sé tamall an-fhada cairdeas a shnaidhmeadh leo. Níorbh aon ábhar iontais é sin mar bhíodh cuid de na daoine bochta amhrasach faoi chách; i gcásanna áirithe ní raibh aon teagmháil cheart acu le daoine eile leis na blianta: chónaídís leo féin i seanbhotháin nó fiú i bpoill sa talamh agus ní bhogaidís as a mbrocais ach chun bia a fháil áit éigin. Ní labhraídís le héinne agus ní bhíodh na hoibrithe ábalta faic a dhéanamh ach anraith, ceapairí is toitíní a fhágáil leis na haonaráin. Diaidh ar ndiaidh d'fhás an iontaoibh is an cairdeas de réir mar a thaispeáin na hoibrithe ó Chlann Síomóin go bhféadfaí brath orthu.

Cuid de na daoine atá ina gcónaí inniu sa teach fothana nó sa teach i Sráid Sheáin Mhic Dhiarmada thángthas orthu don chéad uair ar 'chuairt an anraith'. Meastar gur tháinig laghdú

Seán Ó Riain

60% sna blianta tosaigh sin ar líon na ndaoine a chodlaíodh faoin spéir de bharr na n-iarrachtaí a rinne Clann Síomóin agus go háirithe an dream beag a théadh amach ar 'chuairt an anraith' oíche i ndiaidh oíche.

Thosaíos ag cabhrú leis an 'soup run' i 1978 mar bhíos ag an am sin i mo bhall de choiste gnótha na Clainne agus cheapas gur chuid de mo dualgaisí é eolas maith a chur ar gach gné d'obair Shíomóin.

Gach oíche tosaíodh an 'chuairt' timpeall a naoi agus leanadh sé go dtí timpeall a haon ar maidin. Théimis timpeall ar na daoine a raibh aithne againn orthu agus i rith an ama sin bhímis ag faire amach do dhaoine nua.

Daoine óga is mó a bhíonn ag obair i gClann Síomóin agus amhail ógánaigh áit ar bith, athraíonn siad a bpostanna agus a n-áiteanna cónaithe, pósann siad is bíonn cúraimí eile anuas orthu – agus mar sin ar chúis amháin nó ar chúis eile fágann siad Clann Síomóin. An seisear nó seachtar a théadh amach ar 'chuairt an anraith' gach oíche Dhomhnaigh i 1978, táid go léir bailithe leo agus seo á scríobh agam.

Uaireanta cuireann déine na hoibre lagmhisneach ar roinnt daoine; fiú go fisiciúil bíonn an obair dian. Chomh maith leis sin bíonn sé fíordheacair leanúint ar aghaidh sa chéad líne catha ag plé go díreach leis na bochtáin agus lena gcuid fadhbanna nach n-athraíonn puinn ó bhliain go bliain ná ó lá go lá.

An uair sin bhí timpeall scór duine ann ar thug lucht an anraith cuairt orthu gach uile oíche. Bhí seanaithne ag Muintir Shíomóin ar na daoine sin leis na blianta.

* * *

Mír 2

Níor chuireas aithne cheart ar Denise riamh, cailín ciúin tanaí timpeall tríocha bliain d'aois a chaitheadh gach oíche den tseachtain i gcúl gluaisteáin i gclós beairic de chuid na nGardaí Síochána i lár na cathrach.

I ndáiríre i rith na tréimhse a chaitheas ag gabháil do 'chuairt an anraith' níor chuireas aithne cheart ach ar dhuine nó beirt – an saghas aithne sin a bheadh cruinn go leor le go n-aithneoidís mé ar an tsráid i lár an lae. D'aithneoinnse na fuaidirí ceart go leor ach bhí mórán fáthanna ann nach n-aithneoidís siúd mise – níor chaitheas fada go leor ag gabháil don 'chuairt'; bhíodh sé dorcha nuair a bhuailimis le chéile istoíche; bhí sé geall le bheith dodhéanta dóibh aon aithne a chur ar an sruth fada oibrithe a bheadh ag teacht is ag imeacht oíche i ndiaidh oíche.

Mar sin féin bhí oibrithe ar 'chuairt an anraith' a chuir sáraithne ar na daoine a casadh orthu agus a thuill muinín na ndaoine sin sa tslí is go raibh siad ábalta cabhair phraiticiúil a thabhairt dóibh.

Bhíodh clós úd na nGardaí fuar is uaigneach oíche gheimhridh. Gluaisteáin na nGardaí ag teacht is ag imeacht, na soilse gorma ag casadh is ag caitheamh scáileanna laga ar na locháin uisce. Ba chosaint don bhean aonair na gardaí a bheith ar an láthair chéanna.

Uaireanta ghlacadh Denise anraith is ceapairí uainn. Ar na laethanta a mbíodh béile maith faighte aici i gclochar éigin sa chathair, ní ghlacadh sí le haon rud.

Oíche amháin nuair a bhíos ag fágáil slán léi, chuas le doras an tseanghluaisteáin a dhruideadh. D'iarr sí orm é a fhágáil ar oscailt leis an aer úr a ligean isteach – cé go raibh gaoth fheannaideach ann an oíche sin agus mé féin ar crith leis an bhfuacht faoi mo chóta mór!

Ní fhaca mé Denise ag caint le héinne riamh. Ach feicim í go minic timpeall na cathrach, bean mhílítheach nach dtabharfá faoi deara, í ag cloí le taobh an bhalla den chasán, na súile faoi aici.

Feicim anois is arís í i séipéal na mbráithre Bána. Í ina suí ar chúlshuíochán ag Aifreann an tráthnóna. Ní stadann a lámha riamh ach iad ag gluaiseacht de shíor óna gruaig go bun a sciorta agus ar ais go dtí an ghruaig arís. Uaireanta itheann sí píosa seacláide nó briosca agus fós na lámha ag gluaiseacht gan stad. Bean bhocht a bhíonn beag beann ar gach a bhíonn ar siúl timpeall uirthi.

* * * * *

Mír 3

Taobh thiar de Shráid na Mí tá Lána Brabazon. Tugadh an talamh timpeall an cheantair seo don Tiarna Brabazon, iarla na Mí, agus ba é an bhaint seo le Co. na Mí ba chúis le hainmneacha mar Shráid na Mí agus Sráid Átha Fhirdia a thabhairt ar shráideanna sa cheantar. Inniu tá tithe an-deas tógtha ag bardas na cathrach ar Shráid na Mí agus lámh le Lána Brabazon.

Cuimhním ar an gclann tincéirí a chónaíodh i gcarbhán a bhí suite go sócúlach cluthar ag casadh sa lána. Soitheach bainne lasmuigh, seanbhosca á úsáid mar chéim ag an doras, bláthanna plaisteacha ar leac na fuinneoige istigh. Beanna na dtithe tréigthe ag caitheamh scátha dhorcha rompu amach.

Bhí an tseanmháthair san ospidéal toisc gur thit sí isteach sa tine. Bhí a mac tar éis bheith ag troid agus lámh leis briste dá bharr. Bhí sé féin agus a dheartháir sa leaba toisc nach raibh aon rud eile le déanamh acu. Dúirt an duine ba shine gur bheag a rinne an duine eile le cúpla lá ach fanacht sa leaba go héadóchasach agus a aghaidh le balla aige. Ní raibh blúire bia sa charbhán agus shlog an duine ba shine an t-anraith go craosach. Dúirt an duine eile an t-anraith a fhágáil ar an mbord agus go n-ólfadh sé é níos déanaí. Bhí sé fuar laistigh de nóiméad nó dhó ag an gála gaoithe a shéid isteach faoi bhun an dorais.

Bhí an bheirt acu buartha toisc nach raibh a gcuid éadaí glan go leor le go ligfí isteach san ospidéal iad. Ach theastaigh go géar uathu cuairt a thabhairt ar an tseanmháthair mar i gcónaí riamh chaitheadh sí go maith leo.

Níor lorg an bheirt airgead orm riamh – cé nach n-áireoinn lorg na déirce mar choir ná mar locht. Níor lorg siad orainn riamh ach go gcaithfimis toitín leo. Ansan sa leathdhorchadas d'insídís scéalta dúinn faoin sórt saoil a bhí acu is ríomhaidís go ciúin gan féintrua na mórdheacrachtaí a bhíodh ag goilliúint orthu.

Ba mhinic a rith an smaoineamh liom gur mór an trua é nach mbuaileann níos mó den phobal lonnaithe leis an lucht taistil ar ghnáth-ócáidí cumarsáide. Is féidir leis tarlú go furasta go mbeadh duine ag maireachtáil i gcathair mar Bhaile Átha Cliath, mar shampla, gan bualadh riamh le duine bocht.

Tá na tincéirí imithe anois as Lána Brabazon. Tá na tithe nua i Sráid na Mí go gleoite ach chuirfinn geall nár deineadh aon cheann acu a thairiscint do thincéir.

* * *

Mír 4

Níor labhair mé riamh le hÚna. Thugas anraith is ceapairí di go minic ach níor éirigh liom riamh focal cainte a bhaint aisti. Sasanach óg í Úna, gan mórán thar an scór bliain slánaithe aici. Chínn í ina seasamh in áiteanna éagsúla ar fud na cathrach, a droim le balla agus dhá mhála taistil ar an talamh in aice léi.

Thógadh sí an t-anraith is na ceapairí gan focal a rá. Chodlaíodh sí sa phóirse i gceann de na hoifigí nua sa chathair. Bhíodh claí cosanta déanta aici leis na málaí taistil; bhíodh fothain éigin aici ansin in aghaidh na gaoithe ar an tsráid lom uaigneach sin a thréigeann lucht na n-oifigí díreach ag a cúig a chlog gach tráthnóna – ansin ní bhíonn duine ná deoraí ar an tsráid ach Úna agus na sean-nuachtáin a bhíonn ina n-ábhar spóirt ag an ngaoth.

Chomh fada agus is eol dom, níor iarr Úna ach an t-aon rud amháin ar lucht an anraith, is é sin, leabhar fisice! Ní raibh cúlra iomlán an chailín seo ag éinne. Cheap daoine gur mac léinn í sular fhág sí a teach féin i Sasana. Ar chaoi ar bith bhíodh leabhar Matamaitice i gcónaí ina mála aici.

125

De thoradh mórfhoighne d'éirigh le roinnt oibrithe aithne cheart a chur ar Úna. Ansin bhí sé níos éasca áiteamh uirthi éirí as a bheith ag maireachtáil faoin spéir. Fuarthas áit di i dteach beag a bhí faoi stiúir an *Salvation Army*. Bhí ciúnas is cineáltas timpeall uirthi ansin chomh maith le fothain ón saol mór ina raibh sí féin ina strainséar. Sa deireadh cheap sí go raibh sí ullamh chun filleadh ar a baile féin i Sasana. Go bhfios dom, níor chuala éinne trácht uirthi ó shin.

* * *

Mír 5

Chuala mé fúthu i bhfad sular bhuail mé leo. Bhíodh cónaí orthu san oíche i *'Frank Duff's doorway, Morning Star Lane*, Baile Átha Ciath 7'.

Bhuaileas le Martin agus Lily an chéad oíche a chuas amach leis an anraith. Chasamar isteach sa tsráid ar a bhfuil ospidéal an Richmond agus an scoil cháiliúil, *'the school around the corner'*, trasna na sráide uaidh. Casadh eile ar dheis suas *Morning Star Lane*, thar an *Regina Coeli Hostel* do mhná agus an *Morning Star Hostel* d'fhir agus thángamar go dtí an teach ina gcónaíodh Frank Duff, bunaitheoir an Léigiúin Mhuire. Chonaiceas caipín ar crochadh ar mhurlán an dorais.

'Go maith, táid sa bhaile,' arsa mo chompánach go heolgasach.

Ní fhaca mise ach carnán de sheanbhalcaisí éadaigh sa phóirse. Ach istigh faoi na héadaí bhí an bheirt agus iad préachta leis an bhfuacht. Bhí nuachtáin is cairtchlár ar an urlár acu is píosa mór cairtchláir i bhfeac ag dhá cholún an phóirse chun buillí na gaoithe a mhaolú. Thóg siad anraith is ceapairí uainn ach bhí siad beirt chomh fuar sin gur dheacair dóibh aon rud a ithe. D'ól siad an t-anraith is chuaigh teas éigin isteach ina gcnámha. Chuir siad a lámha timpeall na gcupán te amhail is dá mbeidís ag lorg sóláis uathu.

Cé go raibh taithí fada go leor agam ar shaol na ndaoine i gClann Síomóin, chuaigh fuacht na hoíche sin go smior ionam. De ghnáth bhíodh an teach i Sráid Sheáin Mhic Dhiarmada go deas te agus mar an gcéanna leis an teach fothana; an rud a chuir ionadh is alltacht orm ná an fuacht nimhneach geimhriúil ina maireann na daoine a mbuaileann lucht an anraith leo. An formhór mór den phobal lonnaithe is beag ama a chaitheann siad amuigh faoin aer san aimsir fhuar agus is deacair mar sin an fuacht a dhónn an craiceann agus a théann go smior na gcnámha a shamhlú.

Nuair a d'fhágamar an bheirt an oíche úd le filleadh ar an ngluaisteán teolaí lena shuíocháin chompordacha agus an ceol bog ón raidió, bhí Lily a rá nach raibh Martin rómhaith ann féin le cúpla lá anuas agus go raibh imní uirthi faoi. Ní dúirt sí faic fúithi féin.

Níor ghá dóibh fanacht amuigh gach uile oíche. Uaireanta nuair a bhíodh an aimsir go fíorfhuar nó nuair a bhíodh easaontas eatarthu nó nuair a bhíodh an iomarca ólta ag Martin, chaitheadh Lily an oíche san *Regina Coeli* nach raibh ach caoga slat síos an lána uathu.

An chéad oíche eile ní raibh cuma mhaith ar Mhartin in aon chor. Dath corcra ar a aghaidh agus é ag gearán faoin bpéin ina chliabh. Cheapamar nach raibh sé ag magadh. Stopamar beirt Gharda a bhí ag dul thar bráid. Bhí aithne acu ar Mhartin is cheistíodar go géar é. Dar leo sin freisin ní ag cur i gcéill a bhí sé.

Tógadh go dtí an t-ospidéal é i gcarr na ngardaí. Cuireadh scrúdú cairdiach air agus cé nach raibh aon rud cearr lena chroí de réir na scrúduithe, dúirt duine de na dochtúirí liom go raibh gach cuma ar an scéal go raibh Martin ag fáil taom croí. D'fhágamar ann é mar bhí a lán le déanamh againn fós.

An lá dár gcionn chuireas glaoch go luath ar maidin ar an ospidéal. Dúradh liom gur scaoileadh Martin amach ón ospidéal ag a seacht a chlog ar maidin. Ag an am sin bhí míshástacht ann faoin ospidéal sin agus a dhearcadh i leith fuaidirí. Rinne mé gearán scríofa faoi Martin a scaoileadh – gníomh scannalach, dar liom – ach níor chuala mé aon rud eile faoi. Chuirfinn geall dá mba rud é gurb é mise – le mo theach, mo phost buan agus m'árachas sláinte – a bhí tógtha chun an ospidéil ag na Gardaí go gcoimeádfaí ann mé ar feadh cúpla lá ar a laghad chun a dheimhniú nach rabhas chun taom croí a fháil.

Ach d'ainneoin eachtraí na hoíche sin, tá Martin beo fós. Tá sé féin is Lily níos sine agus caitheann siad níos mó oícheanta sa teach fothana anois ná mar a chaitheann siad i *Frank Duff's doorway*.

Agus an t-ospidéal? Tá athrú chun feabhais ann le tamall agus tugann siad cead do fhuaidire nó dhó fanacht sa seomra feithimh gach oíche.

* * *

Mír 6
Chodlaíodh Dan sa phóirse i gceann de na blocanna móra oifigí de chuid na státseirbhíse. Ba chéim in airde dó an áit chodlata úd mar roimhe sin chodlaíodh sé i mbosca adhmaid ina gcoimeádadh fear díolta nuachtán a chuid páipéirí i rith an lae.

Ciarraíoch mór ard ba ea Dan. Ba mhinic drochaoibh air agus ansin ní ghlacadh sé faic na fríde ó lucht an anraith. Uaireanta eile chuireadh sé gach re béic as ach chiúnaíodh sé tar éis tamaill is bhíodh sé sibhialta go leor. Ach an té nach mbeadh aithne aige ar Dan, bheadh eagla air ar chloisint na mbéiceanna sin dó.

Chuireadh seisean an gnáthchairtchlár faoi ar an talamh mar chosaint in aghaidh an fhuachta agus bhailíodh sé timpeall air mar chlaí cosanta ó na gaotha na málaí dubha plaisteacha a bhíodh lán de pháipéar ó na hoifigí. D'fhanadh Dan ansin ina sheomra beag féin don oíche agus i rith an lae bhíodh sé ag maíomh go raibh '*Departmental permission*' aige fanacht sa doras sin.

Go minic bhíodh Joan mar chomharsa béil dorais aige. Chodlaíodh sí sa chéad doras eile ar an tsráid. Bhí tamall caite aici in ospidéal meabhrach agus b'fhurasta é sin a aithint ar an bhean chiúin neirbhíseach seo a mbíodh eagla uirthi socrú síos don oíche, sa tslí go bhfanadh sí de ghnáth ina seasamh an oíche ar fad.

Bhuaileas léi uair amháin timpeall a haon a chlog ar maidin. Bhí an-imní uirthi an oíche sin. Mhínigh sí cúis a himní mar seo: '*Dan isn't in yet. It's not like him to be so late and I don't feel safe when I know he's not next door.*'

Tamall ó shin d'fhág Dan a dhoras féin agus ní fhaca éinne é ó shin. Níl tásc ná tuairisc ar Joan ach an oiread.

An tÚdar

I gcathair Chorcaí a rugadh Seán Ó Riain. D'fhoghlaim sé an Ghaeilge ó Bhráithre na Toirbhirte agus i gColáiste na bhFroinsiasach i Muilte Fearannáin is Rinn Mhic Ghormáin, Co. na Mí. Tá céim sna Clasaicí aige ó Ollscoil Chorcaí. Is meánmhúinteoir é i gColáiste na bhFroinsiasach, Rinn Mhic Ghormáin.

Bhí sé ina eagarthóir ar irisí an *ASTI, The Secondary Teacher* agus *Astir*, ó 1969 go 1979. Go leor alt i mBéarla agus i nGaeilge scríofa aige d'irisí agus do nuachtáin mar *Comhar, Agus, Reality, Scéala Éireann*. Bíonn sé le clos ó am go ham ar an gclár 'Peann is Pár' ar Raidió na Gaeltachta.

Bhí sé ina bhall de Chlann Shíomóin (*Simon Community*) ó 1976 go 1986. Tá taithí aige ar gach gné d'obair Chlann Shíomóin, rud a d'athraigh a dhearcadh ar an saol mór go hiomlán.

Tá Seán Ó Riain ina bhall d'*Amnesty International*. Tá baint ghníomhach aige leis an lucht siúil ó 1984 agus tacaíonn sé go láidir leis an ngluaiseacht um chearta sibhialta an lucht siúil. Tá sé pósta agus ceathrar clainne acu.

Cúlra

Is caibidil é **Na Sráideanna** as an leabhar *Seal le Síomón* a foilsíodh i 1984. Tá cur síos ar ábhar an leabhair agus ar mheon an údair le fáil sa chuid seo de réamhrá an leabhair:

'Rinneas iarracht sa saothar seo ar leabhar ginearálta soléite a scríobh don ghnáthléitheoir. Theastaigh uaim léargas leathan ar Chlann Síomóin is ar a muintir a thabhairt don duine ar beag é a eolas ar an gClann. Tá anseo cuntas ar bhunú na clainne. Tá ann leis stair is cúlra na ndaoine ar bhuaileas leo i gClann Síomóin ó 1976 i leith. Maille le cur síos ar an saol a chaitheann siad – chomh fada agus is féidir le haon duine ón bpobal lonnaithe an cúlra is an saol sin a thuiscint'.

Bheartaigh Seán Ó Riain an cuntas a scríobh i nGaeilge cé go gceapann sé gur i mBéarla a scríobhfadh sé anois é le go mbeadh léamh níos forleithne air. Clann Síomóin a fhaigheann gach pingin den airgead a thagann as díolachán an leabhair. Ó scríobhadh an leabhar seo tá Martin agus Lily imithe ar shlí na fírinne. Tá Denise fós le feiceáil ar shráideanna na cathrach: níl tuairisc le fáil ar Dan ná ar Joan agus ceaptar gur fhill Úna ar Shasana.

Clann Síomóin anois

Ó scríobhadh *Seal le Síomón* tá athruithe móra tagtha ar obair agus ar fhadhbanna Chlann Síomóin cé go mbaineann na deacrachtaí céanna i gcónaí le bheith i d'fhuaidire. Tá dhá ionad ag an gClann i mBaile Átha Cliath ina bhfuil áiseanna cónaithe agus fothain thar oíche le fáil. Tá ionaid freisin i gCorcaigh, i nGaillimh, i nDún Dealgan agus i mBéal Feirste. Tá méadú mór tagtha ar líon na bhfuaidirí a bhraitheann ar Chlann Síomóin chun fothain agus bia a fháil. Athrú eile atá ann ó 1984 ná gur seandaoine is mó a fhaigheann cabhair ón gClann anois agus déanann eagraíochtaí ar nós *Focus Point* freastal ar dhaoine óga gan dídean. Tá sé níos deacra anois ná riamh tithíocht de shaghas ar bith a fháil inár gcathracha do sheandaoine bochta toisc an claonadh atá ann árasáin ghalánta phríobháideacha a thógáil in áiteanna a bheadh áisiúil do sheandaoine. Tá níos lú árasán á gcur ar fáil ag na Bardais i ngach aon chathair agus tá liostaí fada feithimh i gceist chomh maith. Tá roinnt tionscnamh eagraithe ar fud na tíre chun árasáin agus tacaíocht a chur ar fáil do dhaoine a bhfuil dídean agus cabhair eile uathu.

Uaireanta, dar leis an údar, cuirimid an iomarca béime ar bhailiú airgid do na bochtáin – dá mbeadh daoine sásta roinnt ama a chaitheamh ag labhairt nó ag éisteacht le lucht na sráideanna, chabhródh sin go mór. Is mór an scannal freisin é nach fios go díreach cé mhéad daoine atá ina gcónaí ar ár sráideanna. Tá Clann Síomóin ag cur brú ar údaráis faoi láthair figiúir a bhailiú chun méid na faidhbe a mheas. 'Homelessness is not a political priority,' a dúirt duine amháin maidir leis an bhfadhb. N'fheadar cén fáth??

Míreanna

Achoimre

Mír 1   Bhí Clann Síomóin ag obair as íoslach beag i Sráid Fhearchair nuair a thosaigh an t-údar, Seán Ó Riain, ag obair leo. Áit bheag dhorcha a bhí ann a fuair siad ar cíos. Ba chuid thábhachtach é den obair a rinne Clann Síomóin ag an am dul thart san oíche le hanraith a thabhairt do na daoine a mhair ar na sráideanna. Bhí orthu na daoine seo a aimsiú agus thóg sé i bhfad cairdeas a dhéanamh leo mar ba mhinic nach raibh muinín ag na daoine bochta as éinne. Bhí cónaí orthu in áiteanna uafásacha – cuid acu i bpoill sa talamh fiú. De réir a chéile chuir muintir Shíomóin aithne ar chuid acu agus tugadh áit chónaithe dóibh in árais na Clainne sa chathair. Tugann an t-údar cuntas dúinn ar an gcineál oibre a bhí i gceist sa 'soup run' nó 'cuairt an anraith' mar a thugann sé air. Daoine óga is mó a bhí ag obair leis agus chaith siad timpeall ceithre huaire an chloig amuigh gach oíche óna 9-1a.m. nó mar sin ag tabhairt amach ceapairí, anraith agus toitíní do na bochtáin – agus, níos tábhachtaí ná sin, ag snaidhmeadh cairdis leo.

Mír 2   Tá cuntas sa mhír seo ar shaol Denise, duine de na bochtáin a bhuail leis an údar san obair. Ní minic a chuir na hoibrithe aithne cheart ar dhaoine bochta, ar chúiseanna éagsúla. Bhí Denise thart ar thríocha bliain d'aois agus chaith sí an oíche san áit chéanna i gcónaí, i gcúl gluaisteáin a bhí i gclós beairic de chuid na nGardaí Síochána. D'airigh sí slán ansin cé gur áit fhuar uaigneach a bhí ann sa gheimhreadh. Níor ghlac Denise le bia ó Chlann Síomóin má bhí bia faighte aici in áit eile i rith an lae. Chonaic an t-údar í ó am go chéile i séipéal i lár na cathrach is í ar aifreann. Bhíodh a lámha ag gluaiseacht gan stad. D'fheiceadh sé go minic í timpeall na cathrach freisin, í ag súil go faiteach agus na súile faoi aici.

Mír 3   I Lána Brabazon sa chathair bhí cónaí ar theaghlach de chuid an lucht taistil. Bhí an tseanmháthair san ospidéal toisc gur dódh í agus bhí beirt mhac léi sa charbhán. Theastaigh uathu dul ar chuairt chuici ach bhí faitíos orthu nach ligfí isteach san ospidéal iad toisc nach raibh a gcuid éadaí glan. Níor iarr siad airgead riamh ar mhuintir Shíomóin. Nuair a fuair siad an bia ní raibh uathu ach comhluadar. Is mór an trua é, dar leis an údar, nach mbuaileann níos mó den phobal lonnaithe leis an lucht taistil. Tá tithe breátha nua tógtha anois san áit, ach déarfadh an t-údar nach bhfuil éinne den lucht taistil ina gcónaí iontu.

Mír 4   Tá cuntas anseo ar dhuine eile a bhí gan dídean ar ar thug muintir Shíomóin cuairt. Bean óg Shasanach sna fichidí nár labhair mórán le héinne. Bhí dhá mhála taistil ar iompar aici i gcónaí agus chodail sí sa phóirse i gceann de na hoifigí nua. Ceapadh gur mac léinn a bhí inti i Sasana toisc gur iarr sí leabhar fisice orthu uair amháin agus bhí leabhar matamaitice i gcónaí ina mála aici. Chuir na hoibrithe aithne uirthi de réir a chéile agus chabhraigh siad léi áit chónaithe a fháil. Sa deireadh cheap sí go raibh sí réidh chun dul abhaile go Sasana.

Mír 5   Beirt charachtar eile ar bhuail an t-údar leo ná Martin agus Lily. Bhí sé de nós acu codladh i bpóirse gar d'ospidéal an Richmond. Ar nós go leor daoine cosúil leo, bhí nuachtáin, málaí agus cairtchlár timpeall orthu san oíche chun an fuacht a choinneáil amach. Ní raibh a fhios ag an údar conas mar sheas na daoine seo an fuacht millteanach a bhí ann sna hoícheanta geimhrid. Oíche amháin, tar éis dóibh anraith a thabhairt do Lily agus Martin, bhí Lily ag rá nach raibh cuma rómhaith ar Mhartin. Tugadh go dtí an t-ospidéal é an oíche dár gcionn mar bhí an chuma ar an scéal go raibh sé ag fáil taom croí. Ligeadh amach é ag 7.00 ar maidin – rinne an t-údar gearán leis an ospidéal mar gheall ar an ngníomh scannalach seo. Ní tharlódh a leithéid, dar leis, do duine a mbeadh post, teach agus árachas sláinte aige.

Mír 6   Is é Dan an duine deireanach a chuireann an t-údar os ár gcomhair sa sliocht – chodail sé san oíche i bpóirse oifige – fear as Ciarraí a bhí ann, fear mór ard. Uaireanta ní bhíodh giúmar maith air agus scanraíodh sé daoine leis na béiceanna a ligeadh sé as. Bhí bean dárbh ainm Joan mar chomharsa aige – chodlaíodh sise sa chéad doras eile. Bean neirbhíseach a bhí inti, bean a bhí chomh neirbhíseach sin nár fhéad sí socrú síos don oíche agus d'fhanadh sí ina seasamh an oíche ar fad. Níl a fhios ag an údar cad a tharla don bheirt seo mar níor fhan siad i bhfad eile sa tsráid sin.

Cíoradh an scéil

Mír 1   Cén colún lena mbaineann na frásaí / focail seo? Cuir sa cholún ceart iad i do chóipleabhar.

íoslach dorcha	fágann siad Clann Síomóin
dorcha agus gruama	gan dídean
fadhbanna	amhrasach
ag lorg	poill sa talamh
seomra beag bídeach	daoine óga
mo dhualgaisí	i 1978
oigheann	seanbhotháin
brocais	i mo bhall de choiste gnótha
thosaíos	bailithe leo
leithreas cúng	fuarthas
ag cuardach	gach oíche Domhnaigh
ar cíos	lagmhisneach

ceanncheathrú	oibrithe	bochtáin	an t-údar

Mír 2   Cuir tic sa bhosca ceart / sna boscaí cearta i gceisteanna 1-6 thíos:

1   Bhí Denise

tanaí	❏	ramhar	❏
cainteach	❏	tostach	❏
sláintiúil	❏	mílítheach	❏
neirbhíseach	❏	muiníneach	❏
sna tríochaidí	❏	sna caogaidí	❏

2   Níor chuir na fuaidirí aithne an-mhaith ar na hoibrithe mar

      bhíodh an 'soup run' ar siúl i lár an lae.   ❏

      bhíodh oibrithe difriúla ag teacht is ag imeacht.   ❏

3   Bhí oibrithe ann a chuir aithne ar na bochtáin.   ❏

      Ní raibh am acu aithne a chur orthu.   ❏

      Ní raibh muinín riamh ag na fuaidirí as na hoibrithe.   ❏

4   San áit ar chodail Denise

      d'airigh sí sábháilte.   ❏

      bhí sí compordach.   ❏

      bhí carranna ag teacht is ag imeacht.   ❏

5   Ghlac Denise le bia ó na hoibrithe i gcónaí.   ❏

      Ní bhfuair Denise bia in áit ar bith eile ach amháin ó na hoibrithe.   ❏

6   Nuair a shiúladh Denise timpeall na cathrach

      thugadh gach duine faoi deara í.   ❏

      bhíodh cuma ainnis uirthi.   ❏

      shiúladh sí i lár na sráide.   ❏

      bhíodh a ceann san aer aici.   ❏

Mír 3   Meaitseáil na focail in **A** leis na focail i **B** agus scríobh abairt ag léiriú cén gaol atá eatarthu.

    Sampla: Bhí na deartháireacha buartha nach mbeadh cead isteach san ospidéal acu toisc na héadaí salacha a bhí orthu.

A	B
An Tiarna Brabazon	lámh bhriste
an pobal lonnaithe	carbhán
oibrithe	ospidéal
Lána Brabazon	éadaí salacha
lucht taistil	níor lorg siad
seanmháthair	scéalta faoi dheacrachtaí a bhí acu
mac amháin	tithe nua i Sr. na Mí
déirc	ócáidí cumarsáide
buartha	Co. na Mí
leathdhorchadas	anraith

131

Mír 4 Líon na bearnaí sa sliocht seo as dialann oibrí i gClann Síomóin:

Dé Domhnaigh 24ú: Ar … … anocht óna naoi go dtí a haon, mar is … . Thángamar ar Úna arís; í ina codladh … … agus sórt balla timpeall uirthi a rinne sí leis na … … a bhíonn ar iompar aici i gcónaí. Is dóigh liom gur … … í mar … sí leabhar … orm anocht agus tá a fhios agam go bhfuil … … aici, mar chonaic mé i gceann de na málaí aici é. Bhí … orm gur labhair sí ar chor ar bith, mar ní … a chloisimid focal aisti. Chuala mé duine de na hoibrithe eile ag rá anocht go bhfuil teach … … an *Salvation Army* a bheadh … d'Úna mar is maith léi ciúnas agus cineáltas. Tá súil agam go … sé áit di ann.

Mír 5 **Codarsnachtaí**
Scríobh abairt nó dhó a léiríonn na codarsnachtaí idir liosta **A** agus liosta **B**.

A	**B**
Martin agus Lily sa phóirse	gluaisteán teolaí lucht an anraith
Fuacht dóibh siúd gan dídean	compord an phobail lonnaithe
Martin san ospidéal	duine den phobal lonnaithe san ospidéal
Martin agus Lily nuair atá siad ag réiteach le chéile	Martin agus Lily nuair atá easaontas eatarthu
Dearcadh an ospidéil nuair a bhí Martin ann	dearcadh an ospidéil i leith fuaidirí anois

Mír 6 Líon an chairt eolais seo faoi Dan agus Joan:

Dan	*Joan*
As: …………………………	Áit ar chodail sí: …………………………
Cur síos fisiciúil: ………………………	Tréithe a bhain léi: …………………………
Tréithe a bhain leis:……………………	Eolas faoina cúlra: …………………………
Áiteanna ar chodail sé: ………………	Áit a bhfuil sí anois:…………………………
Cosaint ón bhfuacht: ………………	
Cur síos ar a sheomra: ………………	
Áit a bhfuil sé anois: ………………	

Ceisteanna (*mír ar mhír*)

Mír 1

1. Inis trí phíosa eolais faoin gceanncheathrú a bhí ag Clann Síomóin nuair a thosaigh an t-údar ag obair leo.
2. Inis dhá rud faoi Chlann Síomóin nuair a thosaigh sé i mBaile Átha Cliath i dtosach.
3. Cén fáth ar thóg sé i bhfad cairdeas a chruthú leis na bochtáin? Cén uair a d'fhás an cairdeas?
4. Cén t-athrú a tháinig ar líon na mbochtán a chodail faoin spéir de bharr na hoibre a rinne Clann Síomóin?
5. Cén fáth nár fhan na hoibrithe óga le Clann Síomóin? Tabhair trí chúis.

Mír 2

1. Níor chuir oibrithe Síomóin aithne cheart ar na bochtáin. Cad iad na cúiseanna leis sin a thugtar sa mhír?
2. Bhí Denise neamhghnách. Tabhair dhá shampla de rudaí a rinne sí nach mbeifeá ag súil leo.
3. Déan cur síos ar Denise mar a bhí sí le feiceáil timpeall na cathrach.
4. Cad a léiríonn go raibh Denise neirbhíseach agus nach raibh mórán féinmhuiníne (*self-esteem*) aici?

Mír 3

1. Cén míniú atá ag an údar air go bhfuil logainmneacha ó Chontae na Mí ar shráideanna i mBaile Átha Cliath?
2. Tabhair cur síos ar an gcarbhán a bhí ag an lucht taistil agus ar an áit a raibh sé suite.
3. Cad é an cuntas a fhaighimid ar na daoine a raibh cónaí orthu sa charbhán sin?
4. Cad a bhí le rá ag na deartháireacha leis na hoibrithe nuair a rinne siad dreas cainte leo?
5. '… cé nach n-áireoinn lorg na déirce mar choir ná mar locht.' Cad a insíonn seo dúinn faoin údar?
6. Cad é an pointe a dhéanann an t-údar
   (i) faoin bpobal lonnaithe?
   (ii) faoi na tithe nua a tógadh i Sráid na Mí?
   Cén bhaint atá ag an dá phointe seo le chéile?

Mír 4

1. Déan cur síos ar an áit ar chodail Úna san oíche.
2. Cén fhianaise a bhí ann gur mac léinn a bhí inti?
3. Tabhair trí phíosa eolais ag cur síos ar Úna.
4. Conas a tharla go bhfuair Úna áit chónaithe ar deireadh?
5. Cad é an míniú a thugann an t-údar ar an bhfáth a raibh Úna ina fuaidire?

Mír 5

1. Bhí cáil ar Lily agus Martin. Cén fhianaise air seo atá sa Mhír?
2. Cén comhartha a thug le fios do na hoibrithe go raibh Martin agus Lily 'sa bhaile'?
3. Cad é an rud is mó a chuir ionadh ar an údar faoi shaol na bhfuaidirí?
4. Cathain a chaitheadh Lily an oíche sa *Regina Coeli*?
5. Cén fáth ar scríobh an t-údar litir chuig ospidéal an Richmond maidir le Martin?
6. Cad é an fhianaise go bhfuil feabhas tagtha ar dhearcadh an ospidéil sin i leith fuaidirí?

Mír 6

1. 'Ba chéim in airde dó…'. Mínigh an chéim in airde atá i gceist?
2. Céard a dhéanadh Dan a scanraíodh daoine?
3. Tabhair dhá shampla a léiríonn gur bhean an-neirbhíseach í Joan.

Ceisteanna Ginearálta

1 Cad iad na hainmneacha éagsúla a úsáideann an t-údar is é ag cur síos dúinn ar na daoine ar chabhraigh sé leo? – bochtáin, fuaidirí etc (seacht gcinn ar a laghad). An dóigh leat go mbeadh na daoine sin sásta le gach ceann de na hainmneacha sin?

2 Cad iad na cosúlachtaí a fheiceann tú idir an dán ag tús an tsleachta agus ábhar an tsleachta tríd síos? Cén duine sa sliocht is mó a chuireann an dán i gcuimhne duit?

3 Cén tseirbhís a thugann Clann Síomóin do dhaoine, de réir an tsleachta seo?

4 An bhfuil aon mhíniú sa chaibidil ar cén fáth a bhfuil na daoine seo ina bhfuaidirí? An bhfuil aon mhíniú agat féin air?

5 'Cuireann déine na hoibre lagmhisneach ar roinnt daoine.' Cad iad na gnéithe den chineál oibre seo atá dian, dar leat?

6 Deir an t-údar anois go bhfuil an cur síos ar an lucht taistil sa sliocht seo 'stereotyped'. Céard is brí leis seo? An aontaíonn tú leis?

7 Déan cairt i do chóipleabhar agus líon isteach an t-eolas cuí maidir leis na daoine éagsúla ar chabhraigh an t-údar leo.

Ainm	Aois	Cuma	Tréithe mar dhaoine	Áit ar chodail sé/sí	Cad a tharla di/dó ar deireadh?

8 Déan cur síos ginearálta ar an gcineál saoil a chaith na daoine gan didean, ag tagairt go mion do bheirt ar a laghad a chuirtear os ár gcomhair sa sliocht.

9 Cum an litir, dar leat, a chuir an t-údar chuig ospidéal an Richmond ag gearán faoin ngníomh scannalach a rinne siad.

10 'Bíonn sé fíordheacair leanúint ar aghaidh sa chéad líne catha ag plé go díreach leis na bochtáin…'
Cén cineál oibre eile is féidir a dhéanamh, dar leat, chun cabhrú seachas plé go díreach leis na bochtáin? Cén cineál oibre ab fhearr leatsa dá mbeifeá sásta cabhrú? (Cuir glaoch fóin ar Chlann Síomóin b'fhéidir chun an t-eolas seo a fháil.)

11 Tá an t-amhrán 'Streets of London' bunaithe ar charachtair leithéid Úna, Denise, Dan agus na ndaoine eile a chuirtear os ár gcomhair sa sliocht seo. Cén chuid den sliocht a chuireann an véarsa nó an curfá seo i gcuimhne duit?

> 'An bhfeiceann tú an tseanbhean ag siúl tríd an gcathair,
> Éadach stróicthe, siúlann sí ar aghaidh.
> Ná déan iarracht labhairt léi, ní theastaíonn uaithi baint leat,
> Ach iompraíonn a saol ins an dá mhála atá léi.'
>
> *Curfá*
> Abair liom anois gur tú atá uaigneach…
> Is nach bhfuil loinnir na gréine i do shaol,
> Béarfaidh mé ar láimh ort ag siúl tríd an gcathair.
> Beidh uaigneas le feiceáil ann nach bhfaca tú ariamh.
>
> (Mícheal Ó Conghaile – *Croch Suas É*, lch 99)

12 Déan comparáid idir an léiriú ar shaol na bhfuaidirí sa sliocht seo agus an léiriú ar shaol an scéalaí sa sliocht as *Deoraíocht*. lch. 137)

13 Cad é an sainmhíniú ar 'homelessness'? Dar leis an té a bhunaigh Clann Síomóin bhí saghas eile 'homelessness' i gceist seachas díon a bheith os do chionn – '*the inability to cope with living, even when accommodation is made available*'. Céard iad na cúiseanna atá le fuaidireacht, dar leat, agus céard is féidir a dhéanamh chun cabhrú le saol an fhuaidire a dhéanamh níos compordaí?

14 Scríobh litir chuig an tAire Leasa Shóisialaigh ag déanamh gearáin léi / leis faoin bhfaillí atá á dhéanamh ag na húdaráis i gcás lucht na sráideanna.

Gluais

Mír 1

An Fhilíocht

Do ghabhadh sí: shiúladh sí, bhíodh sí ag taisteal

lánaí: cúlsráideanna

póirsí: áiteanna a bhí beagnach i bhfolach

d'aon: do dhuine ar bith

nárbh eol d'aon ach í: nach raibh eolas ag duine ar bith eile orthu ach í féin

faoi bhinn a seáile: i bhfolach faoina seál

ceirteanna: giobail, éadaí caite stróicthe

sa dubh-gheimhreadh: i lár an gheimhridh

bior gaotha: gaotha géara

as gach aird: as gach treo

ag treaghdadh: ag céasadh / ag ciapadh

ag cuardach a cnámh: ag dul go croí inti

chugainn: ag teacht inár dtreo

slipéidí: slipéir

ag lapáil: torann toll á dhéanamh acu, *lapping, squelching*

sa draoib: sa láib

íoslach: seomra faoi leibhéal na talún

ceanncheathrú: ionad stiúrtha, ionad láir

cúng: craptha, *cramped*

gruama: cuma dhuairc air

doineann: drochaimsir; *oíche dhoininne*: oíche a raibh an aimsir go dona

le haghaidh forbartha: chun é a dheisiú nó foirgneamh nua a thógáil ann

bunchloch: bunús, bunsraith, cuid lárnach, cuid an-tábhachtach

gan dídean: gan fothain, gan aon áit le fanacht thar oíche

tuairiscí: cuntais / cur síos

cairdeas a shnaidhmeadh: cairdeas a dhéanamh / a chruthú, éirí cairdiúil

aon teagmháil: aon bhaint

seanbhotháin: tithe beaga suaracha

ní bhogaidís as a mbrocais: ní fhágaidís a bpoill chónaithe

aonaráin: daoine a bhí leo féin sa saol

iontaoibh: muinín

go bhféadfaí brath orthu: go raibh siad dáiríre faoin obair, go ndearna siad gach rud a gheall siad

sa teach fothana: sa teach inar féidir le daoine bochta lóistín a fháil

bhíos i mo bhall de choiste gnótha na Clainne: bhí mé ar choiste stiúrtha Chlann Síomóin

amhail: ar nós, cosúil le

déine na hoibre: deacracht na hoibre

cuireann…lagmhisneach ar roinnt daoine: tagann éadóchas ar chuid de na daoine

puinn: beagáinín beag; *nach n-athraíonn puinn*: nach dtagann ach athrú bídeach orthu

Mír 2

na fuaidirí: daoine nach raibh aon áit chónaithe acu

geall le bheith…: beagnach

sáraithne: aithne an-mhaith

thuill siad muinín: rinne siad a lán oibre agus ghnóthaigh siad iontaoibh na mbochtán

gathanna: léasacha solais

scáileanna: scáthanna, *shadows*

ar an láthair chéanna: san áit chéanna, gar di

clochar: teach ina mbíonn cónaí ar mhná rialta

an doras a dhruideadh: é a dhúnadh

gaoth fheannaideach: gaoth ghéar, gaoth a bhainfeadh an craiceann díot

bean mhílítheach: bean a raibh aghaidh an-bhán uirthi

na súile faoi aici: í ag féachaint ar an talamh

a bhíonn beag beann ar gach a bhíonn ar siúl: ar cuma léi céard atá ag tarlú, nach gcuireann sí suim dá laghad sa mhéid a bhíonn ar siúl

Mír 3

lámh le: in aice le

go sócúlach cluthar: go compordach

scátha: scáilí, *shadows*

blúire bia: greim ar bith bia

shlog: d'ól sé (an t-anraith) go tapaidh

go craosach: ar shlí a thaispeáin go raibh ocras agus tart air

bhí siad buartha: bhí imní orthu

chaitheadh sí go maith leo: bhíodh sí cneasta agus fial leo

cé nach n-áireoinn lorg na déirce mar choir nó mar locht: cé nach dóigh liom gur rud mícheart ná rud náireach é déirc a iarraidh

ríomhaidís: d'insídís ina liosta iad

ag goilliúint orthu: ag déanamh buartha dóibh, ag cur as dóibh

an pobal lonnaithe: daoine atá ina gcónaí i dtithe

ar ghnáth-ócáidí cumarsáide: ar ócáidí a mbíonn daoine ag caint le chéile de ghnáth

go gleoite: go hálainn

nár deineadh aon cheann acu a thairiscint do thincéir: nár ofráladh ceann ar bith acu do thincéir

Mír 4

gan mórán thar an scór bliain slánaithe aici: ní raibh sí ach beagán níos mó ná fiche bliain d'aois

chínn í: d'fheicinn í

claí cosanta: protective fence

cúlra: eolas ar a muintir, cárbh as í agus cén fáth a raibh sí ar na sráideanna

de thoradh mórfhoighne: trí éisteacht go ciúin pé uair a raibh fonn cainte uirthi agus gan an iomad ceisteanna a chur, *as a result of great patience*

áiteamh uirthi : a chur ina luí uirthi, *to convince her*

faoi stiúr: faoi chúram

Mír 5

ar mhurlán an dorais: (*on the door-knob*)

go heolgasach: mar a bheadh sean-taithí aici / aige ar an scéal (*knowledgeably*)

carnán: (*bundle*)

seanbhalcaisí: seanéadaí

i bhfeac: (*held firm*)

chun buillí na gaoithe a mhaolú: chun iad a chosaint ar fhuacht géar na gaoithe

amhail is: faoi mar, (*as if…*)

chuaigh an fuacht go smior ionam: chuaigh an fuacht go croí ionam (*into the marrow of my bones*)

teolaí: deas te, compordach (*cosy*)

faic: focal, rud ar bith

easaontas: míthuiscint (*disagreement*)

cliabh: (*chest*)

ag dul thar bráid: ag dul an bealach (*passing*)

ag cur i gcéill: ag ligean air

cearr: mícheart

taom croí: heart-attack

a dhearcadh: its attitude

fuaidirí: (*vagrants*)

árachas sláinte: (*health insurance*)

teach fothana: teach dídin, (*shelter*)

Mír 6

ba chéim in airde dó é: bhí sé níos fearr ná an scéal a bhí aige roimhe sin (*step up*)

drochaoibh: droch-ghiúmar, (*bad humour*)

faic na fríde: rud ar bith

gach re béic: 'the odd shout'

ag maíomh: (*boasting*)

ospidéal meabhrach: (*mental hospital*)

níl tásc ná tuairisc ar…: níl a fhios ag aoinne cá bhfuil…

6 Deoraíocht

Pádraic Ó Conaire

1

Mír 1   Ní rabhas mórán thar dhá bhliain go leith i Londain Shasana an tráth úd, ach mar sin féin, ní mórán achair eile a d'fhanfainn ann dá mbeadh – sea, caithfear a rá – dá mbeadh an oiread agam is a bhéarfadh abhaile mé. Ach nuair atá duine ina chónaí agus gan thar an dá phingin ina phóca aige, agus gan an iomarca ina bholg, céard is féidir leis a dhéanamh?

Ó! nach orm a bhí an tubaiste nár maraíodh mé an lá mí-ámharach úd a ndeachaigh an gluaisteán ar mo mhullach agus mé ar thóir oibre? Dá mba rud é go marófaí mé, ní i mo chláiríneach bocht a bheinn anois agus gan mé ach seacht mbliana fichead. Ní i mo sheancharnán feola a bheinn agus gan ionam gluaiseacht ó áit go háit gan na maidí croise ach an oiread le crann mór coille a leagfaí le tua. Ní bheinn ar leathchois agus ar leathláimh ag súil le cabhair ó chách. Agus ní bheadh ar an dream ar leo an gléas marcaíochta a chuaigh tharam dhá chéad go leith punt a thabhairt dom tar éis mé a theacht amach as an ospidéal…

Nach agam atá an chuimhne ar an lá úd? Nach orm a bhí an lúcháir go rabhas in ann siúl le mo dhá mhaide croise agus an chos adhmaid? Gach uile bhuille a bhuaileadh an chos adhmaid ar leacracha na sráide chuireadh sé ionadh orm. Ní mé féin a bhí ag déanamh an torainn ar chor ar bith, cheapas i dtosach: ach leis an imní a bhí orm an choisíocht a fhoghlaim an athuair, agus imeacht go deas uaim féin, níor thugas aon cheo faoi deara. Mé ag imeacht romham i gcónaí agus ag tabhairt an-aire dom féin. Ag ceapadh go sciorrfadh na maidí uaim ar na leacracha sleamhna uair; uair eile ag rá liom féin go rabhas ag déanamh go tofa. Bhí cineál áthais ar mo chroí go rabhas in ann gluaiseacht uaim féin ar chor ar bith.

Lá breá gréine a bhí ann agus bhí na sráideanna lán de dhaoine. Cuid acu go breá aerach croíúil; cuid eile faoi leatrom agus brón mór; cuid eile fós a bhí go faiteach imníoch scáfar. A scéal féin ag gach aon duine agus mo scéal mór brónach agam féin. Thosaíos ag machnamh. Bhí orm mo shaol a chur díom ar an anchaoi seo. Tháinig olc orm do na daoine seo a bhí ag dul tharam go beo tapaidh agus lúth na ngéag acu. Cheapas go mba chóir dóibh féachaint orm ar a laghad. Duine a bhí ag foghlaim coisíochta an athuair! Duine a bhí i mbéal an bháis agus a tháinig as! Duine a bhí ar leathchois agus ar leathláimh agus a éadan casta millte scólta!

Bhí fearg orm nár bacadh liom – nár fiafraíodh scéala díom – nár cuireadh ceist orm i dtaobh na timpiste a d'éirigh dom; ach nuair a dhearc ógbhean dheas a bhí ag dul thart go truamhéileach orm, agus í ar tí labhartha, tháinig cuthach orm. Ní raibh uaithi ach fios, shíleas. An féileacán aerach! Cén bhaint a bhí aici le mo leithéidse? Bhí fonn orm í a mhaslú ar bhealach éigin, í a dhéanamh chomh gránna míshlachtmhar liom féin; mar thuigeas go maith cén ghráin a bhíonn ag daoine, ag mná go mór mhór, ar chláirínigh mar mé, bíodh is go gceapfá go mbíonn an-trua acu dóibh. Ach d'éirigh liom cosc a chur le mo theanga gur imigh sí thart.

Ansin thosaíos ag éisteacht le torann na coise adhmaid ar an tsráid go bhfacas gearrbhodach ag tiomáint fonsa iarainn roimhe. Stócach deas dea-chumtha soineanta a bhí ann a raibh folt fionn catach air, agus nuair a chonaic sé an t-allas ag

Pádraic Ó Conaire

titim anuas díom agus an drochbhail a bhí orm, shín sé pingin a bhí i gcúl a ghlaice chugam. B'éigean dom an-iarracht a dhéanamh gan a bhualadh le mo mhaide. Cad chuige a gceapfadh sé go raibh a chuid airgid uaimse? Shílfeá go mbeadh a fhios ag an té ba dhaille sa saol gur chuig an mbanc a bhí mo thriall leis an dá chéad go leith punt úd a fháil. Bhí trua ag an mbuachaill dom, agus bhí olc agam dó go raibh. Ní raibh a fhios agam an uair sin cén t-athrú mór a tháinig ar mo chroí ó d'éirigh an timpiste dom. An t-athrú a thagann ar fhata a d'fhágfaí ina luí ar an iomaire faoi ghrian an fhómhair. Fear dorrga dúchroíoch a bhí ionam, ach rinneas rún daingean an díobháil a leigheas dá bhféadfainn é.

Mír 2   Bhí an fear dlí sa bhanc romham mar a gheall sé. Bhí an uile rud i gcóir aige. Bhí an dá chéad go leith le fáil agam. Ceapadh go bhfágfainn an t-airgead sa bhanc faoi m'ainm féin ach ní fhágfainn. Cén cineál nótaí ab fhearr liom? Ní nótaí a bhí uaim ar chor ar bith ach ór. Bhí ionadh orthu nuair a dhúras an méid sin, ach, dá mbeadh a fhios acu nach raibh dhá shabhran bhuí i mo phóca agam in éineacht ó d'fhágas mo bhaile agus mo chairde gaoil, ní dóigh liom go mbeadh. Ar chaoi ar bith, fuaireas an t-ór i mála. Cuireadh i mo shuí ar charr mé, agus ní fada a bhíos ag déanamh an bhealaigh abhaile.

Chuas isteach i mo sheomra (muintir an ospidéil a fuair an lóistín dom); chuireas an glas ar an doras; bhuaileas an mála óir in aghaidh an bhalla le fuaim an óir a chlos; chaitheas ar an mbord go neamhaireach é, díreach is dá mbeadh a leithéid agam gach uile lá sa bhliain; ligeas siar i gcathaoir shócúlach mé féin agus dhearcas air ar feadh scaithimh bhig; dhúnas na súile; d'éalaigh osna uaim; osna eile; thosaíos ag gol…

Ag oscailt na súl dom chonaiceas an mála ar an mbord – an mála úd a bhí chomh luachmhar le mo leathchois agus mo leathláimh agus an drochíde a tugadh ar mo ghrua.

Bhí draíocht sa mhála beag buí sin. (Bhí sé buí; an bhféadfadh sé a bheith ar a mhalairt de dhath agus a raibh istigh ann den ór?) Níor fhéadas na súile a choinneáil de. Bhí an oíche ag titim, agus a raibh de throscán sa seomra ag dul i ndoiléire orm; an leaba, an bord, an chathaoir, na ballaí féin bhíodar ag dul ó léargas orm. Ní fhacas ach an mála beag buí úd a raibh mo chuid den saol ann…

Lasas coinneal. Scairdeas a raibh agam den ór amach ar an mbord. Thosaíos á láimhseáil. Bhíos á ligean trí mo mhéara mar a bhíonn páistí ag ligean an ghainimh tríná méara ar an trá. Níor mhothaíos aon cheo ach an t-ór. Níor chualas ach a fhuaim. Ní fhacas ach a dhath. Ní raibh cuimhne agam ar aon rud ach go raibh an t-ór ann, má bhí cuimhne agam air sin féin. Agus ní dóigh liom anois go raibh, ach go raibh sé ag déanamh sásaimh mhóir aigne dom fios a bheith agam go raibh sé ann. An tsástacht a bhíonn ar mháthair nuair is eol di go bhfuil a leanbh ina haice.

Bhí an bord beag clúdaithe agam le hór. A leithéid de bhrat boird ní raibh os comhair an rí riamh. Ach ní rabhas sásta amach is amach.

Roinneas an t-ór ina chúig charnán, ina chúig chaiseal, agus leathchéad sabhran i ngach ceann. Deich gcinn in íochtar; naoi gcinn os a gcionn; ocht gcinn os a gcionn siúd agus mar sin de go raibh na caisil tógtha agam. Tháinig sé isteach go tobann i m'aigne go ndéanfadh gach carnán díobh ar feadh bliana mé. Cúig bliana agus bheadh sé caite! Céard a bhí le déanamh agam ansin? Bhí drochmhisneach ag teacht orm. Cor dár thugas agus thit sabhran ar an urlár. 'Tá fonn ort imeacht,' arsa mise leis. Bhain mé mo chóta díom agus scaras os cionn an óir é. Ghlaos ar bhean an tí. Thugas an sabhran di, agus duras léi bia agus deoch a thabhairt chugam.

Rinne sí amhlaidh. Ach bhí an brón chomh mór sin ar mo chroí ag machnamh dom ar na cúig bliana úd, agus a dtiocfadh ina ndiaidh, nár fhéadas blaiseadh den bhia. D'ólas ar thug sí dom, agus thiteas i mo chodladh sa chathaoir ag láimhseáil an óir, gan snáithe a bhaint díom.

Ní cúig chaiseal óir a bhí ar an mbord ar maidin ar dhúiseacht dom ach brat – brat óir a bhí ar an mbord agus grian na maidine ag órú a raibh sa seomra.

Shíneas ar an leaba. Ar m'aghaidh amach bhí pictiúr beag suarach greamaithe den bhalla agus an ghrian ag damhsa air. Triúr fear óg agus iad ag ól a bhí le feiceáil agat sa phictiúr úd. Leis an gcaoi a raibh an ghrian ag soilsiú orthu, shílfeá go raibh meidhir orthu. Bhí fonn mór orm a bheith ina gcuideachta. Dá mbeadh, ní bheadh brón ná tuirse croí orm. Ní ar an gcois adhmaid ná ar mo leathláimh ná ar mo ghrua mhillte scólta a bheinn ag cuimhneamh. Ní hea. Ach cá raibh mo chairde agus mo lucht aitheantais féin nach bhféadfainn a ghabháil chucu? Lucht fáin agus seachráin a bhí iontu agus ní raibh aon súil agam a bhfeiceáil agus an t-achar fada a chaitheas san ospidéal. Níor chuir sin aon imní orm. Chomh fada is a bheadh an t-airgead agam ní bheinn gan an comhluadar.

D'éiríos i mo shuí agus amach liom, agus an mála beag buí ar iompar agam. Thugas aghaidh ar an mbanc i dtosach agus chuireas an t-airgead i dtaisce ann ach amháin deich bpunt a choinníos le caitheamh.

Tá siopa táilliúra ar an taobh eile den tsráid díreach ar aghaidh an bhainc. Cheannaíos culaith nua ann. Ar a theacht amach dom casadh fear liom agus dúirt sé go bhfaca sé an timpiste a d'éirigh dom.

Bhí comhluadar uaim. Theastaigh duine éigin uaim a dhéanfadh caint liom. Chuas ag ól leis, agus ba ghearr go raibh dearmad déanta agam ar an gcois adhmaid, agus ar an leathláimh a chailleas, agus ar an timpiste féin.

Bhí an t-ól ag órú a raibh i mo thimpeall.

11

Mír 3   Nuair atá duine ann nach raibh aon chleachtadh aige ar airgead riamh, imíonn sé uaidh mar a imíonn lóchán roimh an ngaoth. B'fhearacht agamsa é. Bhí mo chuidse ag imeacht agus ag imeacht go tiubh. Ag imeacht ar nós uisce na habhann. Níor chuir sin aon drochmhisneach orm, áfach. Nach raibh an comhluadar agam? Nach rabhadar sásta gach uile shórt a dhéanamh dom? Nach duine mór a bhí ionam anois? Nach raibh mé in ann airgead a chaitheamh le duine uasal ar bith? Gach uile lá bhíodh an dream céanna i mo chuideachta agus an caitheamh airgid céanna ann, ach gur mise bhí á chaitheamh i gcónaí. Is minic, ar dhúiseacht dom ar maidin, go n-abróinn liom féin nuair a d'fheicfinn an chos adhmaid ar an gcathaoir le m'ais, nach gcaithfinn a thuilleadh airgid leis an gcomhluadar. Ach bhíodh uaigneas orm gan iad. Dhearcainn ar an bpictiúr beag a bhí crochta ar an mballa, ar an triúr fear óg a bhí go meidhreach agus go somheanmnach dóibh féin, agus an ghrian ag soilsiú orthu. Thosóinn ag machnamh ar mo chruachás féin. Bhíodh olc orm nuair a d'fheicfinn muintir an tí ag dul suas agus anuas an staighre, óir nach rabhas féin in ann a dhéanamh gan cúnamh; bhíodh olc orm nuair a chloisinn torann bróg ar an tsráid; thagadh buile orm nuair a d'fheicinn duine go haerach agus mé féin go dubhach doilíosach. Ansin chuimhnínn ar chomh lách is a bhínn féin nuair a bhíodh braon ólta agam.

Nach raibh Dia láidir? Cad chuige a mbeinn á mhaslú ag ceapadh go bhfágfadh sé lom folamh mé nuair a bheadh an méid a bhí agam anois caite agam? Ba mhór an peaca a bhí ann. Chuirinn orm agus bhuailinn amach…

Ciall cheannaithe an chiall is fearr. Ní mórán céille a bhí ceannaithe agamsa gur chaitheas bliain ar an mbealach seo – go rabhas taobh le ceithre scór punt. Bhí cleachtadh agam ar an gcois adhmaid faoin am seo, agus ar an saol nua a bhí tagtha. Ach mar sin féin, bhíodh olc orm uaireanta nuair a d'fheicinn duine ag rith. Bhíodh fonn orm a bhualadh le mo mhaide croise. Dá mba rud é go maróinn é, b'amhlaidh ab fhearr liom é. Nár leagas fear óg a bhí ag dul tharam go lúfar éasca agus go neamhurchóideach lá, agus nach rabhadar le mo chur sa phríosún? Chuirfí freisin mura mbeadh duine de mo lucht aitheantais a bhí sa láthair agus a d'inis mo scéal dóibh.

Is é a shábháil mé ón bpríosún. Is é a mhúin ciall dom, freisin, agus seo é an bealach ar múineadh mé:

Chuamar beirt ag ól agus ag caitheamh airgid mar ba ghnách linn. Míthráthúil go leor, dhearmadas mo chuid airgid a bhreith liom an lá céanna.

Cheapfá nár chreid sé i dtosach mé. Nuair a d'insíos dó é, ar chaoi ar bith, ní raibh sé sásta an píosa corónach a d'iarras air, ar iasacht, a thabhairt dom. Ní raibh an t-airgead aige, má b'fhíor dó féin, ach leis an snaois a tháinig air, b'fhacthas dom ar an bpointe gur ag ceapadh go raibh mo chuidse caite agam a bhí sé. Agus ar chaitheas leis féin agus a chomhluadar gan mhaith!

Ghabh fearg mé. Bhíos le cuthach. Gach drochainm ar fhéadas cuimhneamh air, thugas air é. Bhagair mé mo mhaide croise air. Ní dhearna sé ach a ghabháil sna trithí gáire. Ag magadh fúm a bhí sé, ag magadh faoin amadán a chaith a chuid leis.

Tháinig sé i m'aigne a cheann a scoilteadh le soitheach mór a bhí ar an gclár, agus dhéanfainn freisin é, dá bhfaighinn an chroch air, bhí an oiread sin buile orm, mura mbeadh gur thug fear an ósta an soitheach leis lena chur i dtaisce.

D'imíos, ach ag dul amach dom chualas na daoine a bhí sa teach ag magadh fúm féin, agus faoin gcois adhmaid, agus ag inseacht dá chéile chomh drochaigeanta is a bhí an bacach. Bhí seacht ndiabhal déag ag ithe mo chroíse, agus má bhí duine ann riamh a bhí ceaptha agus láncheaptha ar dhúnmharú a dhéanamh, ba mise an duine sin.

Mír 4 An oíche úd, agus mé i mo luí ar mo leaba bheag, rinneas scrúdú coinsiasa. Gach ar tharla dom, agus gach a ndearnas ó chailleas lúth na ngéag, chuireas trína chéile é. B'fheasach mé le fada go raibh athrú mór tagtha orm, ar mo mheon agus ar mo chroí agus ar m'aigne; go mba mhó go mór an t-athrú úd a bhí tagtha ar m'aigne ná an t-athrú a bhí tagtha ar mo cholainn; go mbeadh an fuath agus an ghráin agus an díomá agus an t-olc mar chomhluadar agam feasta; go mbeadh an duairceas mar chéile agam go lá mo bháis.

Chuir an smaoineamh seo lionn dubh ar mo chroí. Cheapas athrú a dhéanamh ar mo bhéasa, ar mo shaol, agus ar mo mhodhanna maireachtála – an chathair a thréigeadh, nó ar an gcuid is lú de, áit chónaithe a fháil i bhfad ó na cairde bréagacha a bhí agam.

Chomhair mé a raibh fágtha agam den airgead. Deich bpunt is trí fichid a bhí sa bhanc agus cúpla punt sa teach. Ó, a Thiarna! nach mé a bhí ag déanamh an bhaileabhair díom féin? Nach mé bhí ag dul le fána na haille? Agus mé ag caitheamh mo chuid airgid leis na diabhail úd! Agus mé i mo staicín áiféise acu i gcaitheamh an achair!

Ní bréag a rá go rabhas go díomách agus go leamh díom féin. Chaith mé mé féin ar an urlár agus thosaíos do mo luascadh féin anonn is anall, agus ag sracadh na gruaige as mo cheann le teann cumha agus dobróin. Dúras cúpla paidir. Gheallas i láthair Dé go mbeadh a mhalairt de shaol agam feasta dá mba é A thoil naofa é. Ansin thosaíos ag gol agus ag cur na súl go dtí go raibh mo chuid féasóige fliuch le deora…

Ar maidin dúras le bean an tí go raibh fúm imeacht.

141

Mír 5 An chéad teach eile inar chuireas fúm, bhí sé ar an taobh eile den chathair agus ar an ábhar sin ní raibh aon eagla orm go gcasfaí duine ar bith den seanchomhluadar liom. Dá mba rud é go mbeadh a thuilleadh airgid agam, ní sa chathair a d'fhanfainn ar chor ar bith, ach bhí súil agam i gcónaí go bhfaighinn obair éigin, obair éasca éigin a bheadh ar mo chumas a dhéanamh.

Mar sin de chuireas fúm sa teach mór seo. Agus nach teach mór millteach a bhí ann i ndáiríre! Ceithre chéad fear a bhí ina gcónaí ann agus é lán. Cineál seoimrín faoi leith ag gach duine díobh. Agus ar maidin d'fheicfeá gach fear acu agus a ghreim féin á ghléasadh aige.

Ach bhíodh uaigneas ormsa má bhí an slua mór féin ann. B'uaigní mé, ar bhealach, i láthair an tslua mhóir ná i mo sheoimrín féin sa tseanáit. Liom féin ab fhearr liom a bheith go gnách, agus nuair a shuínn ag fuinneog ag dearcadh amach ar an tsráid, agus ar na daoine a bhí ag gabháil thart, ar na capaill, ar na carranna, ar na gluaisteáin (nach iad a chuireadh buile orm?), bhíodh an t-uaigneas agus an cumha chomh mór sin ar mo chroí is go mbíodh orm éirí agus a ghabháil i láthair na cuideachta. Ach le chomh duairc dólásach is a bhínn, cheapainn go mbídís uile go léir ag magadh fúm; go raibh olc acu dom; go raibh gráin acu orm. B'fhacthas dom nach raibh uathu ach mé a dhíbirt as an teach. Iad siúd a bhí ar a n-aimhleas (agus bhí an-chuimse acu siúd ann), cheapas go mb'fhéidir go síífidís gurb é an bacach duairc ba chiontach leis; gurb é a thug an mí-ádh ina dtreo.

Chuimhním ansin ar ar chualas riamh de scéalta faoi mhairnéalaigh a chaith an duine a thug an mí-ádh ar a long isteach san fharraige. An ndéanfaí rud mar sin liomsa? Nárbh fhearr dom imeacht as an áit ar fad agus an tuath amach a thabhairt orm féin? Ach ní bhfaighinn obair fheiliúnach dom in aon bhall ach sa chathair amháin. Cad chuige go n-imeoinn?…

Ach is gearr go mbeidh orm imeacht – as an teach ar chaoi ar bith. Tá an t-airgead ag éalú uaim. Ag éalú agus ag éalú uaim i ngan fhios dom. Cén chaoi ar imigh an oiread sin de le ráithe? Ar ndóigh ní á chaitheamh go fánach a bhíos? Tá a fhios ag Dia nárbh ea. Dhearcas faoi dhó ar an uile phíosa de a chaitheas. Cad chuige nach ndearcfainn? Céard a bheadh le déanamh nuair a bheadh sé imithe ach…? Ní raibh réiteach na ceiste úd agam. Seacht n-uaire sa ló agus seacht n-uaire dhéag san oíche chuirinn an cheist orm féin, agus ní bhíodh de fhreagra agam ach an méid a bhí fágtha den airgead a chomhaireamh, bíodh is gur maith a bhí a fhios agam cé mhéad a bhí ann. Dhéanainn amach go cúramach ar pháipéar cén t-achar a mhairfeadh sé dom, agus gan ach an oiread seo de a chaitheamh gach lá. D'éireodh liom an t-earrach a chur díom ach a bheith ar m'aire. Agus ansin? Nuair a bheadh mo chuid airgid caite, céard a bhí i ndán dom ach …? Ó! a Dhé! táim ag dul le buile. Go bhfóire Tú orm! Go bhfóire Tú orm, a Dhé!

* * * * *

Níor tháinig néal codlata orm i gcaitheamh na hoíche aréir, ach murar tháinig féin, ní hé ceist an airgid a bhí ag déanamh imní dom ach pian mhillteach a bhí i mo ghuaillí. Na maidí croise is ciontach leis an bpian is dócha, ach mura bhfaighe mé leigheas air, ní bheidh mé in ann coiscéim ar bith a shiúl. Beidh orm fanacht sa teach mór gránna seo ó mhaidin go faoithin, ó Luan go Satharn, ó Shatharn go Luan, go lá mo bháis.

Ar éirí dom, bhí fear taobh amuigh de dhoras an tseomra, agus chuidigh sé liom síos an staighre. Ar a ghabháil isteach dúinn sa seomra mór a bhí in íochtar an tí thugas faoi deara go raibh dream beag bailithe os comhair na tine, ag ceann an tseomra, agus go raibh díospóireacht ar siúl acu.

Ar mise a fheiceáil chuireadar cosc leis an gcaint, agus ghlaodar orm.

Bhí iontas orm féin, ar ndóigh, mar is fánach focal a labhraíos leo riamh. Lucht oibre a bhí i gcuid acu. Cuid eile acu a bhí ar thóir oibre. Cuid eile fós, agus ní raibh a fhios ach acu féin agus ag Dia cén chaoi ar bhaineadar greim a mbéil amach. Ach ní bheifeá ag dul amú go mór dá ndéarfá go raibh gadaithe agus lucht na bpócaí a phiocadh orthu.

An fear a chuidigh liom síos an staighre, labhair sé go lách carthanach liom, agus dúirt go raibh gnóthaí acu díom.

Glaodh orm arís.

Chuas ina bhfochair.

D'éirigh fear mór toirtiúil ina sheasamh. Chuir sé iallach ar a raibh sa láthair a bheith ina dtost. Thosaigh sé do mo mholadh. Ní raibh agam ach an dea-fhocal do gach uile dhuine. Ní dhearnas cúlchaint ar aon duine. Níor chuireas achrann ar bun. Bhíos lách cineálta le cách…

Leis an mórmholadh a thug sé dom, cheapas nach raibh mo leithéid eile ar dhroim an domhain. Mhol sé mé mar a mholfadh file a leannán. Agus is fíorfhile a bhí ann. Bhí an chaint a scaoil sé uaidh garbh. Bhí an iomad drochfhocal ann. Ach is óna chroí a tháinig sí agus chorraigh sí a lucht éiste go mór. Chorraigh an chaint mé féin, freisin, agus nuair a dúirt sé leis an bhfear a chuidigh liom síos an staighre 'é' a thabhairt isteach, ghabh mórionadh mé, mar tháinig sé chugainn agus cathaoir bheag a raibh dhá roth mhóra faoi cheann di agus dhá roth bheaga faoin gceann eile á thiomáint aige.

Dúirt an fear mór go bhfaca sé an chathaoir i siopa; gur cheap cuid acu go bhfeilfeadh sí domsa go deas; gur cheannaíodar í lena tabhairt dom; go bhféadfainn a ghabháil ó áit go háit go deas réidh inti; nach mbeadh aon stró orm turas fada a thabhairt agus an gléas iompair seo agam; go ndéanfainn mo leas dá ngabhainn isteach sa chathaoir anois féin go bhfeicfidís mé.

Chuaigh. Agus ghluais liom suas agus anuas an seomra fada go breá réidh. Leis an áthas agus an lúcháir a bhí ar na fearaibh fáin seo, cheapfá gur dream gearrbhodach a scaoilfí abhaile ón scoil a bhí iontu. Ní rabhadar sásta gur thugas turas an tseomra a hocht nó a naoi d'uaire.

Ghabhas buíochas leo uile go léir, agus ansin thosaíodar ag imeacht i ndiaidh a chéile.

Ní rófhada go rabhas liom féin i mo chathaoir sa seomra mór úd. Bhíos ag éisteacht leis an torann taobh amuigh ar an tsráid. Chuaigh fear thart. Leis an gcaoi a raibh sé ag bualadh ar na leacracha lena mhaide déarfainn go mba dhall nó bacach a bhí ann. Bhí trua agam do. Dá mbeadh mo ghléas iompairse aige! Bhí mo chroíse lán de bhuíochas agus de ghrá. Ní dhéanfainn dochar d'aon ní beo. Le chomh te is a bhí an tine tháinig codladh orm. Ach tháinig an codladh orm i leaba a chéile, agus ag titim i mo chodladh dom, shíleas nach raibh aon fhear beo chomh sonasach liom.

Bhí an oíche ann nuair a dúisíodh mé.

An t-Údar

Pádraic Ó Conaire 1882-1928

Ba cheannródaí é Pádraic Ó Conaire i litríocht na Gaeilge. Scríobh sé gearrscéalta, ailt, aistí agus úrscéal amháin *Deoraíocht* (a foilsíodh 1910) as ar tógadh na trí chaibidil seo. Chuir sé tús leis an nua-litríocht sa Ghaeilge, litríocht nua-aimseartha le téamaí nua inar léirigh sé an saol mar a chonaic sé é.

Tá an teach inar rugadh Pádraic Ó Conaire fós le feiceáil ar na dugaí i gcathair na Gaillimhe. Nuair a bhí sé trí bliana d'aois cailleadh a athair agus ocht mbliana ina dhiaidh sin chaill sé a mháthair freisin. Chuaigh sé siar go Ros Muc, ceantar Gaeltachta, áit ar tógadh é lena ghaolta, a raibh siopa acu ansin. Is ann a d'fhoghlaim sé a chuid Gaeilge agus d'fhág an áit agus a mhuintir tionchar nach mór ar a chuid scríbhneoireachta. Chuaigh sé go Coláiste Charraig an Tobair i dTiobraid Árann agus go Coláiste na Carraige Duibhe, Baile Átha Claith, ina dhiaidh sin, áit a raibh sé in aonrang le hÉamon De Valera. I 1899 chuaigh sé go Londain agus fuair sé post mar chléireach sa stáitseirbhís. Mhúin sé ranganna Gaeilge leis an gConradh nuair a bhí am saor aige agus chuir sé an-suim i gcúrsaí teanga agus litríochta. I 1914 d'fhill sé ar an tír seo, agus d'fhág a bhean agus a chlann ina dhiaidh thall. Chaith sé an chuid eile dá shaol gearr ag obair leis an gConradh agus ag taisteal na tíre. Fuair sé bás is é beo bocht in Ospidéal Richmond, Baile Átha Claith, nuair nach raibh sé ach 46 bliana d'aois.

bunaithe ar –
P. Ó Conaire '*Léachtaí Cuimhnreacháin*'
agus (Cló Chonamara, R. na G.)
Scothscéalta T. de Bháldraithe, Réamhrá

Na Míreanna

Achoimre

1

Mír 1   Bhí an scéalaí dhá bhliain go leith i Londain gan phost, gan oiread airgid aige a thabharfadh abhaile go hÉirinn é. Tharla timpiste dó: leag gluaisteán é agus chaill sé cos agus lámh leis. Nuair a ligeadh amach as ospidéal é fuair sé £250 mar chúiteamh. An lá ar tháinig sé as an ospidéal bhí lúcháir ar a chroí go raibh sé in ann siúl ar chor ar bith, lena mhaidí agus a chos adhmaid. De réir a chéile d'imigh an lúcháir agus tháinig fearg air. Bhí daoine ag féachaint ar a aghaidh, dar leis, a raibh drochmharcanna air tar éis na timpiste, chomh maith. Cheap sé gur trua a bheadh ag mná fásta dó. Thug buachaill óg pingin dó – chuir sin olc arís air – ní fear déirce a bhí ann. Ní raibh aige ach seacht mbliana is fiche agus bhí ualach bróin ina chroí ó tharla an timpiste. Bhí sé ar a bhealach chun an bhainc le go bhfaigheadh sé an £250.

144

Mír 2   Bhí fear dlí sa bhanc roimhe leis an airgead – ní nótaí a theastaigh ón scéalaí ach ór –
         mála sabhran óir a fuair sé agus d'imigh leis abhaile. Bhí seomra aige i dteach
         lóistín. Ar dhul isteach dó thosaigh sé ag gol – ag smaoineamh ar a chruachás a bhí
         sé – mála óir a bhí aige anois in áit cos, lámh agus éadan millte. Las sé coinneal agus
         thosaigh ag láimhseáil an óir ach níor shásaigh sé é mar ór. Bhí dóthain aige ar feadh
         cúig bliana, ach céard a bhí roimhe ansin? Fuair sé bia ó bhean an tí, ach níor ith sé é
         – cá raibh a chairde? Níor tháinig siad ag breathnú air san ospidéal. Bheadh siad
         timpeall nuair a d'fheicfeadh siad an t-airgead, cheap sé. An mhaidin dár gcionn
         chuir sé an t-airgead sa bhanc agus cheannaigh sé culaith nua. Chuaigh sé ag ól
         ansin chun dearmad a dhéanamh ar a thrioblóidí.

                                              II

Mír 3   Bhí an t-airgead ag imeacht le gaoth – d'ol sé agus cheannaigh sé mar a bheadh
         duine uasal ann – ní raibh sé lá gan chuideachta. Bhí £80 fágtha agus é ag éirí níos
         cantalaí ná riamh – chuir sé olc air daoine a fheiceáil aerach nuair a bhí sé féin go
         dubhach. Chuir sé olc air daoine a fheiceáil ag rith. Nár leag sé leaid óg lá fiú lena
         mhaide croise agus ba bheag nár cuireadh i bpríosún é dá bharr. Shábháil duine dá
         lucht aitheantais é – Chuadar ag ól le chéile ina dhaidh sin agus bhí an scéalaí ar
         buile. Bhí an saol mór ag magadh faoi – gach duine ag ceapadh go raibh an t-airgead
         caite aige – go raibh sé ina amadán críochnaithe. Sin a cheap an fear a shábháil ón
         bpríosún é agus bhí fonn ar an scéalaí é a mharú.

Mír 4   An oíche sin rinne sé a shaol ar fad a mheas. Bhí athrú mór tar éis teacht air ó tharla
         an timpiste. Bhí fuath agus gráin ina chroí agus bheadh, dar leis, go lá a bháis. Ní
         raibh i ndán dó ach saol gruama lán duaircis. Bheartaigh sé a shaol a athrú – an
         chathair agus na cairde bréagacha a fhágáil. Ní raibh mórán airgid fágtha. Anois a
         thuig sé mar a chaith sé an chuid eile go hamaideach. Chaoin sé agus ghuigh sé
         chun Dia na Glóire ag geallúint dó go n-athródh sé. An mhaidin ina dhiaidh sin
         d'fhág sé an teach ar fad.

                                             III

Mír 5   Chuir sé faoi ar an taobh eile den chathair – bhí súil aige post a fháil. Teach mór
         millteach a bhí ann agus 400 fear ina gcónaí ann. D'fhan sé go huaigneach ina
         sheoimrín féin – thagadh uaigneas agus cumha air agus b'éigean dó dul i measc
         daoine eile. Bhí daoine ag magadh faoi, dar leis; níor theastaigh uathu é a bheith ag
         fanacht sa teach. Eisean ba chúis le gach mí-ádh a bhí orthu, dar leis. Ba ghearr go
         mbeadh air imeacht mar ní raibh dóthain airgid fágtha aige – bheadh sé gan pingin
         le teacht an earraigh. Bhí a intinn céasta anois – cén fáth ar chaith sé an t-airgead
         agus céard a dhéanfadh sé? Ní raibh sé in ann bogadh timpeall mar bhí pianta
         uafásacha aige ó na maidí croise.

Mír 6   Tháinig fear go dtí an doras, maidin lá arna mhárach agus d'iarr air teacht leis.
         Nuair a chuaigh sé síos staighre bhí slua bailithe roimhe. Labhair duine acu. Mhol sé
         an scéalaí go spéir. Bhí ard-mheas ag gach duine sa teach air. Bhí sé lách, a dúradar,
         agus bhí bronntanas acu dó – cathaoir rotha! Bhailigh siad airgead chun an chathaoir
         a cheannach dó le go bhféadfadh sé dul thart gan stró. Bhí áthas agus lúcháir orthu é
         a fheiceáil ag gluaiseacht suas agus anuas an seomra ann. Bhí croí an scéalaí lán de
         bhuíochas agus de ghrá.

Achoimre ar an gcuid eile den scéal

Casadh daoine aisteacha ar an scéalaí (Micheál Ó Maoláin) ina dhaidh sin – An Fear Beag Buí, an Bhean Ramhar agus an Bhean Mhór Rua ina measc! Nuair a fágadh gan pingin é b'éigean dó dul ag obair agus thosaigh sé ag dul thart le taispeántas a bhí ar nós sorcais an lae inniu. D'íoc daoine airgead chun eisean, 'an Fear Fiáin', a fheiceáil. Bhí An Fear Beag Buí, an té ar leis an Taispeántas, ina rógaire críochnaithe, fear santach nach raibh uaidh ach airgead a dhéanamh. Ar deireadh d'agair an scéalaí díoltas air, le cabhair ón mBean Ramhar agus thit an taispeántas as a chéile – ní rachadh an pobal níos mó chun an 'cur i gcéill' sin a fheiceáil. Tá léargas sa scéal ar uaigneas agus ar dhuairceas an tsaoil trí shúile an scéalaí. Níor éirigh leis sonas de shaghas ar bith a bhaint amach – cé gur mhinic a shamhlaigh sé bean agus clann a bheith aige i dteach beag teolaí. Tugann an Bhean Mhór Rua aire mhaith dó nuair a thagann sí air ar na sráideanna – é gan dídean, gan phingin, gan de comhluadar aige ach 'lucht fáin agus seachráin'. Is minic a fheicimid in éadóchas ar fad é, a dhignit caillte aige, é ciaptha leis an uaigneas. Briseann an fhearg air uaireanta, é doicheallach agus míchairdiúil nuair a thagann an t-olc agus an t-éad air. Is deacair a rá uaireanta an bhfuil a mheabhair caillte aige nó nach bhfuil. Ag deireadh an scéil 'Fríoth an fear bocht marbh faoi bhun crainn daraí, i lár páirce, i Londain Shasana'. Ní léir ach oiread cé a mharaigh é. Í féin? An fear Beag Buí? Fágtar fúinne, léitheoirí, an cheist a fhreagairt.

Cíoradh an scéil

A

Mír 1   Cuir na habairtí seo sa cholún ceart i do chóipleabhar.

	Sular tharla an timpiste	Mar thoradh ar an timpiste	An lá a d'fhág sé an t-ospidéal
Bhí sé dhá bhliain go leith i Londain.			
Ní raibh pingin rua aige.			
Tá a éadan millte.			
Bhí sé amuigh ag lorg oibre.			
Chuaigh gluaisteán ar a mhullach.			
Tá sé ar leathchois agus ar leathláimh.			
B'fhearr leis filleadh go hÉirinn.			
Ní féidir leis siúl gan maidí croise.			
Bhí sí ag dul ar aghaidh go cúramach.			
Tá cos adhmaid faoi.			
Tá sé ina chláiríneach.			

146

	Sular tharla an timpiste	Mar thoradh ar an timpiste	An lá a d'fhág sé an t-ospidéal
Ní raibh costas an bháid aige chun dul abhaile.			
Bhí sé ag siúl go dtí an banc.			
Bhí sé neirbhíseach leis na maidí coise.			
Bhí an-trua aige dó féin.			
Bhí na sráideanna lán de dhaoine.			
Bhí bean óg ag féachaint go truamhéileach air.			
Chuir sé olc air nuair a thug buachaill óg pingin dó.			
Bhí éad air leis na daoine a bhí in ann siúl.			
Cheap buachaill óg gur fear déirce a bhí ann.			

B Mothúcháin a luaitear sa mhír

lúcháir	an scéalaí
imní	
cineáltas	cuid den slua
go breá aerach croíúil	
faoi leatrom agus brón mór	cuid eile den slua
olc	
fearg	bean óg
go truamhéileach	
cuthach	an buachaill óg
gráin	
an-trua	
dorrga dúchroíoch	

In abairt amháin i gcás gach mothúcháin, abair cé air a raibh an mothú seo agus más féidir, abair cén fáth gur bhain an mothú sin leis an duine / na daoine sin.

Mír 2 Cuir na habairtí seo san ord inar tharla na himeachtaí sa mhír.
- Chuaigh sé isteach sa seomra lóistín agus chaith sé an mála óir ar an mbord.
- Dúirt sé nach nótaí a bhí uaidh ach ór.
- Chuir sé fios ar bhean an tí chun bia a ullmhú dó.
- Cheannaigh sé culaith nua éadaigh dó féin sa siopa táilliúra.
- Ní raibh tada le feiceáil sa seomra go dtí gur las sé coinneal ann.
- Lig sé osna as agus chrom sé ar ghol – cén mhaith dó an t-airgead seo? a d'fhiafraigh sé de féin.
- D'fhéach sé ar phictiúr a bhí crochta ar an mballa – triúr fear a bhí ann agus iad ag ól go meidhreach.
- Chuaigh sé ar an ól chun dearmad a dhéanamh ar gach rud.

Mír 3 Cuir tic sa bhosca / sna boscaí cearta.

1 D'imigh an t-airgead mar a imíonn

    lóchán (*chaff*) roimh an ngaoth. ❏

    uisce na habhann. ❏

    drúcht na maidine. ❏

2 Is iomaí maidin a dúirt an scéalaí leis féin

    nach gcaithfeadh sé pingin eile ar ól. ❏

    go raibh an chuideachta ag caitheamh airgid air. ❏

    gurb é féin amháin a bhí ag caitheamh airgid ar an ól. ❏

3 Bhí fearg agus olc ar an scéalaí

    mar chonaic sé daoine eile ag siúl go héasca. ❏

    mar chuala sé daoine ag siúl ar an sráid. ❏

    mar ní raibh sé féin in ann siúl gan chúnamh. ❏

4 Bhí

    bliain ❏

    £80 ❏

    a shaol ❏

caite ag an scéalaí ar an ól.

5 Bhí siad leis an scéalaí a chur i bpríosún mar

    mharaigh sé fear dá lucht aitheantais. ❏

    leag sé fear óg a chuaigh thairis. ❏

    d'ordaigh sé deochanna agus ní raibh ❏

airgead aige chun íoc astu.

6 Cheap an fear a bhí in éineacht leis an scéalaí

    go raibh airgead aige sa bhaile. ❏

    nach raibh aon airgead fágtha aige ar chor ar bith. ❏

7 Tháinig fearg an domhain ar an scéalaí mar

    cheap an fear eile nach raibh aon airgead fágtha aige. ❏

    rinne sé dearmad ar a chuid airgid. ❏

    bhí daoine eile i dteach an óil ag magadh faoi. ❏

Mír 4 Tá na habairtí seo bréagach. Scríobh an leagan **fíor** i ngach cás.
1 An oíche sin chuaigh an scéalaí díreach a chodladh.
2 Níor athraigh sé mórán ó tharla an timpiste dó.
3 Tháinig níos mó athrú ar a chorp ná ar a mheon tar éis na timpiste.
4 Bhí saol breá sásta i ndán dó, dar leis.
5 Theastaigh uaidh a shaol a choinneáil mar a bhí.
6 Bhí sé ag iarraidh fanacht lena chairde sa chathair.
7 Bhí níos mó ná leath den airgead fós aige.
8 Chuir na smaointe a bhí ina cheann gliondar ar a chroí.

Mír 5   Déan comparáid idir an saol mar a bhí ina sheanteach lóistín agus an saol nuair a d'aistrigh sé.

An saol mar a bhí	An saol nuair a d'aistrigh sé
lóistín:	
comhluadar/cuideachta:	
mar a chaith sé an lá:	
an t-airgead:	
a shláinte:	

Mír 6   Athscríobh na habairtí seo ag cur na n-imeachtaí san ord inar tharla siad sa scéal.

- Chuaigh an scéalaí timpeall an tseomra ag taispeáint a ghléas nua díobh.
- Bhí grúpa beag daoine sa seomra thíos staighre.
- Ar maidin tháinig fear chun cabhrú leis dul síos an staighre.
- Thosaigh an fear mór ag caint agus bhí gach duine ina thost.
- Chuala sé fear dall taobh amuigh agus bhí trua aige dó.
- Mhol an fear mór an scéalaí go hard na spéire.
- Thit sé a chodladh is é go sona sásta.
- Dúirt sé gur cheannaigh na fir sa teach lóistín an chathaoir dó.
- Ghabh an scéalaí buíochas leo agus d'imigh siad de réir a chéile.

Ceisteanna (*mír ar mhír*)

Mír 1   1   Cén cineál saoil a bhí ag an scéalaí sular tharla an timpiste dó?
   2   Conas a tharla an timpiste agus cén gortú a bhain dó?
   3   Cén fáth a raibh lúcháir air nuair a thosaigh sé ag siúl i dtosach?
   4   'Bhí fearg orm nár bacadh liom.' Mínigh cúis na feirge seo. Ar bhac éinne leis ar a shlí?
   5   Conas mar a mhothaigh an scéalaí nuair a bhac (a) an t-ógbhean deas agus (b) an stócach deas leis? An dtuigeann tú cén fáth ar mhothaigh sé mar sin?
   6   Cá raibh sé ag dul agus cén fáth?
   7   Mínigh i nGaeilge:

an tráth úd   an athuair
cláiríneach   mo shaol a chur díom
ach an oiread le   ar tí labhartha
coisíocht

Mír 2   1   Cén fáth go raibh ionadh ar na daoine sa bhanc?
   2   Inis cúig rud a rinne an scéalaí leis an ór nuair a chuaigh sé abhaile.
   3   An bhfuair an scéalaí dóthain airgid, dar leat? (Cuireadh an scéal i gcló i 1910) £250:1910 = ? anois. (timpeall £100,000).
   4   Cén fáth gur chuir an pictiúr ar an mballa fonn óil air?
   5   Cad tá le foghlaim sa mhír seo faoina chairde agus a lucht aitheantais?

149

6   Aimsigh nathanna / focail sa mhír a chiallaíonn –

dúirt mé   ag smaoineamh
go míchúramach   daoine a bhfuil aithne agam orthu
d'fhéach mé air
mo leiceann

Mír 3
1   Cén fáth ar imigh an t-airgead? (dhá chúis)
2   Cad iad na rudaí a chuir olc ar an scéalaí?
3   Cén fáth a raibh siad leis an scéalaí a chur i bpríosún?
4   Cé mhéad airgid a chaith an scéalaí an chéad bhliain?
5   Cad é an ceacht a mhúin ciall dó i dteach an óil?
6   Scríobh liosta de na haidiachtaí a chuireann síos ar mhothúcháin sa mhír seo. I gcás gach ceann abair cé air a raibh na mothúcháin.
Mar shampla:

meidhreach,   somheanmnach   an triúr fear sa phictiúr

7   Cuir in abairt a léiríonn brí agus ceart-úsáid gach ceann acu seo:

drochmhisneach   go neamhurchóideach
i gcónaí   míthráthúil go leor
cleachtadh ag… ar

Mír 4
1   Cén fáth a ndearna an scéalaí scrúdú coinsiasa an oíche áirithe sin, dar leat?
2   Cén cineál saoil a bhí i ndán dó, dar leis?
3   Cén fáth ar thosaigh an fear bocht ag caoineadh, dar leat? An bhfuil trua agat dó? Cén fáth?
4   Cad iad na hathruithe a chuireann sé roimhe a dhéanamh sa mhír seo?
5   Mínigh i nGaeilge:

chuireas trína chéile é   ag dul le fána na haille
mo cholainn   feasta
mo bhéasa

Mír 5
1   Conas mar a bhí saol an scéalaí difriúil san áit nua?
2   Cén fáth a raibh na daoine ina choinne, dar leis?
3   Cén fáth nach ndeachaigh sé faoin tuath?
4   'Ní raibh réiteach na ceiste úd agam'. Cén cheist? An raibh aon réiteach uirthi?
5   Ní bheadh sé in ann an teach a fhágáil, dar leis. Cén fáth?

Mír 6
1   Cén sórt daoine a bhí ag fanacht sa teach leis?
2   Cén fáth ar chuir siad fios air an lá seo?
3   Céard atá le foghlaim sa mhír faoin chineál duine ab ea an scéalaí i súile daoine eile?
4   'Ghabh mórionadh mé.' Cén fáth?
5   Bhí trua aige don duine dall / don bhacach a chuala sé taobh amuigh. Cén fáth?
6   Mínigh i nGaeilge:

íochtar an tí   chuidigh
díospóireacht   greim a mbéil
ina bhfochair   gearrbhodach
is fánach focal   achrann

Ceisteanna ginearálta

1 Cad iad na smaointe agus na mothúcháin a bhí ag an scéalaí nuair a bhí sé ar a bhealach go dtí an banc an lá sin?

2 Scríobh tuairisc a bheadh sa pháipéar nuachta ag cur síos ar an timpiste a bhain don scéalaí, ag rá chomh dona is a gortaíodh é.

3 Déan cur síos ar imeachtaí an scéil ó chuaigh an scéalaí isteach sa bhanc go dtí gur thit sé ina chodladh an oíche sin.

4 Inis conas mar a chaith an scéalaí an t-airgead agus céard atá le foghlaim faoi na daoine a chabhraigh leis an t-airgead a chaitheamh.

5 Cén eachtra ba chúis leis an 'scrúdú coinsiasa' a rinne an scéalaí oíche amháin?

6 'Athrú idir anam is corp a tháinig ar an scéalaí de bharr na timpiste.' Mínigh.

7 'go mbeadh an fuath agus an ghráin agus an díomá agus an t-olc mar chomhluadar agam feasta'.
Léirigh dhá áit sa scéal ina gcuireann an scéalaí na tréithe diúltacha seo i leith daoine eile.

8 Conas a d'athraigh saol an scéalaí nuair a chuaigh sé chun cónaí ar an taobh eile den chathair?

9 '… nuair a dúirt sé leis an bhfear a chuidigh liom síos an staighre 'é' a thabhairt isteach, ghabh mórionadh mé,…'
Inis cén 'é' a bhí i gceist agus cén fáth ar ghabh mórionadh an scéalaí ar an ócáid seo.

10 Cad é an léargas a fhaighimid sna caibidlí seo ar shaol na ndaoine i Londain ag an am.

11 'Is deacair trua a bheith againn don phríomh-charachtar sa scéal seo – tá sé báite i bhféintrua, ach chaith sé a chuid airgid go hamaideach. Is é a iompar féin is cúis lena thriobblóidí ar fad'. Do thuairim uait faoi sin.

12 Ní dócha go raibh an scéalai i dteagmháil lena mhuintir féin in Éirinn. Samhlaigh an litir a chuirfeadh sé abhaile ag cur síos ar gach ar tharla dó sna caibidlí seo.

Gluais

Mír 1

an tráth úd: an t-am sin

ní mórán achair eile a d'fhanfainn: ní fhanfainn níos faide ann, ní chaithfinn níos mó ama ann

a bhéarfadh abhaile mé: a thabharfadh abhaile mé

tubaiste: mí-ádh

ar thóir oibre: ag lorg oibre

(i mo) chláiríneach: duine le míchumas (*disability*) fisiciúil i dtreo nach féidir leis siúl i gceart

ar leathchois: ar chos amháin

an choisíocht: an siúl

an athuair: as an nua, arís

aon cheo: aon rud

go tofa: go han-mhaith

uaim féin: liom féin, gan chabhair ó éinne

faoi leatrom: faoi chois (*oppressed*)

mo shaol a chur díom: mo shaol a chaitheamh

lúth na ngéag: ábalta na géaga (lámha agus cosa) a úsáid

casta millte scólta: fágadh marcanna ar a éadan i ndiaidh na timpiste

dhearc: d'fhéach

ar tí labhartha: díreach chun caint a dhéanamh

cuthach: fearg

gráin: fuath

cosc a chur le: stop a chur le

gearrbhodach: leaid óg

fonsa: fáinne iarainn (*a hoop*)

drochbhail: drochchuma
i gcúl a ghlaice: ina láimh
fata: práta
dorrga duchroíoch: dorrga: *surly / gruff* –
　　(dubh agus croí = dúchroíoch)

Mír 2

i gcóir: réidh / ullamh
sabhran: truailliú ar an bhfocal Béarla
　　'*sovereign*', bonn óir arbh fhiú scilling
　　agus fiche é, 105p
go neamhaireach: go míchúramach
osna: a sigh
drochíde a tugadh ar mo ghrua: an dochar a
　　tharla do m'éadan (sa timpiste) …
… ag dul i ndoiléire: ní raibh aon rud soiléir
　　mar bhí an solas ag imeacht
na ballaí… ag dul ó léargas: níorbh fhéidir iad
　　a fheiceáil níos mó
scairdeas: scaip mé
ní … amach is amach: ní raibh mé iomlán
　　sásta
caiseal: carnán nó carn beag cosúil le
　　caisleán
cor dár thugas: rinne mé corraí (*movement*)
droch-mhisneach: bhí mé in ísle brí
　　(*discouraged*)
scaras…: chlúdaigh mé an t-ór leis an gcóta
gan snáithe a bhaint…: gan mo chuid éadaí a
　　bhaint díom
ag órú: ag cur dath an óir ar…
meidhir: áthas (a thagann as buidéal
　　uaireanta!)
mo lucht aitheantais: na daoine a raibh aithne
　　agam orthu
lucht fáin agus seachráin: daoine nach
　　bhfanann agus nach gcónaíonn in aon
　　áit faoi leith
comhluadar: daoine eile timpeall

Mír 3

nach raibh aon chleachtadh ar airgead: gan
　　taithí ar airgead (*not used to*)
b'fhearacht agamsa é: sin mar a bhí an scéal
　　agamsa
dhearcainn: d'fhéach mé anois is arís
go somheanmnach: in ard-ghiúmar (*cheerful*)
go haerach: go somheanmnach
gan cúnamh: gan cabhair

go dubhach doilíosach: go han-bhrónach
chuirinn orm: chuirinn mo chuid éadaí orm
ciall cheannaithe: an chiall a thagann le taithí
go lúfar éasca: gan stró, ní raibh fadhb ar bith
　　aige is é ag rith (murab ionann is an
　　scéalaí)
dá bhfaighinn an chroch air: dá márófaí mé
　　(*on the gallows!*) dá bharr
drochaigeanta: duine nach smaoiníonn ach ar
　　olc a dhéanamh
ceaptha ar dhúnmharú: ag smaoineamh ar
　　dhuine a mharú (*intent on murder*)

Mír 4

b'fheasach mé: bhí a fhios agam
ar mo mheon: ar mo dhearcadh, meon:
　　(*attitude*)
duairceas: gruaim (*gloom*)
mar chéile agam: mar chara / mar chomh-
　　luadar agam
lionn dubh: mothú brónach
mo mhodhanna maireachtála: mar a chaith mé
　　mo shaol
a thréigeadh: a fhágáil
chomhair mé: chomhraigh mé (féachaint cé
　　mhéad airgid a bhí fágtha)
ag déanamh mo bhaileabhair: ag déanamh
　　amadáin asam féin / díom féin
i mo staicín áiféise: gach duine ag gáire fúm /
　　ag magadh fúm
i gcaitheamh an achair: an t-am ar fad
go díomách agus go leamh: drochmhisneach
　　orm

Mír 5

inar chuireas fúm: ina raibh cónaí orm
a ghreim féin á ghléasadh aige: a bhia féin á
　　ullmhú aige
i láthair na cuideachta: i measc daoine eile
mé a dhíbirt: mé a chur amach
ar a n-aimhleas: mí-ádh orthu, iad i
　　gcruachás
ba chiontach leis: ba chúis leis
obair fheiliúnach: obair oiriúnach dó, a
　　mbeadh sé in ann a dhéanamh
in aon bhall: in aon áit
ráithe: trí mhí
go bhfóire tú: *may you provide*
(ó mhaidin) go faoithean: go hoíche

Mír 6
díospóireacht: caint / argóint
cosc: stop
gadaithe agus lucht na bpócaí a phiocadh:
    daoine a bhíonn ag goid airgid
gnothaí acu díom: gnó le déanamh acu liom,
    … mé ag teastáil uathu

ina bhfochair: in aice leo
achrann: argóint / troid
a leannán: a grá
mo ghléas iompairse: an chathaoir a
    d'iompair mé
i leaba a chéile: de réir a chéile, diaidh ar
    ndiaidh

(i) Prós dualgais

1 Eoghan

Siobhán Ní Shúilleabháin

Ní raibh aon réasún le daoine fásta, dar le hEoghan. An rud a déarfadh duine acu, ní hé a déarfadh an dara duine, an rud a déarfaidís anois, ní hé a déarfaidís aris. Camastaíl agus bréaga. Níorbh fhéidir iad a thuiscint. Ní raibh ach aon ní amháin le déanamh, teacht suas leis an rud a bhí uait dá n-ainneoin agus ansin, teitheadh tapa sula mbéarfaidís ort.

Agus sin é a dhein Eoghan. agus anois, bhí sé ag rith, agus ag rith, go raibh a chroí i riocht pléascadh istigh ina chliabhrach. Síos sráid amháin, trasna sráide eile, suas i gcoinne an aird anois, agus ansin go tapa isteach ar clé i gcúl-lána beag, agus d'aon léim amháin ghlan sé balla íseal seanfhothraigh a bhí ann. Bhraith sé neantóga a' loscadh is ag dó a chuid loirgne, ach choinnigh sé íslithe síos ina measc, mar sin féin. Nuair a tháinig a anáil chuige ar ais, d'éirigh sé aníos deas, socair, réidh, agus d'fhéach thar bhalla. Ní raibh aoinne ann. Ná níor airigh sé aoinne chuige. Arbh fhéidir gur thug sé na cosa leis glan uathu?

D'ísligh sé síos ar ais sna neantóga, agus d'fhéach timpeall. Fothrach seanthí a bhí ann. B'in í thall an bhinn agus ionad na tine ina lár, clocha an iarta ina n-áirse deas trasna os a chionn fós, dubh ag an súiche, fiaile agus neantóga anois nach mór chomh hard leo. Bhíodh comhluadar daoine bailithe timpeall na tine sin uair. Cá raibh siad anois? An gcuirtí amach daoine sna bailte móra leis?

D'éirigh Eoghan aníos arís. Timpeall air chonaic sé tithe beaga eile an lána, agus bhraith sé na daoine iontu ag faire air as a gcuid fuinneoga dorcha, faoi mar bheidís a rá –

'Cad na thaobh go raibh an leaid óg san ag rith? Cad a dhein sé as an slí? Cén rud é sin atá sáite suas faoin gheansaí aige?'

Is iomaí duine a bhí ansiúd istigh sna tithe beaga san, agus ar fud an bhaile mhóir ar fad, a thabharfadh a dhá súil ar an rud céanna. Ach bhí sé aige féin anois, agus féach an bhfaighidís é!

Conas nár lean aoinne é? Ní foláir nó chonaic duine éigin é á dhéanamh. Nó an amhlaidh gur aithin duine éigin é, agus gur chuadar 'on bheairic agus scéitheadh air? Ní bheadh sé furasta dó na cosa a thabhairt leis ó na píilirs. Ach pé seans a bhí aige, ní anseo istigh i mbaile mór Dhún Daghda é. Faoin tuath, i measc a mhuintire féin, níor bhaol dó. Dá gcaithfeadh sé teitheadh ón teach féin, bhí aithne agus eolas aige ar phluaiseanna sna cnoic nach dtiocfadh aon phílir go brách suas leis iontu. Ó dá mbeadh sé glan den bhaile mór aon uair amháin!

Bhraith sé an cnapán faoina gheansaí, agus ansin sháigh sé níos sia suas é, isteach go maith faoina ascaill, san áit nach dtabharfaí faoi deara é. Amach leis thar bhalla an fhothraigh, chuir a dhá lámh ina phóca, d'ardaigh suas port feadaíola agus thug faoin lána síos go breá socair, réidh, faoi mar nach mbeadh aon mhairg faoin spéir air. Ach bhí bior ar a shúile ag faire, agus bior ar a chluasa ag éisteacht, riamh is choíche gur bhain sé amach bun an lána. Thóg sé cóngar ansin trasna laistiar de na siopaí, gur tháinig sé go ceann ché Dhún Daghda. Anseo, lig sé air an-suim a bheith aige sa loing a bhí á lódáil ann, ach bhí sé ag féachaint i leith a chúil i gcónaí. Ná ní dhearna sé aon mhoill ann, ach leanúint air, deas, socair, réidh Bun Caladh siar, go dtí go raibh an ceann deiridh de thithe an bhaile mhóir fágtha ina dhaidh aige, agus as san go dtí go raibh leathmhíle slí bainte aige den bhóthar fada abhaile. Ansin go tobann, bhuail an tuirse é. Bhraith sé a bhróga rothrom dó, agus bhíodar ag luí ar a shála chomh maith, agus in ionad a chroí a bheith ag bualadh le scanradh mar a bhí cheana, istigh ina cheann a bhí an bualadh anois mar bheadh tuargáil ord ceártan. Chaith sé suí ar thaobh an bhóthair agus sos a thógáil.

D'fhéach sé timpeall. Ní raibh duine ná daonnaí in aon ghaor dó. Tharraing sé chuige amach an cnapán agus d'fhéach air. Builín beag aráin, luach pingne, sin é raibh ann. An trioblóid sin go léir mar gheall ar bhuilín beag pingine! Ba chuimhin leis nuair a thagadh lán mála de bhuilíní dá shaghas don teach ag baile, i gcomhair na Nollag abair, nó nuair a bheadh meitheal fear ag obair ar fhéar nó ar mhóin, nó ar thórramh Ghraindeá fadó. Agus lán mála de shócamais eile chomh maith. Agus crúscaí cré pórtair. Ach b'in sa tseanshaol, sular dhubhaigh an práta … sular tháinig an gorta… Ní raibh ann ach dhá bhliain, ach ag féachaint siar ba dhóigh leat go raibh céad bliain ann ón seanshaol sonasach úd. Saol eile ar fad a bhí ann anois. Ní raibh aon ní in aon chor mar an gcéanna.

Sa seanshaol, ní chuirfí é féin, Eoghan Dhiarmada Ui Shé, garsún deich mbliana, de shiúl a chos, an bóthar fada go Dún Daghda, féachaint an dtiocfadh sé suas le haon smut aráin. Sa seanshaol, ní chaithfeadh sé féin, Eoghan Dhiarmada Uí Shé, agus coróin ina phóca, gach aon siopa ar an mbaile mór a shiúl, agus an t-eiteach a fháil i ngach aon cheann acu, amhail agus dá mba déirc a bh á lorg aige. Sa seanshaol ní dhéanfadh sé féin, Eoghan Dhiarmada Uí Shé, builín pingne a ghoid, faoi mar a ghoid sé inniu.

Las Eoghan le náire arís as an rud a bhí déanta aige. Dá mbearfaí air, don phríosún a rachadh sé, siúráilte. Agus ansin, cúirt. Seán Pheadair úd a ghoid caora ó ghort an Mhinistir, chuir an chúirt as an tír ar fad é, go Bottamy Bay a dúirt siad. Agus dúirt an breitheamh, dá olcas é an gníomh a rinne sé agus caora a ghoid, gur measa fós í a ghoid ón Ministir – 'Trespass on the Holy Ground' a dúirt sé. An ndéarfadh sé an rud céanna dá mba ón sagart a ghoidfí í? Ach ansin, ní raibh aon chaora ag an sagart le goid… Is dócha go mbeifí chomh crua céanna air féin as cuid Lady Jane a ghoid. B'fhéidir nach gcuirfí thar sáile é, ach rachadh príosún air siúráilte, agus lascadh den fhuip ina theannta, b'fhéidir.

'Agus ní goid a bhí ann dáiríre,' adeir Eoghan leis féin anois, 'mar d'fhág mé a luach ina ionad.' An phingin a chaith sé isteach sa bhascaed nuair a shnap sé an t-arán as! B'fhéidir gurb í an phingin chéanna a dhaorfadh é, mhuis. B'fhéidir nach mbraithfidís an builín as an mbascaed in aon chor muna bhfeicidís an phingin. Dá mb'áil le Dia dhó gan bacadh léi – ach cén mhaith a bheith ag caint anois?

Thug Eoghan súilfhéachaint eaglach eile i dtreo an bhaile mhóir, ach ní raibh aoinne ag teacht ina dhiaidh. B'fhéidir le cúnamh Dé, go raibh na cosa beirthe leis aige. Nach ciúin a fhéach an baile mór anois agus a chuid fuinneog ag glioscarnach faoi ghrian an tráthnóna. Ach ansin, bhí an dúthaigh mórtimpeall chomh ciúin céanna, an ciúnas aisteach san a bhí i ngach aon áit le déanaí. Sa seanshaol, bhíodh gleo agus gíotam éigin ar siúl i gcónaí.

Ba chuimhin le hEoghan na turais a thugadh sé féin ar an mbaile mór cheana, in éineacht léna athair, ag díol ainmhithe ar aonach ann. Iad araon ag fágaint an tí roimh dheireadh na hoíche, a mháthair ag cur ordú ar a athair fanacht ó bhruíonta, é féin agus cíocras air go dtí an lá mór a bhí roimhe: sráideanna an bhaile mhóir lán d'ainmhithe agus de dhaoine, ba ag búireach, caoirigh ag méileach, capaill ag seitreach, fir ag béiceach, mangairí sráide ag tathant – agus de ghnáth, ag deireadh an lae, bruíon mór bataí in áit éigin go dtiocfadh na pílirs orthu. Ach inniu, bhí Dún Daghda follamh, ciúin. Cóiste Lord Charles féin, nuair a ghaibh sé an tsráid aníos, níor tháinig aoinne go dtí an doras a' féachaint air, fiú amháin.

Ach chuir Eoghan suim ann. Ag máinneáil leis tríd an tsráid a bhí sé agus gan a fhios aige cad ba cheart dó a dhéanamh, an baile mór siúlta aige trí huaire ag lorg an aráin, agus doicheall air tabhairt faoi theacht abhaile á cheal, aghaidh mhílítheach Neansaí bheag ag rith ar a radharc – agus ansin, go hobann, chuala sé chuige an cóiste, siogairlíní práis a chuid capall ag clingeadh ina chéile, tine chreasa á bhaint ag a gcuid crúite as leacacha na sráide.

D'aithin Eoghan an cóiste láitheach, bhí oiread san cloiste cheana aige mar gheall air, agus nuair a chonaic sé ag stad é os comhair siopa Ghrimlin, bhrostaigh sé suas chun go bhfaigheadh sé radharc maith air. Bheadh scéal nua éigin aige dóibh ag baile, mura raibh an t-arán féin aige.

Ansin sea chonaic sé chuige amach as an gcóiste an bhean uasal. Ó an gúna deas gorm a bhí uirthi, na bróigíní néata dubha, agus an ghruaig ina méiríní geala siar óna héadan, agus an parasól gleoite a bhí ina dorn, agus nuair a scuab sí thairis isteach sa siopa, an boladh breá musc a bhí ina diaidh. Lady Jane, bean chéile Lord Charles. Sheas Eoghan in aice an dorais ansin, agus gach re tamall aige ag féachaint uaidh isteach ar Lady Jane agus an tslí a bhí cléirigh an tsiopa ag lútáil timpeall uirthi, agus 'Yes, m'Lady' agus 'No, m'Lady' acu, agus ag féachaint uaidh amach ar an gcóiste breá faoin ornáidí práis, agus a thiománaí mustarach, agus a dhá chapall shlíoctha, dea-ghafa, dea-chothaithe.

Leis sin, tháinig Lady Jane don doras agus dúirt rud éigin as Béarla leis an tiománaí. Anuas leis sin láithreach, agus thóg dhá bhascaed as cúl an chóiste. Thosnaigh ceann de na capaill ag pramsáil go mífhoighneach.

'Tusa ansin,' adeir an tiománaí le hEoghan, 'beir ar cheann an chapaill sin nóiméad –'

Rinne Eoghan mar a ordaíodh dó. Ba é Lord Charles tiarna talún a athar.

Isteach sa siopa a thug an tiománaí an dá bhascaed, agus is gearr go raibh sé amach arís agus ceann acu á iompar aige, ach é anois clúdaithe le naipcín mór geal. Nuair a bhí sé ag gabháil thar Eoghan, fuair Eoghan boladh breá aráin nuabhácáltha. Chuaigh an boladh síos isteach i ngoile folamh Eoghain, agus chorraigh é, agus chuir fíoch feirge ag éirí láithreach ann. Conas a fuair Lady Jane arán sa siopa seo agus nach bhfaigheadh sé féin é? Nach raibh a chuid airgid féin chomh maith le airgead Lady Jane aon lá? Ní raibh aon deirfiúirín bhreoite ag baile aicisean, an raibh?

D'fhair sé an tiománaí agus cá raibh sé ag cur an bhascaeid. Chonaic sé ag dul ar ais 'on siopa é ag triall ar an mbascaed eile. Agus ansin de phreib, chaith sé uaidh an tsrian, thug seáp faoin mbascaed, shnap builín as, chaith isteach pingin ann, tharraing an naipcín ar ais air agus chuir de síos an tsráid chomh tapa agus a bhí ina chosa…

An t-Údar

Siobhán Ní Shúilleabháin (Féach 'Mise mé féin', lch 111)

Cúlra

Is í seo an chéad chaibidil d'úrscéal dár teideal *Eoghan* a foilsíodh i 1992, leabhar a bhfuil duais litríochta Oireachtais bainte amach aige. Úrscéal do dhéagóirí is ea é, a bhaineann le haimsir an Ghorta in Éirinn. 'Is iontach an léargas a fhaighimid ann ar an tréimhse chráite sin trí shúile an bhuachalla, Eoghan,' a léimid ar chlúdach an leabhair. Tá cuntas ann ar imeachtaí lae amháin i mí Iúil nuair a cuireadh Eoghan Dhiarmada Uí Shé, garsún deich mbliana, chuig Dún Daghda chun blúirín aráin a fháil dá dheirfiúirín Neansaí. Níl ach trí bliana d'aois aici siúd is í mílítheach, míshláintiúil – ar a sin a thóg Eoghan an builín – 'bheadh an t-arán bán go deas éadrom ar a goile'. Féachann Eoghan siar ar 'an seanshaol', mar a thugann sé ar an saol a bhí acu sular dhubhaigh na prátaí. Tháinig athrú ar gach duine de na daoine fásta sa teach de bharr an ghorta: 'Dhubhaigh agus chruaigh an aghaidh chneasta a athar…', 'ghéaraigh ar ghuth caoin a mháthar', 'Dhubhaigh agus bhiorraigh ar shúile ceanúla a Neain', ach roimhe sin, 'sa seanshaol bhí gach aoinne agus gach aon ní geal, sultmhar, sonasach'. Ní i dteach Eoghain amháin a tharla athrú, 'Ní gháireodh aoinne anois' a deir sé faoi mhuintir na háite. Labhair siad le chéile 'i gcogarnach scanraithe…mar gheall ar ocras, fiabhras bás.' Fad a bhí sé sa bhaile mór, chonaic Eoghan cruithneacht á lódáil isteach i long ar an gcé – á cur thar lear nuair nach raibh sé féin ábalta blúire aráin a fháil sna siopaí. Nuair a bhain sé a theach féin amach tráthnóna bhí a athair tar éis dhá mhála mine a fháil; bhí lán loinge di 'curtha chugainn ag na Turcaigh le riar ar na daoine'.

An Gorta Mór

Idir na blianta 1995 agus 1999 nó mar sin, beidh muintir na hÉireann ag féachaint siar ar imeachtaí na mblianta 1845-1849 agus ar na huafáis a bhain leo. Ceaptar gur cailleadh tuairim is milliún duine den ocras is den ghalar a lean é agus chuaigh milliún eile ar imirce chun éalú ón ngannchuid. Bhí feirmeoirí beaga ag brath an iomarca ar bharra amháin is nuair a tháinig 'an dubh' ar na prátaí ní raibh an dara foinse bia acu. Is deacair a chreidiúint go bhféadfadh a leithéid tarlú anois le dul chun cinn na teicneolaíochta is na heolaíochta: ar na saolta seo is féidir duine a chur ag siúl ar an ngealach, ach tá na mílte daoine fós ag fáil bháis den ocras i gceantracha éagsúla ar fud an domhain, go háirithe san Afraic.

Cíoradh an scéil

1 Tabhair cuntas ar na háiteanna ina raibh Eoghan ón uair a thosaigh sé ag rith go dtí gur shuigh sé ar thaobh an bhóthair chun sos a thógáil.

2 Cad iad na ceisteanna a rith leis nuair a bhí an turas seo (an turas i gceist 1) ar siúl aige: Scríobh sa cholún cuí iad.

Na ceisteanna a chuir sé air féin	Na ceisteanna a shamhlaigh sé le daoine eile faoi féin

3 Bheadh sé níos fusa éalú ó na pílirs dá mbeadh sé ina cheantar féin. Cén fáth? Cá rachadh sé?

4 Cad iad na rudaí ab éigean d'Eoghan a dhéanamh an lá sin nach ndéanfadh sé sa seanshaol?

5 Cad iad na hócáidí a luaitear nuair a bhíodh 'lán mála de bhuilíní' sa teach?

6 Déan cur síos ar na hiarrachtaí a rinne sé chun teacht ar bhuilín agus conas mar a fuair sé ceann ar deireadh.

7 Ar bhris Eoghan an seachtú haithne – 'Ná déan goid,' – dar leat? Mínigh do fhreagra.

8 Déan an seanshaol agus an saol le linn an Ghorta a chur i gcodarsnacht le chéile faoi na ceannteidil seo:

	sa seanshaol	in aimsir an Ghorta
(i) an dúthaigh féin		
(ii) daoine sa bhaile mór		
(iii) bia		
(iv) an saol i gcoitinne		
(v) a raibh le déanamh ag Eoghan		
(vi) Eoghan agus a athair sa bhaile mór		

9 Cad a bhí i ndán dóibh siúd a ciontaíodh i ngoid ag an am? Cad a bheidh i ndán d'Eoghan, dar leis féin?

10 Déan cur síos ar Chóiste Lord Charles agus ar an bpaisinéir galánta a bhí á iompar ann – Lady Jane. Cad é an chodarsnacht a fheiceann tú idir an cur síos seo agus an chuid eile den sliocht?

11 '…chorraigh é, agus chuir fíoch feirge ag éirí láithreach ann'. Céard a chorraigh Eoghan agus cén fáth ar tháinig fearg air ag an bpointe seo?

12 Céard atá le foghlaim ag an léitheoir as an sliocht seo faoin nádúr daonna?
13 Féach ar an véarsa seo ón dán 'The Famine Year' a chum Lady Wilde (c. 1820-1896) (máthair Oscar Wilde) agus abair cad iad na cosúlachtaí a fheiceann tú idir é agus an sliocht as an úrscéal *Eoghan*.

Weary men, what reap ye? – 'Golden corn for the stranger.'
What sow ye? – 'Human corpses that wait for the avenger.'
Fainting forms, hunger-stricken, what see ye in the offing?
'Stately ships to bear our food away amid the stranger's scoffing.'
There's a proud array of soldiers – what do they round your door?
'They guard our master's granaries from the thin hands of the poor.'
Pale mothers, wherefore weeping? 'Would to God that we were dead –
Our children swoon before us and we cannot give them bread!'

Gluais

lch. 156

camastaíl: mímhacántacht (*crookedness*)

dá n-ainneoin: ba chuma cad déarfaidís (*in spite of them*)

neantóga: planda glas: chuirfeadh a dhuilleog cealg (*sting*) ionat.

thug sé na cosa leis: tháinig sé slán (*he escaped*)

aoinne: aon duine

loirgne: cúl na gcos, ón nglúin go dtí an ruitín (*calves*)

an iarta: hob

súiche: soot

cad 'na thaobh?: cén fáth

féach an bhfaighidís é: ní bhfaighidís é ar ór ná ar airgead

scéitheadh air: drochscéal a insint do na póilíní ina thaobh

na pílirs: na póilíní, 'peelers'

pluaiseanna: caves

aon mhairg: aon bhuairt, aon imní

cnapán: meall, *lump*

comhghar: aicearra (*shortcut*)

tuargáil ord ceártan: torann chasúr an ghabhann agus é ag déanamh cruite capall

lch. 157

duine ná daonnaí: duine ar bith

in aon ghaor dó: gar do, in aice leis

meitheal: scata carad agus comharsan a thiocfadh le chéile chun jab mór a dhéanamh

sócamas: bia blasta

an dtiocfadh sé suas le haon smut aráin: an bhféadfadh sé blúire beag aráin a fháil in áit ar bith

coróin: cúig scilling, 25p

an t-eiteach: diúltú (*refusal*)

amhail agus: faoi mar

lascadh den fhuip: cúpla buille (*lash*) de fhuip (*whip*)

a luach: an costas a bheadh air (*the price of it*)

sa bhascaed: sa chiseán

shnap sé: thóg sé go tapaidh, gan fhios, é (*he snapped it*)

a dhaorfadh é: a chruthódh go raibh sé ciontach (*that would condemn him*)

Dá mb'áil le Dia dhó...: dá gcuirfeadh Dia d'ádh air...

bruíonta: troideanna

cíocras air: é ag súil go mór le...

mangairí: díoltóirí (*hucksters*)

ag tathant: ag áiteamh (*persuading*) ar dhaoine a gcuid earraí a cheannach

ag máinneáil: ag imeacht, gan aon aidhm roimhe aige (*strolling aimlessly/ dawdling*)

doicheall: mífhonn, leisce (*reluctance*)

á cheal: gan é (arán)

mílítheach: bán, míshaintiúil

siogairlíní práis: brass pendants

oiread san: an méid sin

lch. 158

parasól: scáth gréine

musc: cumhrán

ag lútáil: 'bowing and scraping'
mustarach: uaibhreach (*proud, arrogant*)
slíoctha: *sleek*
dea-ghafa: *well-harnessed*
dea-chothaithe: cuma an bhia mhaith orthu

ag prampsáil: *prancing*
fíoch feirge: racht feirge
seáp: *dash*
chuir de: d'imigh sé leis, as go brách leis

2 Teacht na Nollag

Breandán Ó hEithir

Teacht na Nollag ba thábhachtaí ná riamh an 'Dún Aengus' do shaol na n-oileán. Cé go raibh níos mó de ghnáthriachtanais na beatha á gcur ar fáil san áit an uair úd ná mar atá anois – go fiú snáth agus éadach – bhíomar i dtuilleamaí na Gaillimhe do chuid mhór earraí, nuachtáin, an post agus na sóláistí ar chuid riachtanach de cheiliúradh an Nollag iad.

Ach sula dtosaíodh daoine ag imní i dtaobh na haimsire a rialaigh teacht an bháid, bhíodh rudaí eile ar a n-aire. Ní raibh aon trácht in Inis Mór ar ghlantachán Earraigh. Pé cúis a bhí leis, ba sna seachtainí roimh Nollaig a dhéantaí na tithe agus a dtimpeallacht a ghlanadh agus a mhaisiú.

Nuair a chuimhním ar Nollaig m'óige anois is ar bholadh aoil is túisce a chuimhním. Nuair a thosaíodh daoine ag cur aoil úir ar na tithe, istigh agus amuigh, agus ar na claíocha ina dtimpeall, thuig tú go raibh an Nollaig buailte leat. B'ionann é agus lasadh na soilse sráide i gcathracha na linne seo, ach nár thosaigh an maisiú in Árainn go dtí tús mhí na Nollag féin. Cé go bhfuil cloch aoil chomh fairsing in Árainn agus atá glasfhearann i gContae na Mí, b'as Gaillimh freisin a tháinig an t-aol. An chúis a bhí leis seo ná nach raibh móin ar bith sna hoileáin ná crainn ar bith ach oiread, cé is moite de choill bheag amháin a bhí timpeall an tí inar chónaigh an ministéir Protastúnach i gCill Rónáin tráth. Isteach as Conamara i mbáid seoil a thagadh an mhóin agus bhí sí i bhfad róchostasach le go ndófaí aol léi.

Níor mhór a bheith cúramach ag cur aoil. D'éiríodh sé fiuchta te nuair a chuirtí uisce air agus an braon is lú a rachadh faoi do shúil ba gheall le sampla é de na tinte síoraí a bhí in Ifreann, ar a mbíodh an sagart ag trácht i dteach an phobail. Ach ba é bua mhór an aoil go raibh an boladh a bhí air chomh húr lena chosúlacht. Ní hé amháin gur fhéach na tithe chomh glan le criostal, go háirithe na tithe ar a raibh tuí an fhómhair fós órga, ach bhí a gcumhracht le brath ar an aer ina ngaobhar.

Caitheadh cúram ar leith leis na cosáin ó gheata go doras agus timpeall na dtithe. Thugtaí gaineamh geal, gairbhéal gorm nó mulláin bheaga duirlinge, ó chladach agus ó thrá, agus chóirítí na cosáin seo go néata. Bhí trá bheag amháin, gar do Thobar Choilm Cille i gCill Éinne, a raibh an gaineamh a bhí ann crónbhuí, gar i gcosúlacht le siúcra donn, agus boladh láidir air. Dhéanadh sé seo togha cosáin mar chruadh sé ar nós suiminte le himeacht aimsire agus de bharr greadadh cos. Ach bhí an trá seo beagán rófhada as láthair ach amháin i gcás na mbailte ba ghaire di.

I gcarranna capaill agus asail, nó i gcléibh crochta ar gach taobh de shrathar, a d'iompraítí gach uile rud ar an oileán go dtí gur tugadh isteach tarracóirí agus leoraithe ó dheireadh na gcaogaidí i leith. Rinneadar seo an saol níos éasca do dhaoine, mar a rinne an tarra a cuireadh ar na bóithre taca an ama chéanna. Roimhe sin ghearradh rothaí na gcarranna capaill, a tharraingíodh ualaí troma uaireanta, sclaigeanna doimhne sna bóithre boga agus chaitheadh rothaithe a bheith cúramach gan rith isteach i gceann acu san oíche nó bheidís i gcontúirt tuairteáil sa láib agus sna clocha scaoilte.

Ba í cé Chill Rónáin an áit ba ghnóthaí in Inis Mór, lá báid, agus ba ghnóthaí arís í sna seachtainí díreach roimh Nollaig. Chruinníodh slua mór leis an mbád a fheiceáil ag teacht le balla. Bhíodh gnó ag cuid acu ann, ach fiosracht a thug daoine eile ann, rud a chuireadh isteach go mór ar an bhfear a bhí i gceannas na cé. Nuair a thagadh na paisinéirí i dtír agus nuair a bhíodh na málaí litreacha tugtha chuig teach an phoist, thosaíodh seisean ag rith thart agus liosta an lasta ina lámh, ag fógairt ar dhaoine fanacht as a bhealach.

Béarla is mó a labhraíodh sé, ní hamháin mar gur mheas sé gurbh fhearr a d'fheil an teanga sin do thábhacht a phoist ach de bhrí nach raibh aige ach droch-Ghaeilge. Bhaineadh daoine an-spraoi as an gcaoi a mbíodh sé ag sodar agus ag síorchaint, ag iarraidh súil a choinneáil ar na hearraí a chrochtaí aníos as bolg an bháid ar chrann tógála torannach gaile.

'Get out o' me way,' a deireadh sé go feargach. 'Have ye nothing better to do than to be down here speckin'?'

Níor thuig an fear bocht gurbh é féin agus an taispeántas a thugadh sé a choinníodh go leor den slua ar an gcé. Ar fhaitíos go suaimhneodh sé ba ghnách le daoine mioscaiseacha ceisteanna amaideacha a chur air, nó bosca le duine éigin eile a chrochadh leo suas an ché sa gcaoi is go mbeadh ar an ngíománach iad a leanúint go feargach.

Ba é Teach an Phoist an dara láthair cruinnithe lá báid. Beirt fhear poist a bhí againn. Rinne duine díobh freastal ar Chill Rónáin agus ar Chill Éinne agus Iaráirne taobh thoir de. D'fhreastail an fear eile ar an aon bhaile dhéag a bhí ar fhad na seacht míle bóthair idir Cill Rónáin agus Bun Gabhla. Ach sula dtugaidís cuairt na mbailte, ba é an nós a bhí ann na litreacha a ghlaoch amach os ard ag an gclaí taobh amuigh de Theach an Phoist.

Chruinníodh muintir an chinn thoir den oileán timpeall a bhfir poist féin agus dhéanadh muintir an chinn thiar amhlaidh, tamall suas uaidh. Teacht na Nollag b'fhairsinge a bhíodh litreacha ó Mheiriceá. Níor dhream mór scríofa litreacha imircigh na linne sin, go háirithe na fir, ach ba bheag duine nach scríobhfadh faoi Nollaig; mura mbeadh ann ach nóta gearr i dteannta an airgid a sheoltaí i gcónaí an tráth sin bliana.

An duine corr nach bhfuair aon litir faoi Nollaig bhí údar imní aige in áit údar gairdeachais, don fhéile. Ní hé go dtugadh daoine beaga rudaí mar sin faoi deara. Bhíodh i bhfad an iomarca airde acu ar a gcúrsaí tábhachtacha féin. Ach uaireanta chloisidís daoine móra ag déanamh trua dóibh siúd a bhí brónach faoi Nollaig.

Nuair a bhídís críochnaithe i dTeach an Phoist phlódaíodh na mná go léir, agus cuid de na fir, isteach sna siopaí. De bharr ghiorrú an lae thiteadh an oíche thar a bheith luath agus bhíodh deifir abhaile ar dhaoine, chun beithígh a bhleán agus suipéar a réiteach do pháistí. Thugtaí na hearraí aníos ón gcé faoi luas agus ansin theastaíodh gach uile rud ó gach uile dhuine lom láithreach. Aisteach go leor ní bhíodh gleo ar bith sna siopaí ach amháin nuair a thagadh fear go mbeadh cúpla deoch ólta aige isteach ag cuartú tobac faoi dheifir.

Dhéanadh na mná, ar dhá thaobh an chuntair, a gcuid gnó amhail agus dá mba ag éisteacht faoistine a bhídís. Mheasfá gur faoi rún a bhí na hearraí á n-ordú, cé go rabhadar á gcarnadh ar an gcuntar os comhair a raibh ann. Go fiú nuair a bhí airde an chuntair sroichte agam bhí an ghráin agam dul ar theachtaireacht chuig na siopaí an tráth sin den tráthnóna, an tráth sin bliana. B'fhéidir gurb é sin an fáth gur furasta dom anois an tsoncáil a d'fhaighinn a thabhairt chun cuimhne, gan trácht ar bholadh na seálta báite as a raibh gal ag éirí sa teas, measctha ar bholadh aráin úir agus ola an lampa a bhí crochta as lár na síleála os ár gcionn.

B'fhearr liom féin a bheith sa mbaile ag an tine ag léamh na bpáipéirí nuachta, de réir mar a bhíodh m'athair réidh leo. Nuair a sheoladh an bád go rialta d'fhaigheadh muid páipéirí an tSathairn, an Luain agus na Máirte, ar an gCéadaoin agus páipéirí na Céadaoine, na Déardaoine agus na hAoine ar an Satharn. Nuair a chailleadh sí lá nó dhó nó trí, rud nárbh annamh sa ngeimhreadh, mhéadaíodh an baisc páipéirí dá réir. Ó m'athair a fuair mé mo dhúil i léamh páipéirí, mar chreid mo mháthair nach raibh iontu ach cur amú ama agus bealach éalaithe ó obair fhóintiúil. Bhíos in ann léamh sula ndeachaigh mé ar scoil agus measaim gur d'fhonn a bheith in ann páipéirí a léamh a rinne mé an iarracht, le cabhair mo thuismitheoirí.

Ba de bharr a bheith ag léamh páipéirí a fuaireas amach nach raibh Deaide na Nollag ann. Bhíos thar a bheith fiosrach chomh fada siar agus a théann mo chuimhne. Rud ar bith nach raibh faoi ghlas agus an eochair faoi choinneáil, ní raibh sé saor ó m'fhiosracht. De bharr nach raibh aon ghasúr de m'aois féin i mo ghaobhar, bhínn ar mo chomhairle féin. Bhí rudaí seachas mise agus mo shíorcheistiúchán ar aire na gcailíní agus ba mhinic a dhíbrídís amach as a mbealach mé. Ba le linn dom a bheith ag cartadh amuigh i stór a bhí in aice an tí a tháinig mé ar bheartán suimiúil, tamall gearr roimh an Nollaig. Bhí sé suimiúil mar gur léir dom go raibh sé curtha i bhfolach go cúramach. D'oscail mise chomh cúramach céanna é agus céard a bheadh ann ach cuid de na rudaí a bhí iarrtha agam ar Dheaide na Nollag. Sa bhfógra mór lán-leathanaigh a bhíodh ag siopa Clery's i 'Scéala Éireann' an uair úd, a chonaic mé na bréagáin. Thuig mé gach uile rud d'aon iarraidh amháin. Dhún an beartán go cúramach. Chuir i bhfolach in athuair é agus choinnigh mo rún agam féin go ceann trí bliana. Ar shlí éigin thuigeas gurbh é mo leas an t-eolas tábhachtach seo a choinneáil agam féin. B'fhéidir go gcoinneoinn mar sin ar feadh achair ab fhaide é murach an fonn a thagadh orm mo shinsearacht a chur ar a súile do mo dheirfiúr Máirín.

Bhí mise ceithre bliana d'aois nuair a rugadh Máirín agus is cuimhin liom go maith an gliondar a bhí orm ag dul síos ar an gcé roimpi féin agus mo mháthair, nuair a thángadar as Gaillimh. Níorbh fhada a mhair an gliondar. Aird dá laghad ní raibh ag m'aintín ná ag mo chol ceathracha orm. Bhíodar go léir cruinnithe timpeall na feithide seo a bhí ag scréachaíl sa gcliabhán. Níor laghdaigh a spéis inti ach oiread, b'fhacthas dom, mar in áit dul ag déanamh spraoi liom mar a dhéanaidís roimhe sin nuair a thagaidís ar cuairt, thógaidís Máirín as an gcliabhán agus thosaídís á peataireacht. Is furasta dom a thuiscint anois gur mise an peata, go rabhas chomh millte agus a bhí aon leanbh aonair de m'aois. Níor thuigeas san am ach go raibh mo shaol curtha as a riocht ag an éinín cantalach seo a bhí tagtha isteach i mo nead agus a d'éiligh aird de shíor. Fiú nuair a bhí sí ina codladh bhítí ag ordú dom fanacht socair agus gan a bheith ag déanamh gleo ar fhaitíos go ndúiseoinn í.

An t-údar

In Inis Mór, Árainn, a rugadh Breandán Ó hEithir sa bhlain 1930. Fuair sé a chuid bunscolaíochta i gCill Rónáin agus b'éigean dó dul go cathair na Gaillimhe chun meánscolaíocht a fháil i gColáiste Éinde. Chaith sé trí bliana ina dhiaidh sin in Ollscoil na Gaillimhe. B'as Co. an Chláir dá athair agus b'as Gort na gCapall, Inis Mór, dá mháthair, deirfiúr leis an scríbhneoir Liam Ó Flaithearta. Tá an méid seo le rá aige sa leabhar *An Nollaig Thiar* 'Dá mba fúm féin a d'fhágfaí roghnú mo thuismitheoiri, ní móide gur beirt mhúinteoirí a roghnóinn. Rud amháin múinteoirí a bheith agat ar scoil: rud eile ar fad iad a bheith agat sa mbaile freisin.' D'oibirgh Breandán mar eagarthóir ar leabhair agus ar irisí Gaeilge. Bhí sé ina thuairisceoir le *The Irish Times* agus bhíodh colúin aige go rialta sa pháipéar sin. Bhí aithne go forleathan air mar chraoltóir raidió agus teilifíse agus mar scríbhneoir ar scannáin. Bhain sé go leor duaiseanna amach dá chuid scríbhneoireachta. I 1989 a foilsíodh an leabhar *An Nollaig Thiar*, as ar tógadh an sliocht seo, 'Teacht na Nollag'. Cailleadh Breandán Ó hEithir go tobann i 1989.

Cúlra

In alt a scríobh sé i bhfad sular foilsíodh *An Nollaig Thiar*, déanann Breandán Ó hEithir tagairt don turas abhaile go hÁrainn faoi chóir na Nollag agus é ina dhalta meánscoile. San alt 'An Nollaig Thiar agus an Nollaig Thoir' deir sé 'Le fada anois is Baile Átha Cliathach mé de réir ceann de na sainmhínithe, mar go mbainim leis an dtreibh nach dtéann 'abhaile' faoi chóir na Nollag. Ach ar feadh tréimhse 20 bliain, ó bhliain dheiridh an chogaidh, bhínn ar dhuganna na Gaillimhe go moch gach maidin oíche Nollag ag dul ar bord an *Dún Aengus* agus ina dhaidh sin an *Naomh Éanna*. Ba é an turas seo suas abhaile, timpeall an dá oileán eile de ghnáth, an chuid ab fhearr den Nollaig nuair a tháinig tú san aois go raibh glacadh leat 'sna fir,' mar a deireadh muid.

An chéad dá Nollaig dar thugas an turas abhaile bhí faitíos orm titim i mo chodladh ar chor ar bith an oíche roimh ré ar fhaitíos go gcaillfinn an bád. Ba é seo an anachain ba mhó dá bhféadfadh tarlú agus bhí sé ina bhuanúdar tromluí ag Árainneachaí beaga i meánscoileanna na hÉireann ó Shamhain go Nollaig. Mar dá gcaillfeá an bád sna blianta úd bhí tú féin caillte dáirire. Ach bhí a shliocht orainn. Bhíodh muid ansin ar an dug fuar, dorcha i bhfad roimh am seolta an bháid agus cásanna troma ag sileadh linn, ar bís go dtosaíodh an chuid dheiridh den turas ríméadach abhaile. Bhí dáimh faoi leith againn, nach gcastaí ar a chéile ach ag dhá cheann gach téarma ar muir, lena chéile. Inniu féin tig liom mórán gach uile dhuine den slua sin a thabhairt chun cuimhne gan mórán stró.

Is éard atá sa chaibidil seo 'Teacht na Nollag' ná cur síos ar laethanta a óige – laethanta b'fhéidir nuair a bhí sé fós in aois bunscoile nuair nach raibh a thuras báid féin abhaile i gceist go fóill. Tuigimid tábhacht an bháid do mhuintir an oileáin: i gcaibidil eile sa leabhar deir an t-údar 'B'as Gaillimh a sheol an bád ba thábhachtaí inár saol, an *Dún Aengus*,' agus arís 'Ba í … a choinnigh riachtanais na beatha le pobal trí oileán Árainn … ó 1912 go 1957.' Ní hamháin go mbíodh daoine ag súil le litir, le nuachtán nó le hearraí, ach bhí dúil acu freisin sa nuacht a bhain le lá báid. Teacht na Nollag, ar ndóigh, bhí an *Dún Aengus* níos tábhachtaí ná riamh do shaol na n-oileán.

Cíoradh an scéil

1   Tá go leor de na briathra sa sliocht seo san Aimsir Ghnáthchaite, toisc go bhfuil cur síos i gceist ar rudaí a **bhíodh** ar siúl go rialta, seachas rudaí a **bhí** ar siúl uair amháin. Tá na briathra sa liosta thíos san Aimsir Ghnáthchaite sa sliocht: ord an liosta atá ar na briathra sin sa sliocht. Scríobh gach briathar díobh san A. Ghnáthchaite, mar atá siad sa téacs.

Tosaigh: sula dtosaíodh	*Iompar*	*Abair*
Tar: thagadh	*Gearr*	*Coinnigh*
Éirigh	*Tarraing*	*Seol*
Bí	*Caith*	*Clois*
Tabhair	*Cruinnigh*	*Teastaigh*
Déan	*Labhair*	*Faigh*
Cruaigh	*Bain*	*Caill*

2   Céard atá le foghlaim sa sliocht faoi shaol an oileáin? Scríobh cuntas air faoi na ceannteidil seo:
  (i)   Gnáthriachtanais na beatha (éadaí, bia srl)
  (ii)   Cúrsaí iompair ar an oileán agus staid na mbóithre
  (iii)   Ábhar tine san oileán
  (iv)   Cúrsaí pósta
  (v)   Cúrsaí imirce

3   'Nuair a chuimhním ar Nollaig m'óige anois is ar bholadh aoil is túisce a chuimhním.' Léigh an dá véarsa seo as dán a chum Árannach eile, Máirtín Ó Direáin, agus déan comparáid idir é agus a bhfuil le rá ag an údar sa sliocht ó thaobh ullmhúcháin don Nollaig de. Cé acu is fearr leat mar chur síos, an dán nó an giota próis?

Cuimhní Nollag

Is cuimhin liomsa Nollaigí
Nach bhfillfidh ar ais choíche,
Nuair a bhínn ag tarraingt gainimh
Is mulláin bheaga chladaigh
Is á scaradh os comhair an tí.

Is cuimhin liom an t-eidheann
Is an cuileann lena thaobh
Thuas ar bhallaí geala
Is boladh cumhra an aoil.

4   Céard é an radharc a bhíodh le feiceáil lá báid ar ché Chill Rónáin díreach roimh Nollaig? Freagair an cheist san Aimsir Ghnáthchaite le cabhair na mbriathra i do liosta ó Ceist 1. Cén cineál duine ab ea an té a bhí i gceannas ar an gcé?

5   Cá ndeachaigh muintir an oileáin tar éis dóibh an cé a fhágáil lá báid?

6   'Ní hé go dtugadh daoine beaga rudaí mar sin faoi deara.' Céard iad na rudaí nár thug páistí óga leithéidí an údair faoi deara?

7   Céard é an rud deireanach a rinne mná an oileáin sula ndeachaigh siad abhaile lá báid? Cén fáth a mbíodh deifir abhaile orthu laethanta mar seo roimh Nollaig?

8   Cad a thug an t-údar faoi deara sna siopaí is é ina leaidín óg? Déan tagairt (i) d'iompar na mban, (ii) don atmasféar agus don bholadh sna siopaí.

9   'Ba de bharr a bheith ag léamh páipéirí a fuaireas amach nach raibh Deaide na Nollag ann.' Inis conas mar a fuair an t-údar seo amach agus cén bhaint a bhí ag na páipéirí nuachta leis an scéal.

10   Cén bhuntáiste a bhain le bheith i dteach ina raibh beirt mhúinteoirí, ó thaobh léinn de?

11   'Níor thuigeas san am ach go raibh mo shaol curtha as a riocht ag an éinín cantalach seo a bhí tagtha isteach i mo nead agus a d'éiligh aird de shíor.' Cérbh í an t-éinín cantalach agus inis conas mar a bhí saol an údair óig 'curtha as a riocht' aici?

12   Cad í an fhianaise atá sa sliocht go bhfuil an t-údar ag cur síos ar thréimhse in Árainn sna blianta roimh an Dara Cogadh Domhanda agus lena linn? An dóigh leat go mbainfeadh daoine óga an lae inniu taitneamh as an gcur síos? An bhfuil aon chúis ann nach mbainfeá taitneamh as a leithéid de chuntas?

13   Cuir agallamh ar sheanduine a bhfuil aithne agat uirthi / air faoin gcineál ullmhúcháin a bhí i gceist don Nollaig nuair a bhí sí / sé óg.

Gluais

lch 162

gnáthriachtanais na beatha: na rudaí a bhí ag teastáil ó gach aon duine ó lá go lá – bia, éadaí, srl

i dtuilleamaí na Gaillimhe: ag brath ar rudaí a thabharfaí ón nGaillimh

sólaistí: bia agus deoch nach mbeadh ag daoine ach ar ócáidí móra amháin

bhíodh rudaí eile ar a n-aire: bhíodh orthu cúram a dhéanamh de rudaí eile

boladh aoil: the smell of lime (whitewash)

cloch aoil: limestone

glasfhearann: talamh féarach

cé is moite de: taobh amuigh de, ach amháin

bua: buntáiste

cumhracht: boladh taitneamhach, *fresh smell*

ina ngaobhar: in aice leo

gairbhéal: gravel

mulláin duirlinge: clocha beaga a gheofá cois cladaigh

togha cosáin: cosán den scoth

cléibh: ciseáin a bhíodh ceangailte ar gach taobh den srathar ar asal. Is minic a d'fheicfeá cliabh lán móna i bpictiúir den seansaol (*pannier*)

taca an ama chéanna: timpeall an ama chéanna

sclaigeanna: *tracks, furrows*

tuairteáil: titim go trom

sa láib: san ithir fhliuch (*mud*)

i gceannas na cé: i mbun na cé, fear a raibh cúram na cé air

lasta: na rudaí a bhí ar iompar sa bhád, *cargo*

lch. 163

gurbh fhearr a d'fhéil an teanga sin…: go raibh an teanga sin níos oiriúnaí

na hearraí a chrochtaí aníos: na hearraí a d'ardaítí aníos

crann tógála: (*crane*)

torannach: a dhéanadh fothram mór

speckin': ag féachaint ar rudaí nach mbaineann libh

ar fhaitíos go suaimhneodh sé: ar eagla go stopfadh sé den síorchaint agus den fhuadar

daoine mioscaiseacha: mischief-makers

a chrochadh leo: a thabhairt leo

gíománach: fear gan béasaí

láthair: ionad / áit

b'fhairsinge a bhíodh litreacha: bhíodh litreacha níos flúirsí / bhíodh níos mó litreacha ag teacht

imircigh: daoine ón áit a bhí ag obair agus ina gcónaí thar sáile

duine corr: fodhuine, duine anseo is ansiúd

údar gairdeachais: cúis áthais

daoine beaga: leanaí

faoi Nollaig: um Nollaig

phlódaíodh siad: théadh siad ina sluaite

beithígh a bhleán: ba a chrú

faoi luas: go tapaidh

lom láithreach: ar an toirt, *immediately*

gleo: rí-rá, torann

ag cuartú: ag lorg

amhail agus…: faoi mar…

mheasfá: cheapfá

á gcarnadh: á gcruinniú

an tsoncáil: an léasadh, an chleataráil (*thumping*)

báite: fliuch

gal: *steam*

rud nárbh annamh: rud a tharlaíodh go minic

baisc: carn

bealach éalaithe ó obair fhóintiúil: slí chun obair arbh fhiú í a dhéanamh a sheachaint

an eochair faoi choinneáil: an eochair curtha i dtaisce, as radharc

bhínn ar mo comhairle féin: bhí cead agam mo rogha rud a dhéanamh (…*left to my own devices*

lch. 164

ag cartadh: ag póirseáil, *rummaging*

…gurbh é mo leas: go rachadh sé chun tairbhe dom, gurbh é an rud ab fhearr dom a dhéanamh (*that it would be to my advantage*)

mo shinsearacht a chur ar a súile…: a thaispeáint do… go raibh mise níos sine (agus níos eolgaisí)

gliondar: ardáthas / ríméad

timpeall na feidhide seo: timpeall an ruidín bhig seo / timpeall an bháibín seo

b'fhacthas dom: de réir mar a chonaic mise, samhlaíodh dom

go raibh mo shaol curtha as a riocht ag…: go raibh … tar éis cur isteach ar mo shaol

éinín cantalach: báibín crosta

ag déanamh gleo: ag déanamh torainn

3 Mise, 'Fuaidire'

'Bhuail mé le bacach
ar maidin.
Ní raibh ann ach giobail
agus boladh.
Ní raibh uaidh ach réal
nó dhá cheann, dá mb'fhéidir.

Chuardaigh mé an sparán
ach ní raibh
ann ach damháin alla.
Ní raibh ciarsúr féin
i mo phóca
a thabharfainn dó mar fhéirín.

Thosaigh mo duine
ag gáire
agus rug greim ar mo láimh.
Ní raibh ag ceachtar
againn ach an gáire –
níor bhoicht i de sinn an dáil.'

Seán Ó Leocháin, *An Dara Cloch*
Déardaoin, 17-6-1982

Níor bhearras mé féin le seachtain roimhe sin ná níor chíoras mo chuid gruaige le trí nó ceithre lá. Shalaíos mo lámha le súiche agus chuireas beagán de ar m'aghaidh leis sular fhág mé an baile. Sean-bhróga donna le hiallacha dubha, anorak dúghorm á gcaitheamh agam, scairf timpeall mo bhéil ionas nach n-aithneodh éinne mé, hata olla ar mo cheann agus go leor ribí gruaige ag gobadh amach d'aon ghnó faoin hata.

Mé mantach mar bhí na fiacla bréige tógtha amach agam. Mála bán plaisteach i mo bhaclainn chun cur leis an gcuma aisteach a bhí orm.

Nuair a bhíos ag imeacht ón teach dúirt m'iníon go raibh cuma ghránna orm agus go rabhas ag féachaint díreach cosúil 'le bacach ar bith'.

10.30pm. Thosaíos ag siúl ó Shráid Liosáin go dtí Faiche Stiofáin. Chuimhníos tar éis cúpla coiscéim gur cheart dom bheith ag tarraingt na gcos. Chuireas mo cheann fúm agus thosaíos ag scuabáil liom i dtreo na Faiche.

Níor chuir éinne isteach ná amach orm. Dar ndóigh, níor chuireas féin isteach ar éinne ach an oiread. Díreach nuair a shroiseas an Fhaiche, chuaigh cailín amháin go dtí an taobh eile den chosán.

10.45pm. Bhí m'uaireadóir fágtha sa bhaile agam mar ní fhaca mé riamh uaireadóir ar fhuaidire. Mar sin ní féidir liom bheith cinnte faoi chruinneas an ama sa chuntas seo.

Shuíos ar cheann de na suíocháin fhada ar an taobh ó thuaidh den Fhaiche. Thoghas an áit áirithe sin mar chonaiceas fuaidirí ann go minic (go deimhin, chodlaíodh fuaidire amháin i bpóirse an tsiopa trasna an bhóthair uaim) agus dá bharr sin cheapas go bhfeicfinn an saol mór díreach mar a chíonn siad sin é.

Cheana féin mhothaíos ceangal nó teannas éigin ar mo chliabhrach ó bheith ag iarraidh mo cheann a choimeád ar m'ucht. Bhí sé chomh deacair céanna siúl go mall. Ar an mbealach ó Shráid Liosáin go dtí an suíochán ar a rabhas i mo shuí, bhí fonn orm féachaint timpeall orm agus siúl go bríomhar. Caithfidh go bhfuil an t-éadóchas go trom ar na fuaidirí a shiúlann go mall timpeall na cathrach agus ceann faoi orthu.

11.00pm. Tháinig fonn millteanach orm glaoch abhaile ar an teileafón. Ní bheadh siad imithe a chodladh fós. D'fhéadfainn labhairt leo ar feadh nóiméid nó dhó … b'fhéidir go ndéarfadh mo bhean chéile go raibh sí uaigneach agus go mbaileodh sí mé sa charr! Tháinig na leithscéalta le glaoch abhaile chugam gan dua… mo dhualgaisí mar athair agus mar sin de. An nóiméad sin b'fhearr liom bheith aon áit eile ar domhan seachas ar an suíochán damanta sin.

Bhí an t-uaigneas agus an chrith-eagla ag iarradh an lámh in uachtar a fháil orm. Dheineadar cúpla iarracht eile i rith na hoíche teacht aniar aduaidh orm.

11.15pm. Go leor leor daoine ar dhá thaobh an bhóthair anois. Cuid acu ag teacht ón óstán síos an bóthar uaim; isteach leo sna gluaisteáin atá páirceáilte in aice liom agus abhaile leo. Tá radharc níos fearr orm anois ag an nGarda atá trasna an bhóthair. Stánann sé orm ar feadh tamaillín ach ní bhacann sé liom.

An oíche an-mheirbh ar fad. A lán daoine óga ag teacht ó na scannáin agus ó na tábhairní, iad scléipeach go maith.

Mo chroí ag bualadh go tapaidh. Cúpla uair b'éigean dom anáil dhomhain a tharraingt chun mé féin a shocrú.

11.40pm. Na busanna deireanacha ag dul go dtí an garáiste. Fós te is meirbh. Gach rud ag dul chun ciúnais. Beagnach ag titim i mo chodladh … Phreabas i mo dhúiseacht de gheit. Bhí ógfhear tar éis tarraingt ar mo hata le clabhta.

'Well, you ol' divil you…,' ar seisean is sheas os mo chomhair.

Timpeall fiche bliain d'aois, geansaí is bríste néata, gruaig ghearr, croiméal. Sheas sé ansin ag gáirí fum.

'Yah, yah, yah, yah,' ar seisean agus é ag geáitsíocht amhail is dá mbeadh sé ag seinm ar ghiotar.

'Up Rangers,' de bhéic mhór agus d'imigh sé leis.

Tá sé deacair cur síos ar na smaointe a bhí i mo cheann. Cheapas nach dtarlaíonn eachtraí mar sin in aon chor anois agus go nglacann gach éinne leis gur ceart bheith báúil le daoine laga. Bhí dul amú orm de réir dealraimh.

Tháinig an smaoineamh chugam roimh an eachtra sin agus cinnte bhí sé agam tar éis na heachtra go bhfuil sé furasta go leor na fuaidirí a sheachnaíonn an gnáthphobal agus a imíonn leo féin chun maireachtála mar shórt díthreabhaigh, a thuiscint.

Bhí fuath ionam don ógfhear sin agus ar feadh soicind nó dhó bhí fonn orm é a bhatráil is a chiceáil. Ach is éard a rinne mé beagnach i ngan fhios dom féin – agus gan ach uair an chloig caite agam ar na sráideanna – ná an rud is dual don fhuaidire. D'ísligh mé mo cheann.

12.00pm. Bhí sé in am soip. Shiúlas liom go mall, Sráid an Rí Theas, Sráid Stiofáin … ag baint triail as doirsí na ngluaisteán féachaint an dtiocfainn ar cheann a bhféadfainn an oíche a chaitheamh ann. Bhíodar uile faoi ghlas.

Chonaiceas ag teacht i mo choinne Cockney, fuaidire a rugadh i Londain mar is léir óna leasainm agus a chónaíodh anois sa teach fothana le Clann Síomóin. Chaith sé an dara cogadh domhanda ag obair i gceann de na longa trádála a théadh ó Éirinn go Sasana agus ar ais arís. Ba obair chontúirteach í sin. Is minic a fhágann Cockney an teach fothana i lár na hoíche agus ní fhéadfadh aon rud é a stopadh nuair a bheadh a aigne déanta suas aige. Fágann sé an teach leis nuair a bhíonn aon saghas raice ar siúl.

169

Seo é anois ag baint triail as na gluaisteáin ar an taobh eile den bhóthar ach saothar in aisce a bhí ann dúinn beirt!

Bhuail an smaoineamh mé go mba mhaith an rud é Cockney a leanúint mar bhí seantaithí aige ar an oíche a chaitheamh faoin spéir. Oíche amháin ar chuairt an anraith thángamar air ina chodladh i bpóirse siopa ar thaobh na fothana de Shráid Grafton – sé orlach de chairtchlár faoi agus é chomh te is dá mbeadh sé i leaba. Trasna na sráide uaidh an oíche sin bhí fuaidire eile – duine gan taithí, de réir cosúlachta – mar bhí an ghaoth ag séideadh timpeall air, ní raibh ach cúpla nuachtán faoi agus bhí sé préachta.

00.30am. Gach áit an-chiúin anois agus mé ag siúl thar Ard-Eaglais Naomh Pádraig, suas Sráid Pádraig, New Street, Sráid Clanbrassil agus mé fós ag baint triail as na gluaisteáin a bhí páirceáilte ar na cúlsráideanna. Bhíodar uile faoi ghlas.

Ag an am seo den oíche ní bhfaigheadh duine cead isteach ach don teach fothana le Clann Síomóin agus don Iveagh Hostel. Ní fhéadfainn dul chuig ceachtar den dán áit mar d'aithneodh an iomarca fuaidirí mé.

00.45am. Leathbhealach síos an Cuarbhóthar Theas bhuaileas le buachaill is cailín sna déaga ar a mbealach abhaile. Iad meidhreach go maith agus an sórt iomrascála ar siúl acu a bhíonn ar siúl go minic ag lucht suirí ag an aois sin.

Nuair a bhíos ag dul tharstu, bheadh mo hata sciobtha léi ag an gcailín murach gur stop an buachaill í. Arís tá sé dodhéanta mo mhothúcháin a chur ar phár. Ní deas an rud é bheith i mo ábhar spóirt, i mo cheap magaidh ag éinne. Bhí an cathú ann a rá le lucht an mhagaidh 'Ní fuadaire mise…tá mise cosúil libhse.'

1.00 am. Bhíos caite amach faoi seo. Chuimhníos ar sheanghluaisteán ar thángas air oíche amháin ar an 'soup run'. Bhrostaíos ar aghaidh.

Tá mórán blocanna oifige ar Bhóthar Adelaide. Tá ionad páirceála dá chuid féin ag gach ceann acu. I gceann de na hionaid sin bhí an gluaisteán ina bhfaighinn leaba na hoíche. Isteach liom sa chúl-suíochán. Chuireas mo mhála plaisteach faoi mo cheann agus luíos siar ag féachaint suas ar thaobhanna na mblocanna oifige a bhí ar dhá thaobh díom. Ní raibh fuinneog ar bith fágtha sa ghluaisteán ach ba chuma sin, bhí an oíche te fós. Ach níorbh aon 'skipper' é seo le haghaidh an gheimhridh!

Smaoiníos ar na rudaí a d'fhéadfainn a dhéanamh roimh dhul a chodladh sa bhaile. Cupán tae a ól, féachaint ar an teilifís, buidéal beorach ón oighreadán a ól, éisteacht leis an raidió, mo fhiacla a ní, iallacha mo bhróg a scaoileadh fhad is a bheinn ag tabhairt stracfhéachaint ar pháipéar na maidne … rudaí beaga deasa.

Thosaíos ag smaoineamh ar cad a tharlódh dá bhfaighinn bás go tobann. Níor thaitin an smaoineamh liom ach an oiread go bhféadfadh strainséirí bheith ag féachaint orm fhad is a bheinn i mo chodladh sa charr seo.

Tharraingíos anáil dhomhain eile agus ansin d'ainneoin na smaointe úd, baineadh geit bheag iontais agam gur mhothaíos socair sábháilte anseo i bhfad ó dhaoine.

Dhúisigh mé cúpla uair i rith na hoíche. Bhí an suíocháin compordach ach ní raibh sé fada go leor le go bhféadfainn mo chosa a shíneadh amach romham. Tháinig an gluaisteán céanna isteach san ionad páirceála dhá uair laistigh de fhiche nóiméad, stop ar feadh soicind nó dhó agus amach leis arís. Rinne an gluaisteán sin beagán neirbhíseach mé.

6.00am. Dhúisigh fear an bhainne mé. Isteach leis an leoraí le cliotaráil mhór ó na buidéil. Chas an tiománaí an leoraí is chuaigh na gathanna solais ó na lampaí trasna díon mo ghluaisteáinse.

D'fhág fear an bhainne dhá chliathbhosca de bhuidéil ag doras na hoifige; ansin léim sé thar an mballa íseal is d'fhág an méid céanna ag doras na hoifige béil dorais.

Bhí gealadh ag teacht sa spéir ach fós bhí gach ní ciúin. Ní raibh aon éin ag fáiltiú don mhaidin mar a bhíonn sna bruachbhailte, ní raibh fiú guth grágach na bhfaoileán le clos mar a bhíonn timpeall ar Shráid Sheáin Mhic Dhiarmada.

170

7.00am. An fuacht a dhúisigh mé an uair seo. Bhí an ghaoth ag neartú agus í ag séideadh isteach 'fuinneog' amháin agus amach an ceann eile. Ansin thosaigh an bháisteach. Ar ámharaí an tsaoil bhí roinnt plaistigh fágtha ina dhiaidh sa charr ag duine éigin. D'fhilleas é sin timpeall ar mo chosa agus tharraingíos bóna mo chóta níos dlúithe timpeall ar mo cheann. D'fhanas ansin i mo leathdhúiseacht.

7.30am. Bhí a fhios agam go raibh sé in am bogadh nuair a chualas torann na tráchta ag méadú. D'éiríos is shíneas mo chnámha craptha.

Ghéilleas don chathú agus ghoideas buidéal bainne. Shleamhnaíos amach an cúlbhealach go dtí bruach na canálach. D'ólas na bainne ansin, gan de chomhluadar agam ach lacha is a hál.

Bhíos ar crith anois leis an bhfuacht. Chuas faoi dhéin an tséipéil i mBóthar Haddington mar ar thiteas i mo leathchodladh le linn Aifrinn a hocht. Bhí slua maith i láthair rud a chuir leis an teas is leis an gcompord.

I ndiaidh an Aifrinn tharraingíos mo chosa i mo dhiaidh go dtí clochar i nDomhnach Broc, timpeall míle ó Bhóthar Haddington. Bhíos ag súil le bricfeasta a fháil ansin.

8.30am. Ar an mbealach chun an chlochair dom, shiúlas trasna dhá chúlbhóthar gan féachaint ar dheis ná ar chlé. Rinne mé an rud céanna i bhFaiche Stiofáin an oíche roimhe sin. Ar gach ócáid rinne na gluaisteáin moill a fhad is a bhíos ag trasnú. Déarfainn dá mba 'ghnáth'-dhuine a bhí ag dul trasna, go mbeadh na tiománaithe ag séideadh go tréan ar na hadharcanna. Airdeall seo na dtiománaithe ar gan aon duine a ghortú an t-aon rud maith a tharla dom nuair a bhíos ag 'fuaidireacht'.

Shiúlas isteach geata an chlochair agus cé casadh orm ag teacht amach ach Paddy, fuaidire a fhanann sa teach fothana de ghnáth. D'aithin sé mé ar an bpointe. Tamall ina dhiaidh sin bhaineas triail as an gclochar arís agus arís ba ar éigean a sheachnaíos fuaidire eile a d'aithneodh mé.

Shiúlas timpeall ar feadh tamaill eile. Bhí an ghrian ag teacht amach arís agus mar a bhíonn go minic tar éis báistí, bhí teocht mheirbh ann. Bhíos plúchta ag an anorak trom ach bhí cóta mar sin riachtanach le fuacht na hoíche a choinneáil ó dhuine. Bhíos plúchta leis ag an scairf a bhí orm, ag súil – in aisce – nach n-aithneodh éinne mé. Ní raibh aon deacracht ann anois ceann fúm a chur orm; ná ní raibh aon deacracht ann siúl go mall. Bhíos ag dul i dtaithí ar an dá cheann go tapaidh.

Shocraíos ansin ar éirí as an iarracht fhuaidireachta. Theastaigh uaim nach n-aithneodh aon fhuaidire mé ach bhí teipthe orm cheana féin. D'fhéadfainn bheith i mo fhuaidire níos éifeachtaí i gcathair nach mbeadh aithne ag fuaidirí orm. An chéad uair eile bheadh orm féasóg cheart a fhás chun mé féin a cheilt; dá mbeadh sé sin déanta agam, d'fhéadfainn blas níos fearr a fháil ar shaol na bhfuaidirí.

Nó an amhlaidh nach raibh ansin ach leithscéal chun éirí as an eachtra ar fad? An í fírinne an scéil í go raibh fuath agam don saol mall, uaigneach, leadránach, míchompordach? Nuair a bhíos ag iarraidh smaoineamh ar rud éigin le déanamh leis an am a mheilt, níor tháinig ach dhá fhreagra chugam – suí tamall, siúl tamall.

Nuair d'fhéachas an fhuinneog isteach ar an gclog sa bhanc i nDomhnach Broc, ní raibh sé ach 10.10 ar maidin. Chuirfeadh an saol seo éinne as a mheabhair.

10.45am. Bhaineas díom mo hata agus isteach liom go siopa chun mo bhricfeasta a cheannach – úll, deoch oráiste is páipéar. Bhí cúpla duine romham ag an gcuntar agus an cailín freastail an-chairdiúil leo go léir. Nuair a thángas fad léi, rinneas meangadh gáire mantach. D'fhéach sí orm agus ar m'aghaidh is mo lámha salacha. Chrapaigh sí a beol is níor labhair focal – fiú focla buíochais as an gceannach.

11.15am. Tar éis bricfeasta thosaíos ag siúl abhaile. Dúirt siad liom ansin go raibh cuma fear déirce orm amach is amach. N'fheadar cén cruth a bheadh orm dá gcaithfinn oíche eile sa seanghluaisteán?

I gceann dá leabhair dúirt Anton Wallich-Clifford:

Have you ever, even for one day, alone or with your family, been entirely without a home, without a place of your own, dependent on friends, on relatives, or on some strange, overcrowded, vaguely threatening hostel for a night's sleep? Have you ever slept out – not from choice, but simply because you have no place to go?... Unless you have actually experienced the shock of finding yourself without a roof you can call your own, the odds are that you do not really *know* what homelessness really means.

Glacaim go hiomlán le fírinne an ráitis sin. Chuirfinn leis go gceapaim gur uafásach agus gur dofhulaingthe é an saol a bhíonn ag fuaidire mar nuair a d'fhilleas féin abhaile tar éis bheith ag ligean orm gur fuaidire mé, bhraitheas go rabhas náirithe agus íslithe ar bhealach éigin.

An chuimhne bhuan atá agam ná a laghad teagmhála a bhí agam leis an ngnáthphobal. As na céadta a chuaigh tharam, ní dúirt fiú duine amháin fiú focal amháin liom. Níor chualas 'Are you OK, mister?...ar mhaith leat toitín, mister...have you got anywere to stay for the night?'

Níor chualas focal cairdiúil amháin. Is scanrúil an smaoineamh é.

An t-Údar

Seán Ó Riain
Féach **Na Sráideanna**, lch. 121.

Cúlra

Is caibidil eile é *Mise, 'Fuaidire'* as an leabhar *Seal le Síomón* a thugann cuntas ar thréimhse a chaith an t-údar ag obair le Clann Síomóin i gcathair Bhaile Átha Cliath. I réamhrá an leabhair tagraíonn Seán Ó Riain don chaibidil seo:

'Mar iarracht bheag ar mo thuiscint féin a dhoimhniú, chaitheas oíche agus leathlá ag maireachtáil mar fhuaidire i gcathair Bhaile Átha Cliath. Tá cur síos ar an eachtra sin i gcaibidil 25.'

Cíoradh an tsleachta

Cén fáth, dar leat, ar roghnaigh an t-údar an dán le Seán Ó Leocháin chun dul leis an sliocht? Cad iad na cosúlachtaí atá ag ábhar an dáin le hábhar an ghiota próis?

Insint eile ar an dán

Bhuail mé le fuaidire / duine bocht
ar maidin
Ní raibh air ach seanéadaí caite
is drochbholadh uaidh.
Bhí sé ag iarraidh sé pingne orm, sin an méid
nó scilling, b'fhéidir, dá mbeadh sé agam.

Chuaigh mé ag lorg airgid i mo sparán
ach ní raibh
aon rud ann ach damháin alla
Ní raibh fiú ciarsúr agam
i mo phóca
le tabhairt dó mar bhronntanas.

Thosaigh an bacach
ag gáire
agus rug sé ar lámh orm
Ní raibh pingin ag ceachtar againn
ach bhíomar ábalta gáire faoi –
Bhíomar níos fearr as toisc gur bhuaileamar lena chéile.

2   Déan liosta 20 briathar sa chaibidil atá sa chéad phearsa uatha agus scríobh amach an leagan den bhriathar le 'mé'.
     Sampla: Níor bhearras (Canúint na Mumhan): níor bhearr mé.
3   Céard a rinne an t-údar chun cuma an fhuaidire a chur air féin?
4   Déan liosta de na slite inar chaith daoine leis toisc gur fhuaidire a bhí ann.
5   Cad iad na mothúcháin a bhraith an t-údar ag pointí éagsúla le linn a chuid ama. Abair céard ba chúis leis na mothúcháin éagsúla i ngach cás.
6   'Bhí fuath ionam don ógfhear sin agus ar feadh soicind nó dhó bhí fonn orm é a bhatráil is a chiceáil.' Cén t-ógfhear agus cén fáth a raibh fonn ar an údar é a bhualadh?
7   Cérbh iad na fuaidirí ar bhuail sé leo le linn dó bheith mar fhuaidire agus céard a bhí ar siúl acu?
8   Tabhair cuntas ginearálta ar na háiteanna a ndeachaigh sé ar a thuras mar fhuaidire.
9   Cad iad na rudaí a rinne sé, dar leat, nach ndéanfadh duine den phobal lonnaithe? Cén fáth a raibh air na rudaí sin a dhéanamh?
10   Déan an dá chineál saoil a léirítear sa sliocht seo a chur i gcomparáid lena chéile.

Saol duine den phobal lonnaithe	Saol an fhuaidire

11   Cad iad na pointí sa scéal inar thosaigh an t-údar ag smaoineamh ar chompord an bhaile? Cén fáth ar tharla seo, dar leat?
12   Tabhair cuntas ar conas mar a chaith an 'fuaidire' an oíche.

13   Céard é an t-aon rud maith a tharla dó mar fhuaidire?

14   'Shocraíos ansin ar éirí as an iarracht fhuaidireachta.' Céard iad na cúiseanna a bhí aige le héirí as?

15   'Chuirfeadh an saol seo éinne as a mheabhair.' Cad iad na gnéithe ba mheasa de shaol an fhuaidire a bhí i gceist aige leis an gcaint seo, dar leat?

16   Is é Anton Wallich-Clifford an duine a bhunaigh Clann Síomóin. An aontaíonn tú leis an ráiteas uaidh gar do dheireadh an tsleachta seo?

17   '… bhraitheas go rabhas náirithe agus íslithe ar bhealach éigin.' Céard iad na gnéithe den oíche a chaith Seán Ó Riain mar 'fhuaidire' a náirigh agus a d'ísligh é, dar leat?

18   Ag deireadh an tsleachta cuireann an t-údar in iúl dúinn an chuimhne bhuan atá aige ar an oíche a chaith sé ina 'fhuaidire'. Cad é an rud is mó a chuaigh i bhfeidhm air? Cad é an ghné den chuntas is mó a chuaigh i bhfeidhm ort féin?

19   Céard a cheapann tusa nuair a fheiceann tú fuaidirí? An labhraíonn tú leis / léi? Cén fáth, dar leat, nach labhraíonn daoine leo?

20   Déan achoimre ar an dialann seo a choimeád an t-údar. An dóigh leat go n-oireann foirm na dialainne don chuntas? Conas?

21   'Generally we treat the homeless with indignity, with disrespect and with lack of welcome. We give them our left-overs, our wornouts clothes, our tired words. We give broken cups to broken people or, worse still, we stand in judgement on them.' An tSiúr Stanislaus Ní Chinnéide. (*Seal le Siomón* lch 169)

     An aontaíonn tú leis an ráiteas seo? Cén fáth nach bhféadfá a rá go bhfuil an t-údar ná oibrithe eile Síomóin i gceist sa ráiteas seo?

Gluais

lch. 169

bacach: fear déirce

giobail: éadaí cáite stróicthe

réal: sé pingine sa seanairgead, 2$\frac{1}{2}$p anois

ciarsúr: ceirtlín láimhe, *handkerchief*

mar fhéirín: mar bhronntanas

ceachtar againn: duine ar bith de bheirt againn

níor bhoichtide sinn: ní raibh aon rud caillte againn mar gheall ar…: *we weren't the poorer for it*

an dáil: casadh lena chéile

shalaíos: shalaigh mé / rinne mé salach iad

súiche: soot

iallacha: bíonn iallacha ar bhróga chun iad a cheangal

mantach: bhí bearnaí i measc na bhfiacla aige

i mo bhaclainn: á iompar mar a bheadh leanbh ann

cuma: cruth / dealramh

chuireas mo cheann fúm: chrom mé mo cheann

lch. 170

thoghas an áit sin: phioc mé amach an áit

an saol mór: gach aon rud agus gach duine

mhothaíos teannas ar mo chliabhrach: bhí mo mhuineál agus mo chliabh (*chest*) righin (*stiff*)

ar m'ucht: cromtha

go bríomhar: go tapaidh / le fuinneamh

fonn millteanach: fonn mór láidir

gan dua: gan deacracht ar gith

mo dhualgaisí: na rudaí ba cheart dom a dhéanamh.

crith-eagla: eagla mhór / sceon

an lámh in uachtar a fháil orm: buachan orm / mé a chloí

teacht aniar aduaidh orm: teacht gan choinne orm / teacht nuair nach raibh mé ag súil leo.

go leor leor daoine: a lán daoine

stánann sé orm: ní bhaineann sé a shúile díom

an oíche an-mheirbh: bheifeá lag ag an teas, *sultry*

scléipeach: spórtúil / in ardghiúmar

ag dul chun ciúnais: ag éirí ciúin

phreabas i mo dhúiseacht: dhúisigh mé de gheit

báúil: tuisceanach / cneasta

de réir dealraimh: is cosúil

é a bhatráil: cúpla buille maith a thabhairt dó

in am soip: in am codlata

raic: trioblóid / rírá

lch. 171

saothar in aisce a bhí ann: ní raibh aon tairbhe le baint as, cur amú ama a bhí ann

bhí seantaithí aige ar...: bhí go leor cleachtaidh aige ar...

meidhreach: aerach, beagán ólta, b'fhéidir

iomrascáil: greim á bhreith acu ar a chéile, faoi mar a bheidís ag troid

lucht suirí: cailíní agus buachaillí atá an-mhór lena chéile

a chur ar phár: a scríobh síos

bhí an cathú ann: bhí fonn millteach orm

bhíos caite amach faoi seo: bhí mé traochta faoin am seo

mhothaíos socair sábháilte: bhraith mé nach raibh aon bhaol orm, *I felt safe*

cliotaráil: buidéil ag bualadh i gcoinne taobhanna na mboscaí, *clattering*

cliathbhosca: crate

sna bruachbhailte: sna ceantair ar imeall na cathrach, *in the suburbs*

guth grágach na bhfaoileán: guth glórach nach bhfuil ceolmhar

lch. 172

ar ámharaí an tsaoil: bhí an t-ádh liom, *as luck should have it*

in am bogadh: in am imeachta

torann na tráchta: glór na ngluaisteán, na mbusanna etc.

mo chnámha craptha: mo cnámha a bhí righin tar éis na hoíche

ghéilleas don chathú: rinne mé an rud a raibh fonn orm é a dhéanamh, cé go raibh a fhios agam nach raibh sé ceart

lacha agus a hál: lacha agus a clann lachan óg

airdeall: aire / cúram

ba ar éigean a sheachnaíos...: is beag nár bhuail mé le..., ní raibh ann ach (*I barely avoided...*)

plúchta: i bhfad ró-the, míchompordach

ag súil – in aisce – nach...: bhí súil agam nach..., ach ní mar sin a tharla

ag dul i dtaithí ar...: ag teacht isteach ar...

d'fhéadfainn blas níos fearr a fháil ar...: d'fhéadfainn tuiscint níos fearr a fháil

leis an am a mheilt: leis an am a chur tharam / leis an am a chaitheamh

chrapaigh sí a beola: dhún sí a béal go daingean docht

lch. 173

dofhulaingthe: nach féidir – agus nach ceart – cur suas leis

a laghad teagmhála a bhí agam le...: gur ar éigean a bhí baint ar bith agam le..., *how little contact I had with...*

4 An Grá Géar

nó Sruth Coinfheasachta Chaitlín
Donncha Ó Céileachair

Dé hAoine! arsa Nábla.
– Dé hAoine! arsa Lil, agus briseann siad araon ar gháirí.
– Tuige nach oíche Dé Máirt adúirt tú? arsa Nábla.
– Déarfainnse oíche amárach, arsa Lil.
– Is maith an rud nár dhiúltaigh tú arís é, pé ar bith.
– Bheadh t'anam againn.
– Bheadh t'anam againn cinnte.
– Is beag idir diúltú agus é chur siar sé lá.
– Is beag fear a fhulaingeodh é.
– Comhartha maith air é go bhfuil sé dáiríre.
– Ó nach méanar duit a Chaitlín…

… A Chaitlín! – Bhí Eoghan ag caint léi anois. Bhí sé ag míniú cuid den phictiúr di. Ní raibh suim aici sa phictiúr. Bhí sí ag cuimhneamh ar a beirt chomrádaí árasáin. Cad déarfadh sí leo? Bheidís suite suas ar na leapacha ag feitheamh léi. Ní bhíonn dátaí choíche acu oíche Aoine. Níonn siad a ngruaig. Bheadh tuáillí acu timpeall ar a gceann agus iad sa leaba suite suas ag feitheamh léi…
… A Chaitlín, féach – Eoghan ag caint arís … Níorbh olc in aon chor iad mar bheirt. Iasacht stocaí go fial tar éis a cuid féin a bheith stractha ag an rothar. Breá gur Dé hAoine a thitfeadh sí. A glún chlé gearrtha. An stoca ag ceangal di. D'fhág sí slán ag an oifig an tráthnóna sin díreach amhail is dá mbeadh sí ag dul ar saoire bhliana. Léim sí ar an rothar agus ní raibh sí ach á socrú féin ar an diallait nuair, plub! Bhuail an teachtaire siopa í. Ní raibh sé ag féachaint roimhe agus tháinig sé i ndiaidh a chúil uirthi. Cárbh ionadh dá mba ag aisling ar an dáta a bhí sí féin? Dar ndóigh níorbh ea. Murach Nábla agus Lil ní ghlacfadh sí choíche leis.

Níl smid as Eoghan anois. Cé go bhfuil an phictiúrlann dorcha tá eagla uirthi a ceann a iompó ina threo an rud is lú. Buachaill macánta Eoghan. Dá mbeadh na cailíní eile i láthair bhainfeadh sí taitneamh as a chomhluadar. Ach an bheirt acu leo féin ní bhraitheann sí compordach. Ní thoileoidh sí chun dáta go brách arís. Maróidh na cailíní í. Plub! Ní rothar eile é seo ach urchar á scaoileadh ar an scannán. Bithiúnach éigin ag blaiseadh na cré ach is cuma le Caitlín. Nár uirthi bhí an t-ádh gur fhéad sí rothaíocht abhaile tráthnóna. Agus nár briseadh uirthi ach dhá spóca tosaigh. Dá gcloisfeadh Mam faoin scéal. Bhíodh Mam i gcónaí ag foláireamh uirthi bheith aireach. Mam bhocht!

Dá bhfeicfeadh Mam í ag teacht den bhus tráthnóna. Fáinní cluaise Nábla uirthi. Breasal curtha ar a beol ag Lil. A malaí déanta suas. An chuma go raibh a croí lán de náire ina taobh féin. Í ag guidhe os íseal ná beadh Eoghan ann. Ach bhí, agus draid uafásach air.

Freagra gnaíúil níor thug sí don bhfáilte a chuir sé roimpi. An raghadh sí go dtí an *Capitol*? Cé an fáth ná raghadh? Aon áit ach gan bheith faoi shúile na ndaoine. Thairg sé a uille di, ach ní fhéadfadh sí lámh a chur inti. Chun gan bheith bústúil ar fad rinne sí miongháire agus thaispeáin a fiacla. Thug sé aghaidh ar an *Chapitol*. Bhí air a shlí a dhéanamh trí an-phlúchadh daoine ar an gcosán. Bhí uirthise é leanúint. Dá bhfeicfeadh Mam í! Daoine á nguailleáil aige deas agus clé, agus ise ina maidrín lena shála. Chuaigh sé chun cainte le feidhmeannach. Bhí scuainí fada ann adúirt sé. Bheadh orthu seasamh uair go leith. Ní sheasódh Eoghan neomat.

176

Ar ór na cruinne ní sheasódh sé i gciú. Shiúl sé roimpi arís. É ina threoraí, ina impire, ina ghandal ard scrogallach.

An *Cosmo*, ní raibh scuaine ar bith ansin. Aththaispeáint phictiúra chogaidh. Bhí sé feicthe ag Caitlín cheana ach ní ligfeadh sí faic uirthi. B'fhearr léi bheith ina suí istigh. Bhí a cosa ag lúbadh fúithi. Nuair nár chuir sí suim sa tseanphictiúr cheap Eoghan gurbh amhlaidh nár thuig sí cad a bhí ar siúl. Thosnaigh sé ag míniú di. Níor lean sí an míniú agus thug sé suas. Is dócha gur cheap sé go raibh sí dúr ó bhonn. Níorbh fhearr léi riamh é ach go bhfágfadh sé ina dhiaidh í. Dá bhfágfadh ní fhéadfadh na cailíní pioc a rá léi. Bheadh áthas ar Mham. Cinnte bheadh áthas ar Mham dá gcloisfeadh sí gur fhág fear Caitlín san abar. Áthas a bhí uirthi fadó nuair a tharla an ní céanna do Nóra.

Beirt ghearrchaillí deasa iad cé ná tuigfeadh Mam an saghas rómánsaíochta a bhíodh ar siul acu. Cónaí sa chathair a fhág mar sin iad. Bhí an chathair uile róthógtha suas ag rómánsaíocht. Ach bhí Lil agus Nábla go deas. Bhíodar lán de ghiodam agus de spórt. Bheidís ag fanacht suas léi, ina suí sna leapacha agus tuáillí acu timpeall a gcinn. Bheadh an fhoighne ag briseadh orthu sar a dtosnódh sí féin ar a scéal. Bheadh gach speach ar na héadaí acu agus iad ag sceartaíl.

Nach ciúin a bhí Eoghan ag fanacht. B'shin é an locht a bhí air, go raibh sé róchúthail agus rómhór chun daoine a shásamh. Dá mbeadh Nábla nó Lil mar chúl taca aici dhéanfadh sí magadh faoi. Bhainfeadh sí caint as go breá. Níor mhaith léi bheith pósta leis. Ní móide go bpósfadh aon bhean é. Ní raibh secund compoird aici agus gan ach iad féin sa chuideachta. Bheadh na cailíní ar buile léi. Déarfaidís gur ábhar seanmhaighdine í. Bhí an-ghean acu do Eoghan bocht.

Plub! Rothar? Piostal? Níorbh ea, ach an pictiúr thart. Buíochas le Dia, soilse arís, cuma conas a bhí sí ag féachaint. B'ait léi na suíocháin uile bheith lán de dhaoine. Conas ná faca siad uile an seanphictiúr cheana?

An ólfadh sí cupán caifí?

Ní ólfadh, bheadh a comrádaithe ag feitheamh suas léi.

– Deoch oighre más ea, nó uachtar –

– Ní bheadh, faic! Chaithfeadh sí rith don bhus agus go raibh maith agat.

– Ná raghadh duine ar an mbus ina teannta?

Agus siúl ar ais! Ní bheadh aon chiall leis sin

– Í fheiscint istoíche amarach – nó níos fearr fós, tráthnóna amárach?

– Ó níorbh fhéidir, chaithfeadh sí dul go teach a deirféar.

– Dé Domhnaigh más ea?

– Beidh a deirfiúr ag dul amach agus caithfidh sí aire a thabhairt do na páistí. Paca cladhairí iad agus an leaid is óige loite.

– Bhuel Dé Luain?

– Ní fhéadfadh. Is gnáth léi cuairt a thabhairt ar a deirfiúr tráthnónta Luan. Bheadh sí ag súil léi.

– Lig sé síos mé.

– Tusa a lig síos é.

– Cad a déarfadh Mam?

– Buachaill breá é.

– Níl aon spórt ann.

– Dá mbeadh spórt ann bheadh sé fiáin, ag caitheamh a choda le hól agus ragairne.

– Ní cheadódh Mam aon ól ná ragairne.

– Ná bac le Mam.

– Ní cheadódh Mam dom dul ina n-aice.

– Ach an buachaill ciúin, cé ná beadh aon mhaith ann –

– Ciúin nó fiáin, is fearr bheith glan leo.

– Tú féin fá dear é agus tá tú glan leo.
– Glan leo.
– Glan leo.
– Glan leo.
– Glan leo.

Bhí easpa mheabhrach ar Nóra riamh. Agus í ina gearrchaile sa bhaile bhíodh sí isteach agus amach ón sráid gach lá sa tseachtain. Gan de leithscéal aici ach go raibh sí ag dul ag deisiú a bróg. Dáiríre is ag súil le Neid a fheiscint a bhíodh sí. Agus nuair lig Neid síos í dúirt Mam gur mhaith an rud sin. Ach bhí Nóra neameabhrach. An bhliain dar gcionn phós sí saighdiúir gan cead ó éinne. Tháinig siad go dtí an chathair ó shin. Bhí ceathrar de pháistí loite acu. Plub! Urchar eile. Bithiúnach eile buailte agus glún thinn Chaitlín ag preabadh ar mire. Í ag crith. Dá dtugadh a compánach faoi deara í dar ndóigh chaithfeadh sé fóirthint uirthi. Ba mheasa léi sin ná a bás. Dhíreodh sí a haigne feasta ar an scannán seanda…

Bean thuisceanach í Mam tar éis an tsaoil. Mura mbeadh í ní bhfaigheadh m'Aintín Bríd fear go deo. Ach bhí fear ag teastáil uaithi sin. Bhí sí léi féin ar an ngabháltas ó chuaigh an tseanmhuintir ar slí na fírinne. Níor mhór di áirithe éigin do dheireadh a saoil. Ní thógfaí uirthi bheith ag lorg fir. Go deimhin is i dteach Mham a casadh uirthi an fear céile atá anois aici. Mam a thug ann é d'aon ghnó ach níor lig sí sin uirthi go raibh an beart déanta. Rud iontach is ea an pósadh nuair a bhíonn sé déanta, ach is suarach an meas a bhíonn ag Mam ar éinne a bheadh ag cuimhneamh air roimh ré. Ach amháin duine den tseanghlún a mbeadh gabháltas aici agus cúnamh uaithi do shaothar an earraigh.

Ba mhaith é Daid chun a pháigh sheachtaine a thuilleamh ach ní raibh ann ach sin. Deireadh Mam muna mbeadh í féin go raghadh sé chun na gcapall agus an madraí. Choinnigh Mam iad go léir ar an mbóthar díreach, iad go léir – ach amháin Nóra, agus bhí Nóra neameabhrach…

An t-údar

In Iarthar Chorcaí a rugadh an t-údar, Donncha Ó Céileachair i 1918. Ba dhearthair é Donncha le Síle Ní Chéileachair, agus d'oibrigh siad as lámha a chéile chun an cnuasach gearrscéalta *Bullaí Mhártain* a fhoilsiú. As an gcnuasach sin a tógadh an scéal seo 'An Grá Géar' agus 'An Phiast' (lch 84). I gceantar Gaeltachta ar a dtugtar 'Gaeltacht Mhúscraí' a tógadh iad, i gclann mhór seanchais agus béaloidis. Fuair Donncha oiliúint mar mhúinteoir bunscoile agus tar éis tréimhse a chaitheamh leis an múinteoireacht chuaigh sé ag obair ar ullmhú fhoclóir Béarla-Gaeilge De Bhaldraithe, a úsáidtear chomh forleathan sin inniu. Chaith sé tamall freisin ag obair le Coimisiún na Logainmneacha, sula ndeachaigh sé ar ais ag múineadh. Cailleadh go tobann é sa bhliain 1960.

Cúlra an scéil

'Bhain cuid de ghearrscéalta an údair seo leis an saol as ar fáisceadh é – scéalta a bhain le saol na feirme agus gaisce an fhir tuaithe, ach bhí scéalta eile uaidh bunaithe ar ghnéithe de shaol na cathrach, saol an halla rince sa chathair, saol na hoifige, saol an árasáin.' (*Donnchadh Ó Céileachair*, Pádraigín Riggs). Baineann 'An Grá Géar' leis an dara cineál scéil aige ar ndóigh – 'Sruth coinfheasachta (*stream of consciousness*) Chaitlín' atá mar fotheideal ar an scéal' agus nuair a léimid é, tuigimid cén fáth: 'is éard atá ann ná comhrá aonair, nó monológ, in aigne an chailín, agus í ag cuimhneamh siar ar imeachtaí na hoíche a chaith sí ag na pictiúir…' (P. Riggs) Mar a tharlaíonn go hiondúil ina chuid scéalta cathrach, tá an greann le sonrú go láidir sa scéal seo. Tá Eoghan chomh stuama, ciúin sin, é 'róchúthail agus rómhór chun daoine a shásamh'. Níor airigh Caitlín 'soicind compoird' ina chuideachta – í mar a bheadh duine ar phlainéad eile i rith na hoíche, í iompaithe isteach ar imeachtaí a haigne féin, gan aird an ghadhair aici ar Eoghan ná ar an bpictiúr! Is léir nach bhfuil tuiscint dá laghad eatarthu agus is mó go mór an spéis a chuirimid in eachtraí greannmhara Chaitlín i rith an lae ná in aon rud a tharlaíonn idir í agus Eoghan an oíche sin. 'Is mó de scigphictiúr (*caricature*) ná de léiriú ar an bpearsa a bhíonn sna scéalta greannmhara seo' [chun fírinne an ráitis a fheiceáil, níl le déanamh againn ach an eachtra a shamhlú nuair a tháinig an teachtaire siopa i ndiaidh a cúil ar Chaitlín agus í ar a bealach abhaile ón oifig.

Cíoradh an scéil

1 Scríobh amach go hiomlán an comhrá a bhí idir Chaitlín agus Eoghan an oíche sin.

2 Scríobh amach na habairtí sa scéal is mó a léiríonn an neamhshuim a bhí ag Caitlín sa bhuachaill. Tosaigh, b'fhéidir, le: 'Murach Nábla agus Lil ní ghlacfadh sí choíche leis'.

3 Inis cad a thugann Caitlín ar ais ó bhóithrín na smaointe go dtí an t-am i láthair: Mar shampla: Ag smaoineamh ar chomhrá faoin dáta lena cairde san árasán a bhí sí nuair a chuir Eoghan isteach uirthi le 'A Chaitlín…' agus thosaigh sé ag míniú an phictiúir di.

4 Céard atá le foghlaim sa scéal (a) faoi chlann Chaitlín (b) faoi Nábla agus Lil?

5 Cad é an difríocht a léirítear sa scéal idir dearcadh chuid de mhuintir na tuaithe agus dearcadh mhuintir na cathrach maidir le cúrsaí grá agus pósadh? Cad is cúis, dar leat, leis an difríocht idir an dá dhearcadh seo?

6 Cad é an difríocht idir dearcadh Chaitlín maidir le dul amach le buachaill agus an dearcadh atá ag Nábla agus Lil?

7 Cá bhfuil an greann, dar leat, sa scéal seo? Céard é an chuid is greannmhaire de?

8 Cén cineál duine ab ea Eoghan? Cad iad na béasa dá chuid a léirítear sa scéal, a chabhraíonn linn aithne a chur air? An aontaíonn tú leis an tuairim atá ag Caitlín faoi, nó an dóigh leat go bhfuil sí ró-dhian air is nár thug sí seans dó?

9 Tabhair cuntas i gcolún A ar na himeachtaí a bhí ar siúl an oíche sin agus déan cur síos i gcolún B ar cad a bhí ar siúl in intinn Chaitlín ag an am céanna.

A	B

10 Cén léargas a fhaighimid sa scéal ar mháthair Chaitlín? An dóigh leat go bhfuil cosúlachtaí eatarthu, nó go mbeidh Caitlín níos cosúla lena máthair nuair a théann sí in aois? Cén fáth?

11 Scríobh i bhfoirm ailt nó i bhfoirm chomhrá cuntas a thabharfadh Eoghan (is é ag caint le cara báúil!) ar imeachtaí na hoíche seo.

12 Cum an comhrá, dar leat, a bhí ag Caitlín le Lil agus Nábla nuair a chuaigh sí ar ais go dtí an t-árasán an oíche sin.

13 An dóigh leat go raibh an ceart ag Caitlín dul amach le hEoghan don oíche seo? An aontofá nach raibh sí macánta leis? Cad é an tuiscint a bhí ag Eoghan, dar leat, ar an ngaol a bhí eatarthu? Cad é an tuiscint a bhí aige ag deireadh na hoíche?

14 Cad is brí le teideal an scéil, dar leat? Conas gur féidir leis an ngrá a bheith géar? An raibh sé 'géar' i gcás an scéil seo?

Gluais

lch 177

briseann siad araon ar gháirí: tosaíonn an bheirt acu ag gáire

tuige?: cad chuige? / cén fáth?

is beag idir...agus...: níl difríocht rómhór idir... agus...

a fhulaingeodh é: a bheadh sásta cur suas leis

nach méanar duit: nach breá duit

ag aisling ar...: ag smaoineamh go rómánsúil ar...

murach Nábla agus Lil...: mura mbeadh Nábla agus Lil ag áiteamh uirthi (*persuading her*)

smid: fuaim ar bith / focal / gíocs ná míocs

macánta: ionraic, (*honest / upright*)

ní thoileoidh sí: ní bheidh sí sásta ... (*she won't agree to*)

urchar á scaoileadh (as gunna): piléar á scaoileadh

bithiúnach: rógaire (*villain*)

ag blaiseadh na cré: tite as a sheasamh / marbh

ag foláireamh uirthi: ag tabhairt rabhaidh (*warning*) di

aireach: cúramach

breasal: bata beola (*lipstick*)

draid: miongháire ó chluas go cluas

gnaúil: béasach / cuirtéiseach

bústúil: drochbhéasch amach is amach

an-phlúchadh daoine: slua mór daoine

feidhmeannach: oifigeach de chuid na pictiúrlainne

scuaine: líne fhada daoine ag fanacht lena n-uain (*their turn*)

scrogallach: a mhuineál sínte go huaibhreach aige

lch. 178

thug sé suas: d'éirigh sé as (*he gave up*)

go raibh sí dúr ó bhonn: nach raibh éirim aigne ar bith aici

níorbh fhearr léi riamh é ach go...: ba é an rud ab fhearr ar fad léi ná go...

san abar: *in the lurch*

bhí easpa mheabhrach ar Nóra: bhí Nóra ina gligín / ní raibh aon chiall aici

nuair lig Neid síos í: nuair a d'fhág Neid í (*when Ned let her down*)

ag preabadh: (*beating / throbbing*)

chaithfeadh sé fóirithint uirthi: theastódh uaidh cabhrú léi

gabháltas: feirm thalún

ó chuaigh an tseanmhuintir ar shlí na fírinne: ó fuair a tuismitheoirí aosta bás

ní thógfaí uirthi bheith ag lorg fir: níorbh aon ionadh é go raibh fonn pósta uirthi

d'aon ghnó: *on purpose*

is suarach an meas: is beag an meas

go raghadh sé chun na gcapall agus na madraí: *That he would take to gambling on horses and hounds*

gearrchailí: cailíní

giodam: *jauntiness / liveliness*

180

bheadh an fhoighne ag briseadh orthu: bheadh
    mífhoighne ag teacht orthu
speach: buille
ag sceartaíl: *laughing noisily*
locht: *fault*
róchúthail: *too shy*
ní móide go…: is ar éigean a…
seanmhaighdin: bean nach bpósfadh riamh
an-ghean do…: an-chion ar…

a comrádaithe: a cairde, a compánaigh
faic: rud ar bith

lch. 179
cladhairí: rógairí, *brats*
loite: *spoiled*
ragairne: saol fiáin
bheith glan leo: gan aon bhaint a bheith agat
    leo, *to avoid them*

5 Glantachán Earraigh

Máirtín Ó Cadhain

Bhog an tuirne slinneán-bhriste ar an lota. Lig sé scread:

'Tá mé sa teach seo le leathchéad bliain. Rinne mé leas. Shníomh mé éadaí agus anairt d'fhir agus do mhná ar fónamh. Ná tabhair cead mé a chaitheamh amach.'

Léim an cupán lámh-bhriste i mbarr an drisiúir. Lig sé scread:

'Tá mé sa teach seo le leathchéad bliain. Rinne mé leas. D'ól fir agus mná ar fónamh asam. Ná tabhair cead mé a chaitheamh amach.'

Luasc an bord trasnán-bhriste le balla. Lig sé scread:

'Tá mé sa teach seo le leathchéad bliain. Rinne mé leas. D'ith fir agus mná ar fónamh dhíom. Ná tabhair cead mé a chaitheamh amach.'

Shníomh an cófra cincín-bhriste leis an spiara. Lig sé scread:

'Tá mé sa teach seo le leathchéad bliain. Rinne mé leas. Thaisc mé arbhar agus éadach, airgead agus lón d'fhir agus do mhná ar fónamh. Ná tabhair cead mé a chaitheamh amach.'

D'fheac an tlú brionglán-bhriste é fhéin ar an teallach. Lig sé scread:

'Tá mé sa teach seo le leathchéad bliain. Rinne mé leas. D'fhadaigh agus choigil mé tinteachaí d'fhir agus do mhná ar fónamh. Ná tabhair cead mé a chaitheamh amach.'

D'umhlaigh an stóilín cos-bhriste le hais an tinteáin. Lig sé scread:

'Tá mé an teach seo le leathchéad bliain. Rinne mé leas. Lig fir agus mná ar fónamh a scíth orm. Ná tabhair cead mé a chaitheamh amach.'

Ghíosc an leaba chnaiste-bhriste sa seomra thoir. Lig sí scread:

'Tá mé sa teach seo le leathchéad bliain. Rinne mé leas. Thug fir agus mná ar fónamh sraith dhá gcolainn orm. Ná tabhair cead mé a chaitheamh amach.'

Shléacht an scáthán gloine-bhriste ar an mballa. Lig sé scread:

'Tá mé sa teach seo le leathchéad bliain. Rinne mé leas. Chonaic fir agus mná ar fónamh iad fhéin ionam. Ná tabhair cead mé a chaitheamh amach.'

Gheit an pictiúr beannaithe fráma-bhriste ar stuaic na fuinneoige. Lig sé scread:

'Tá mé sa teach seo le leathchéad bliain. Rinne mé leas. Chuir mé díocas na hurnaí ar fhir agus ar mhná ar fónamh. Ná tabhair cead mé a chaitheamh amach.'

Chrap an trumpa teanga-bhriste é fhéin isteach sa gcual mangarae faoi íochtar an drisiúir. Lig sé scread:

'Tá mé sa teach seo le leathchéad bliain. Rinne mé leas. Bhain fir agus mná ar fónamh ceol asam. Ná tabhair cead mé a chaitheamh amach.'

Lioc an chuilt línéadaigh chiumhais-bhriste í fhéin sa trunc sa seomra thiar. Lig sí scread:

'Tá mé sa teach seo le leathchéad bliain. Rinne mé leas. Is fúm a síneadh fir agus mná ar fónamh os cionn cláir. Ná tabhair cead mé a chaitheamh amach.'

Chreath an raca déad-bhriste sa trunc sa seomra thiar. Lig sí scread:

'Tá mé sa teach seo le leathchéad bliain. Rinne mé leas. Is liom a cíoradh gruaig fear agus ban ar fónamh faoi chóir na cille. Ná tabhair cead mé a chaitheamh amach.'?

Phreab an phluideog chom-bhriste sa trunc sa seomra thiar. Lig sé scread:

'Tá mé sa teach seo le leathchéad bliain. Rinne mé leas. Is ionam a tugadh fir agus mná ar fónamh chun an phobail dhá mbaisteadh. Ná tabhair cead mé a chaitheamh amach.'

Stromp an cliabhán taobh-bhriste i gcúinne an tseomra thiar. Lig sé scread:

'Tá mé sa teach seo le leathchéad bliain. Rinne mé leas. Bogadh fir agus mná ar fónamh ionam. Ná lig mé a chaitheamh amach.'

Shioc seanbhean anáil-bhriste chroí-bhriste an tí sa gclúid. Lig sí scread:

'Tá mé sa teach seo le leathchéad bliain. Rinne mé leas. Thug mé fir agus mná ar fónamh ar an saol. Ná tabhair cead do bhean nuaphósta an tí seo mé a chaitheamh amach.'

An t-Údar

Máirtín Ó Cadhain – Úrscéalaí agus Gearrscéalaí 1905-1970

As paróiste an Chnoic, gar don Spidéal i gContae na Gaillimhe, do Mháirtín Ó Cadhain, an scríbhneoir próis is mó cáil b'fhéidir, sa Ghaeilge. Foilsíodh cúig chnuasach gearrscéalta leis – as *Cois Caoláire* a foilsíodh i 1953 a tógadh an scéal seo, 'Glantachán Earraigh'. D'fhoilsigh sé *Cré na Cille* i 1950, úrscéal a bhain go leor duaiseanna amach. D'oibrigh sé mar mhúinteoir, mar aistritheoir sa Dáil agus mar Ollamh le Gaeilge i gColáiste na Tríonóide. Bhí alt seachtainiúil aige san *Irish Times* freisin 1953-6. Chaith sé tréimhse i ngéibheann (1939-44) toisc an bhaint a bhí aige leis an IRA – bhí tuairimí láidre aige faoin bpolaitíocht agus faoin teanga.

Cúlra an scéil

Nuair a thug Máirtín Ó Cadhain faoi scríbhneoireacht i dtosach, agus gan é ró-chinnte céard a bheadh mar ábhar aige léigh sé scéal leis an údar Rúiseach, Gorki, a thug cuntas réalaíoch ar ghnáthshaol mhuintir na tuaithe agus na deacrachtaí a bhain leis. Thuig Máirtín ansin go bhféadfadh sé scríobh faoina phobal féin:

'Gheit mé suas den leaba a raibh mé sínte uirthi dhá léamh. Níor léigh mé a leithéid roimhe sin. Tuige nár inis duine ar bith dhom go raibh scéalta mar seo ann? 'Bheinnse i n-ann é sin a scríobh,' arsa mise liom féin. 'Sin obair a níos mo mhuintirse, ach gur malairt ainmneachaí atá orthu'.

(Cadhain Aonair
le Gearóid Denise, lch 3
Foils: An Clóchomhar Tta.)

Cíoradh an scéil

1   Meaitseáil an t-earra nó an duine as liosta A leis an áit ina raibh sé / sí as liosta B.

A	B
tuirne	sa trunc
cupán	i gcúinne an tseomra
bord	faoin drisiúr
cófra	sa chlúid
tlú	sa trunc
stóilín	os cionn na fuinneoige
leaba	sa seomra thoir
scáthán	in aice na tine
pictiúr	ar an lota

trumpa	i mbarr an drisiúir
cuilt	le balla
raca	ar an teallach
pluideog	leis an spiara
cliabhán	sa trunc
seanbhean	ar an mballa

2   Scríobh liosta de na briathra sa scéal a chuireann síos ar ghluaiseacht gach earra sular labhair sé:

Sampla
Bhog an tuirne

an cupán	an pictiúr beannaithe
an cófra	an bord
an tlú	an scáthán
an cliabhán	an stóilín
an phluideog	an leaba
an raca	an chuilt
an trumpa	

Shioc an tseanbhean – cén fáth, dar leat?

3   I gcás gach ceann de na hearraí, abair cén locht a bhí air.
Sampla:
An tlú: Bhí an brionglán briste.
Abair cad a bhí cearr leis an tseanbhean. An féidir í a chur i gcomparáid leis na hearraí más ea? Cad iad na difríochtaí atá eatarthu?

4   Abair cén tseirbhís a thug gach ceann de na hearraí, dar leo féin.
Cén tseirbhís a thug an seanbhean, dar léi féin? Cén difríocht a fheiceann tú idir an tseirbhís a thug na hearraí agus an tseirbhís atá tugtha ag an tseanbhean? An bhfuil siad ar an leibhéal céanna? An bhfuil éinne á gcur ar an leibheal céanna de réir an scéil.

5   Cé na hearraí nach mbeadh sa scéal seo, dar leat, dá mbeadh an t-údar á scríobh sa lá atá inniu ann? Mol liosta eile ina n-áit sin. Scríobh an chaint a dhéanfadh gach ceann de na hearraí nua-aimseartha sin.

6   Cad é an dearcadh a léirítear sa scéal i leith seandaoine? Seo mar a dúirt léirmheastóir amháin maidir leis an seanbhean: 'Ní raibh inti ach earra eile de chuid earraí an tí agus a cuid déantús maitheasa ar lár fearacht an stóilín chosbhriste, an scátháin ghloinebhriste, an chliabháin thaobh-bhriste agus earraí seanchaite eile an tí, a rinne leas sa seansaol, ach a raibh a sraith anois ar lár. Mar sin atá cinniúint an duine sa saol neamh-phearsanta nua-aoiseach.'
(Gearóid Denvir, *Cadhan Aonair*)

An aontaíonn tú lena bhfuil á rá san abairt dheireanach sin?

7   Cad é an eagla a bhí ar an tseanbhean? An bhfuil an fhadhb chéanna ag seandaoine an lae inniu? Cé na fadhbanna is mó, dar leat, atá ag seandaoine inniu?

8   'Ba cheart rudaí nó daoine nach bhfuil ag feidhmiú níos mó a chur ar leataobh.' Cad é do tuairim faoin dearcadh seo? An dóigh leat go bhfuil an dearcadh seo forleathan i saol an lae inniu? Tabhair fianaise mar léiriú ar do thuairim.

9   Sa saol traidisiúnta bhí sé de nós ag lánúin óg cónaí sa teach le tuismitheoirí duine acu. Ba mhinic teannas idir bean nuaphósta an tí agus an bhean a bhí tar éis a saol a chaitheamh i mbun oibre sa teach céanna. Cé nach bhfuil cur síos ar an mbean nuaphósta sa scéal seo, cuirimid aithne uirthi. Cén t-eolas atá intuigthe fúithi ón scéal?

10 Cén léargas a fhaighimid sa scéal ar nósanna beatha nach bhfuil ann a thuilleadh? Cé acu de na nósanna atá intuigthe sa scéal atá ann fós agus a bheidh riachtanach i gcónaí?

11 An bhfeiceann tú na teicnící scríbhneoireachta seo in úsáid sa scéal? – athrá, uaim, fuaimfhoclaíocht, codarsnacht? Tabhair samplaí i ngach cás.

12 Ar thaitin an scéal seo leat? Cén fáth?

Gluais

bhog: chorraigh

lota: lochta, seilf mhór nó urlár uachtair faoin díon

leathchéad: caoga

leas: maitheas; *rinne mé leas*: thug mé seribhís mhaith.

anairt: éadach garbh, canbhás

fir agus mná ar fónamh: fir mhaithe agus mná maithe.

luasc: bhog, *it swayed*

trasnán: píosa adhmaid a théann ó chos boird go cois eile chun an bord a choimeád daingean. Cuireann daoine a gcosa ar an trasnán.

cincín: inse, comhla, *hinge*

spiara: balla éadrom adhmaid, *partition*

thaisc: choimeád mé slán é

d'fheac sé: *it bent*

tlú: uirlis chun breith ar mhóin, ar ghual srl

brionglán: cos an tlú

ar an teallach: cois na tine

d'fhadaigh mé: las mé

choigil mé (tine): chlúdaigh mé an tine le luaith chun í a choimeád thar oíche

tinteachaí: tinte, *fires*

d'umhlaigh sé: chrom sé, *it bowed*

le hais an tinteáin: cois teallaigh, cois tine

lig siad a scíth orm: shuigh siad orm chun sos a ghlacadh

ghíosc: dhíosc, *(it) creaked*

cnaiste: taobh na leapa

thug siad sraith dá gcolainn orm: shín siad iad féin orm

shléacht sé: thit sé beagán

stuaic: barrphointe; *ar stuaic na fuinneoige*: díreach os cionn na fuinneoige

díocas: díograis, *fervour*

chrap: *it shrank*

trumpa: Jew's harp, uirlis bheag cheoil

cual mangarae: carn rudaí atá caite i leataobh

faoi íochtar an drisiúir: faoi bhun an chófra

lioc: chrap sí í féin ina chéile

ciumhais-bhriste: bhí imeall / frainse *(fringe)* cuilte an stróicthe / sceite *(frayed)*

trunc: cás mór adhmaid

síneadh iad os cionn cláir: cóiríodh iad nuair a bhí siad marbh, *they were 'laid out'*

chreath sé: chroith sé, *it shook itself*

raca: cíor

déad-bhriste: bhí fiacla briste sa chíor

faoi chóir na cille: mar ullmhú don uaigh

phreab sé: gheit sé, *it jumped*

pluideog: blaincéad beag

com-bhriste: bhí sé caite *(worn)* ina lár; *com*: *waist*

chun an phobail: chun an tséipéil

stromp sé: stad sé den chorraí, *it stood stock still*

cliabhán: leaba bheaga adhmaid do leanbh óg: taobhanna arda air agus cochall (hood). D'fhéadfá é a luascadh *(rock)* / a bhogadh chun an leanbh a chur a chodladh.

shioc sí: *she stiffened* (ar nós an tseaca)

sa gclúid: cois na tine

thug mé fir agus mná ar an saol: bhí clann mhac agus iníon agam, rugadh clann mhac agus iníon dom.

bean nuaphósta an tí: pósadh mo mhac le déanaí agus tá a bhean chéile i mbun an tí seo ansin.

6 Anam a Mháthara Móire

Séamas Ó Grianna (1889-1969)

1

Dónall Searbh a bhí mar leasainm air. Agus an mhuintir a bhaist é, ar ndóigh, dar leo go dtug siad ainm air a d'fhóir dó. Nó is é a bhí searbh, confach, colgach. Ní fhaca mé riamh aoibh an gháire air. Ní raibh ligean chuige nó uaidh aige. I ndúlaíocht geimhridh, nuair a bhí cead reatha ag eallach an bhaile, ní raibh acmhainn ag Dónall aon bheathach ceathairchosach a ligean trasna ar a chuid talaimh.

Agus, a Dhia, an eagla a bhí orainn roimhe nuair a bhíomar inár bpáistí! Nuair a bhínn féin agus Dónall s'againne agus Dónall Frainc ag buachailleacht, bhíodh ár gcroí amuigh ar ár mbéal le heagla go rachadh aon cheann dár gcuid eallaigh fá scórtha slat den chrích aige. Agus, ar ndóigh, níorbh iontas ar bith go raibh. Tháinig sé orainn lá amháin san fhómhar agus corrán leis, an áit a rabhamar istigh ina chuid coirce ag baint sméar dubh a bhí ag fás ar bhruach a bhí ann. Agus thóg sé amach ón talamh sinn le rois amháin mionna mór agus mallacht.

'Á, bhur n-anam do dhúdhiabhail Ifrinn,' ar seisean. 'A bhaicle dhrochmheasúil dhímhúinte, nach mór an croí a fuair sibh easair chosáin a dhéanamh de mo ghiota coirce, agus an saothar a fuair mé á chur agus á ghiollacht? Damnú nár thige orm go mbeinn ag stealladh na gceann díbh mar a dhéanfainn le dias choirce.'

Chuir sé a sheacht n-oiread thairis, ach níor fhanamar i mbun comhrá aige. Thugamar na bonnaí as, agus dar linn féin é uaidh orainn.

'Goidé an gábhadh ar imigh sibh as?' arsa mo mháthair mhór, nuair a tháinigeamar isteach agus ár n-anál i mbarr ár ngoib linn.

'Tá', arsa mise, 'tháinig Dónall Searbh orainn thoir ansin agus gan sinn ag déanamh a dhath air ach ag sroicheachtáil isteach thar an chlaí ag baint sméar dubh. Ní rabhamar istigh sa choirce nó a dhath. Bhainfeadh sé na cinn dínn leis an chorrán dá bhfaigheadh sé greim orainn.'

'Leoga, ní bhainfeadh sé ribe amháin gruaige díbh, chan é amháin na cinn,' arsa mo mháthair mhór.

'Is trua Mhuire nach bhfanann sibh uaidh,' arsa mo mháthair, 'agus fios maith agaibh go bhfuil sé corr. An té a thug Dónall Searbh air is é nach dtug an leasainm air. Ar shiúl is corrán leis i ndiaidh páistí mar a bheadh cnapán fir mhire ann! Beidh sméara dubha ag fás ansin nuair a bheas sé ina chréafóig san uaigh.'

'Mhaighdean Mhuire, an t-athrach a chuireas an aois ar dhaoine,' arsa mo mháthair mhór. 'Chonaic mise an t-am a raibh sé sin ar fhear chomh lách suáilceach agus a bhí eadar an dá fhearsaid.'

'Ó, dheamhan sin ó tháinig a cheann ar an tsaol,' arsa mo mháthair.

'Mhaige maise gur siúd an fhírinne,' arsa mo mháthair mhór. 'Ní fhaca tusa é mar a chonaic mise é. Is cuimhneach liomsa nuair ba gheall le fear é.'

'Níl a fhios agam,' arsa mo mháthair, 'ach tá boc mór mearaidh air ó tháinig ciall nó cuimhne chugamsa. Mura bhfuil sé ag seilg páistí tá sé thuas ar mhullach an Charracamáin agus é ag amharc soir ar bheanna Charraig an Choill.'

Agus b'fhíor di. Is minic a chuir mé sonrú ann agus é ag gabháil chun an phortaigh tráthnóna samhraidh. Nuair a thigeadh sé go mullach an aird ligeadh sé a ucht anonn ar chloich mhóir a bhí ann agus d'amharcadh sé soir. Is minic a chuir mé iontas ann. Cá air a raibh sé ag stánadh? Ní raibh soir uaidh ach beanna Charraig an Choill, léana beag glas ag bun an aird mhóir agus ballóg bhriste bhearnach ar bhruach sruthán a bhí ann. Is iomaí uair a dúirt mé liom féin go gcaithfeadh sé gur anseo a rugadh agus a tógadh é, nuair a bhí sé chomh tugtha do bheith ag amharc air agus a bhí sé. Chuir mé ceist ar mo mháthair mhóir.

'A mháthair mhór, an thoir in Ailt an Mhuilinn a tógadh Dónall Searbh?' arsa mise.

'Ní hea,' ar sise, 'ach thall i Rinn na Mónadh.'

'Agus a mháthair mhór,' arsa mise féin, 'cé bhí ina chónaí san áit a bhfuil an bhallóg in Ailt an Mhuilinn?'

'Tá,' ar sise, 'sin an áit a raibh an Muilteoir Bán lá den tsaol. Bhí muileann aige ansin agus, leoga, é ina shuí go te.'

'Bhí cliú dhóighiúil ag Nábla an Mhuilteora,' arsa mo mháthair, ag tabhairt a cuid di féin den chomhrá. 'Agus níl a fhios agam cad chuige a raibh. Ní fhacthas domh riamh gur bean a bhí inti a gcuirfeá sonrú i gcruinniú inti.'

'Bhí an chliú aici,' arsa mo mháthair mhór. 'Agus, an fhírinne choíche, sin an chliú chéanna a thaobhaigh sí. Ní raibh aon chailín óg sa dá phobal lena linn a bhí inghnaoi léi. 'Dhuine, ba deas coimir an béal a bhí uirthi, agus ba tarrantach an aoibh a bhí uirthi. Agus bhí a shliocht uirthi, ní raibh aon bhuachaill sna Rosa nach rachadh amach ar an fharraige ina diaidh.'

'Maise,' arsa mo mháthair, 'má bhí a leithéid de ráchairt uirthi, tá fhios ag mo Thiarna orm gur dhona an rogha a bhain sí astu, Tarlach beag meaite Chonaill Bhriain.'

'B'fhéidir gurb iad a bhí i ndán dá chéile.'

'Nach é sin athair mór Shimidín thall anseo?' arsa mé féin, nuair a chuala mé ainm Tharlaigh Chonaill Bhriain dá lua.

'Is é,' arsa an tseanbhean, 'agus ba í Nábla an Mhuilteora a mháthair mhór, go ndéana dia a mhaith uirthi.'

'Cé a shílfeadh do Shimidín go raibh máthair mhór chomh dóighiúil sin aige?' arsa duine eile.

'Más gaolmhar ní cosúil,' arsa an tseanbhean. 'Simidín bocht, níor lean sé duine nó daoine. Níl a fhios agam cá bhfuarthas é. Is cosúil go sciordann éan as gach ealt.'

2

Gasúr beag cruaidh dubh meirgeach a bhí i Simidín, agus bhí a gháir ar fud na paróiste, bhí sé chomh crosta sin. Bhí a mháthair marbh agus ní raibh aon duine le comhairle a thabhairt dó, le cois go raibh cuma air go raibh an diabhlaíocht ó nádúir ann. Ní dheachaigh sé chun na scoile riamh ach lá amháin. Bhí sé chomh crosta an lá sin agus gur bhuail an máistir é, agus an lá arna mhárach d'imigh Simidín a chuartú neadrach. Agus goidé eile nach dearna sé? Bhíodh sé ar shiúl ag cur madadh a throid. Bháigh sé cat Anna Mhealadáin i gcuinneog bhláiche. Bhain sé an tseithe de Churach Mhicheáil Mhóir agus dhóigh sé í Oíche Fhéile Eoin. Níl aon bhacach dá dtigeadh an tslí nach mbíodh sé féin agus Simidín sáite ina chéile. Bhí na seanmhná á rá go mbeadh droch-dheireadh air mura mbeadh ann ach a dearn William Sling de mhallachtaí air.

Bhí crann breá úll ag Dónall Searbh, agus bhí súil ag na páistí air. Ach ba doilígh a theacht air gan fhios do Dhónall. D'fhéach níos mó ná gasúr agus ná beirt leis na húlla céanna a ghoid, ach fuair siad rud nach dearn siad margadh air. Tháinig Dónal orthu agus bhuail sé leithead a gcraicinn orthu.

Tráthnóna breá fómhair chonacamar ag imeacht chun an phortaigh é agus cliabh air.

'Seo ár n-am,' arsa Simidín. 'Tá an madadh leis, fosta. Is fada go mbí sé ar ais. Seo an cineál tráthnóna a gcaitheann sé seal sínte ar chloich mhóir ar mhullach an Charracamáin ag amharc soir ar bhallóg an tseanmhuilinn.'

Shín linn ag tarraingt ar chrann na n-úll nuair a shíleamar go raibh Dónall as ár n-amharc. Ach goidé a rinne sé ach ár bhfeiceáil, ar thógáil ruball Ard na Gaoithe dó, agus pillidh sé. Bhí guala an aird eadar é féin agus sinne agus ní fhacamar é go raibh sé ag ár dtaobh. Bhí gasúr thuas sa chrann agus é ag baint na n-úll agus á gcaitheamh anuas chugainn féin. Agus, ar ndóigh, cé a bheadh ann ach Simidín?

'Scrios Dé air, Dónall na goice,' ar seisean. 'Beidh na húlla againn agus gan a bheith buíoch de…Dá bhfaighinn sroicheachtáil a fhad leis an úll mhór dhearg sin…M'anam go bhfuil mo ghealas briste. Síneadh duine agaibh aníos slat chugam.'

Leis sin cuiridh Dónall Searbh uaill as féin taobh amuigh de chlaí an gharraí.

'Á, bheirim bhur gcorp don diabhal, a scrublach, nach damanta an mhaise daoibh a beith ag goid mo chuid úll?'

Shín an rása againn féin. D'imigh duine soir agus duine siar. Bhí Simidín thuas sa chrann. Rinne Dónall neamhiontas den chuid eile againn, agus anonn leis go bun an chrainn go bhfaigheadh sé greim ar an ghadaí mhór. Nuair a lig an eagla domh féin amharc thart fuair mé Dónall Searbh agus greim gualann aige ar Shimidín. 'Ó, 'Dhia,' dar liom féin, 'nach trua Simidín bocht? Mairfidh an seanduine mire sin é.'

'Tá tú gaibhte,' arsa Dónall, 'agus bíodh geall air nach tú an chéad fhear arís a thiocfas a dhéanamh slad ar mo ghnoithe-sa. Cé leis thú?'

'Le Séimí Tharlaigh Chonaill,' arsa an gasúr:

'Is deas an obair atá ort, ar shiúl ag gadaíocht san aois a bhfuil tú ann!' arsa an seanduine. 'Is maith an rud a dhéanfaidh tú. Cad chuige nach dtáinig tú chugamsa agus na húlla a iarraidh orm agus bhéarfainn duit iad, sula gcuirtí rún gadaí faoi mo chrann. Ach b'fhearr leat a ngoid. B'fhearr leat ar shiúl leis an bhroscar gan mhúineadh sin a d'fhág thú mar atá tú. Ach, dar an leabhar, agus chan é sin an mionn bréige, má gheibhimse greim ar na smugacháin tiocfaidh dhá lá go leith arís sula n-éirí siad amach a ghadaíocht. … An bhfuil dúil in úlla agat? Ach nach bhfuil a fhios agam go bhfuil! Goitse!'

Líon sé seanbhearád bealaithe a bhí ar Shimidín de na húlla agus lig cead a chinn leis.

Níorbh iontaí linn féin an sneachta dearg ná an tallann seo.

'Tá Simidín faoi gheasa, má bhí aon duine riamh ann,' arsa duine amháin.

'Ní bhfaighidh sé bás choíche nuair nár mharbh Dónall Searbh inniu é' arsa duine eile.

'A Shimidín, tabhair dúinn cuid de na húlla,' arsa Dónall s' againne, nuair a tháinig Simidín chugainn agus an ciste leis.

'Maise,' arsa Simidín, ag toiseacht a roinnt na n-úll, 'is cruaidh a shaothraigh mé féin iad.'

' 'Shimidín, an raibh eagla ort?'

'M'anam go raibh mo sháith. Dá bhfeictheá na súile a bhí air nuair a bhí mé ag teacht anuas as an chrann. Agus bhí soc air mar a bheadh snáthad mhór ann… Ach deir sé nach n-imíonn sibhse air…Go mbuana Dia úlla aige! Rachaimid anonn arís an chéad lá eile a bheas sé sínte ar an chloich mhóir ag stánadh ar bhallóg an tseanmhuilinn. Ach caithfimid duine a chur á choimeád, a dheanfas comhartha dúinn ar eagla go bpillfeadh sé mar a rinne sé inniu.'

3

Nuair a tháinig mé féin chun an bhaile d'inis mé an scéal. Ar scor ar bith d'inis mé an méid a d'fhóir domh. Cheil mé go raibh mé féin sa tsiúl. Mar b'fhíor domh féin, chonaic mé an t-iomlán agus mé thíos ar thóin na Reannacha ag baint cailleach bréagach.

'Agus deir tú liom,' arsa mo mháthair, 'nár leag sé a oiread agus barr méir ar Shimidín i ndiaidh breith san ócáid air? Caithfidh sé go bhfuil lá an bhreithiúnais ann. Sin nó go bhfuil an Simidín céanna faoi gheasa.'

'Mo thruaighe!' arsa mo mháthair mhór, agus, dar leat, cineál tochta uirthi.

188

'Goidé ábhar do thruaighe?' arsa mo mháthair.

'Tá,' arsa an tseanbhean, 'd'imir sé an dáimh sin le Simidín. Smaoinigh sé ar an am a chuaigh thart.'

Nuair a chuala mé féin seo thug mé cluas ghéar don chomhrá go gcluininn an scéal.

'Go ndéana mo Thiarna trócaire ar an méid acu atá marbh,' arsa an tseanbhean, 'bhí Dónall Searbh agus Nábla an Mhuilteora – máthair mhór Shimidín dá maireadh sí – bhí siad iontach geallmhar ar a chéile sular pósadh ise.'

'Shíl mé,' arsa mo mháthair, 'dheamhan bean ar bhuair sé a cheann léi ó rinne slat cóta dó.'

'Maise, m'anam atá i mo chliabh,' arsa Seonaí Sheimisín, a bhí istigh ag airneál againn, 'gur shíl mise an rud céanna. Shíl mé nach raibh ann ach gaisearbhán de dhuine nach rachadh fá fhad scairte de mhnaoi, chan é amháin a bheith geallmhar ar chuid acu.'

'Ní hamhlaidh a bhí,' arsa mo mháthair mhór. 'Bhí sé lá de na laetha agus is é féin nach raibh searbh nó confach. Chonaic mise é nuair a bhí sé ar bhuachaill chomh croíúil, aigeantach, greannmhar, brioscghlórach agus a bhí ó Ghaoth Dobhair go Gaoth Beara.'

'Cé?' arsa mo mháthair. 'An Dónall Searbh a bhfuil aithne againne air?'

'Maise, ní hé,' arsa an tseanbhean, 'nó ní raibh aithne agatsa air. Ach bhí agamsa.'

'Cé a shamhlódh dó é?' arsa mo mháthair.

'Bhí siúd mar siúd,' arsa mo mháthair mhór. 'Bhí sé féin agus Nábla an Mhuilteora luaite le chéile ar feadh na mblianta. Shíl 'ach aon duine go mbeadh siad ag a chéile. Ach ní mar a shíltear ach mar chinntear. Bhí an Muilteoir Bán ina shuí go te san am, agus gléas air crodh maith a chur lena iníon. Agus chan de lámha folamha a bhí gnoithe ag fear ar bith a ghabháil a dh'iarraidh Náblann air. Bhí Dónall bocht, agus níor ní leis an mhuilteoir é mar chliamhain. Rinneadh cleamhnas eadar Nábla agus Tarlach Chonaill Bhriain: bhí neart talaimh ag Tarlach. Bhí siad á rá gur in éadan a cos a chuaigh Nábla leis, nó bhí sí doirte do Dhónaill, ach thug a muintir uirthi Tarlach a ghlacadh. Dóibh féin a hinistear é, ní maith a d'éirigh an cleamhnas céanna le ceachtar den dá dhream. Ní raibh lá ratha orthu riamh ní ba mhó.'

'Ach shíl na daoine go mbeadh obair ag Dónall Searbh a chiall a choinneáil i ndiaidh Náblann agus, ar ndóigh, féadaim a rá nár choinnigh. Rinne sé rud nach gcuala mé aon duine eile a dhéanamh riamh san ócáid. Chaoin sé uisce a chinn, agus ba chuma leis cé a tífeadh nó a chluinfeadh é. Dá mba í a bhean phósta í agus bheith ina luí marbh, ní thiocfadh leis daonán ní ba mhó a dhéanamh. Maidin lá na bainse chuaigh sé suas go mullach an Charracamáin agus leag sé a ucht anonn ar cloich mhóir agus chaoin sé go bog binn, agus é ag amharc soir ar an mhuileann. Ní raibh ann ach gur tugadh fá dhíon ar chor ar bith é.'

'M'anam, maise,' arsa mo mháthair, 'go ndéan sé an turas céanna go fóill. Inné féin a chonaic mé sínte ar chloich mhóir é agus é ag amharc soir ar bhallóg an tseanmhuilinn.'

'Mo choinsias,' 'Eibhlín, gur sin scéal iontach,' arsa Donnchadh Shéarlais. 'Tá truaighe agam féin anois dó. Ar m'anam go bhfuil. Shíl mé go dtí anocht nár bhain a dhath riamh deor as, nó nach raibh aon deor ann le baint as.'

'Is réidh ag duine a sheanfhocal a rá ar an tsaol seo,' arsa mo mháthair mhór. 'Is minic a mhealltar duine. Is minic a bhíos an aithne chontráilte againn.'

'Cér bith mar a bhí,' arsa m'athair, 'bíonn rud inteacht i gcónaí le maide as uisce a thógáil de Shimidín.'

'Bíodh sé buíoch de na mairbh go bhfuair sé an ceann leis an iarraidh seo,' arsa an tseanbhean, 'agus cuireadh sé paidir le hanam a mháthara móire.'

An t-údar

Séamas Ó Grianna (1889-1969) a scríobh an gearrscéal seo 'Anam a Mháthara Móire', a foilsíodh i gcnuasach dár teideal *Cith is Dealán* (a foilsíodh don chéad uair i 1926). I Rann na Feirste, i nGaeltacht Thír Chonaill, a rugadh an t-údar. Tar éis dó an scoil a fhágáil, chuaigh sé mar a ndeachaigh go leor de mhuintir na háite chun obair shéasúrach a fháil in Albain. Oileadh é mar bhunmhúinteoir i gColáiste Oiliúna Naomh Pádraig i nDroim Conrach, Baile Átha Cliath agus chaith sé tréimhse ag múineadh. I 1932 fuair sé post mar Státseirbhíseach. Scríobh sé an-chuid alt in irisí liteartha chomh maith lena ghearrscéalta agus a chuid úrscéalta. D'aistrigh sé leabhair ó theangacha eile go Gaeilge freisin. D'úsáid sé an t-ainm cleite 'Máire'. Bhí deartháir leis, Seosamh, ina ghearrscéalaí freisin.

Cúlra an scéil

Faighimid léiriú i scéalta Uí Ghrianna ar an saol inar tógadh é. Ba scríbhneoir é 'a bhain go dlúth leis an traidisiún seanchais' (Aisling Ní Dhonncha: 'An Gearrscéal sa Ghaeilge'.) Thaitin a cuid scéalta rómánsúla leis an bpobal díreach mar a bhain siad taitneamh i gcónaí as na seanscéalta béaloidis – 'is beag scéal dá chuid nach bhfuil saibhreas cainte, modh scéalaíochta críochnúil agus léiriú cruinn ar chuid de phobal Rann na Feirste ann.' (Aisling Ní Dhonncha) Is minic an téama seo ag 'Máire' ina chuid scéalta: an duine aonaránach ag deireadh a shaoil, 'é searbh, confach, colgach' mar gheall 'ar an ngrá gan rath'. Sin is téama don scéal seo, 'Anam a Mháthara Móire' agus trí cheistiúchán na bpáistí sa scéal a fhaighimid míniú ar an gcúis atá leis an searbhas. Faighimid léargas sa mhíniú seo ar an stair shóisialta – ar na nósanna a bhain le cúrsaí cleamhnais is pósadh, le cúrsaí feirme, le caitheamh aimsire na ndaoine srl.

Cíoradh an scéil

1   Is léir go bhfuil codarsnacht sa scéal seo idir Dónall Searbh anois agus Dónall nuair a bhí sé óg. Líon isteach an dá cholún seo maidir leis:

Dónall Searbh mar a chonaic na páistí agus máthair an scéalaí é	Dónall mar a bhí ina óige agus mar a chonaic máthair mhór an scéalaí é (i gcónaí b'fhéidir)

2   Anois déan an chodarsnacht seo sa scéal a chíoradh tríd an dá cholún thíos a líonadh:

Dónall Searbh sular phós Nábla	Dónall Searbh tar éis do Nábla pósadh

3   'Goidé an gábhadh ar imigh sibh as?' arsa mo mháthair mhór. Conas mar a bhí a fhios aici go raibh siad i ngábhadh (i gcruachás)? Cén 'gábhadh' ar imigh siad as?

4   Ní mar a chéile an dearcadh a bhí ag máthair an scéalaí agus a mháthair mhór nuair a chuala siad faoin ngábhadh. Cén difríocht a bhí eatarthu?

5   Cad é an radharc a bhí le feiceáil go minic ag an scéalaí, tráthnóna samhraidh?

6   Cad atá le foghlaim sa scéal faoi (a) Rinn na Mónadh, (b) Ailt an Mhuilinn, (c) An Muilteoir Bán, (d) Tarlach Chonaill Bhriain?

7   'Bhí cliú dhóghiúil ag Nábla an Mhuilteora'. Céard a bhí le rá (a) ag máthair an scéalaí agus (b) ag seanmháthair an scéalaí, faoi sin?

8   'Sciordann éan as gach ealt' – Cé 'an t-éan' a bhí i gceist agus cén fáth a ndúirt an tseanbhean an chaint seo?

9   Cad a rinne Simidín a léiríonn go raibh 'an diabhlaíocht ó nádúir ann'? An dtaitníonn sé leat mar charachtar? Cén fáth?

10   Tabhair cuntas ar an lá ar rug Dónall Searbh ar Shimidín. Céard a rinne sé leis nuair a rug sé air?

11   'Níorbh iontaí linn féin an sneachta dearg ná an tallann seo.' Cén tallann atá i gceist? Cén fáth ar chuir sé ionadh orthu ar fad?

12   'D'imir sé an dáimh sin le Simidín. Smaoinigh sé ar an am a chuaigh thart.' Cad a bhí i gceist ag an seanbhean leis an gcaint seo? Cad a tharla san am a chuaigh thart a shábháil Smidín an lá sin?

13   Céard atá le foghlaim faoi chúrsaí cleamhnais sa scéal? Cén fáth, dar leat, ar phós Nábla Tarlach Chonaill Bhriain?

14   'Is minic a mhealltar duine. Is minic a bhíos an aithne chontráilte againn.' Conas go raibh sé seo fíor faoi na daoine sa scéal seo?

15   An dóigh leat gur scéal greannmhar é seo? Cuir fáth le do fhreagra. Cá bhfuil an greann, dar leat?

Gluais

lch. 186

máthair mhór: seanmháthair

searbh: gan a bheith taitneamhach, cneasta (*bitter, disagreeable*)

ainm a d'fhóir dó: ainm a bhí oiriúnach dó / a thug cur síos maith air

confach, colgach: feargach (*irate, testy*)

Ní raibh ligean chuige ná uaidh aige: There was no give-and-take in him

eallach: beithígh

ag buachailleacht: ag aoireacht na mbó, herding the cattle

fá scórtha slat den chrích aige: in aon ghar (*within scores of yards / 'within an ass's roar'*) dá chuid talún

corrán: uirlis i bhfoirm comhartha ceiste (?) a úsáideadh feirmeoirí chun bainte (*sickle / reaping-hook*)

coirce: saghas áirithe arbhair (*oats*)

rois mionna mór: sruth mionna (*a hail of oaths*)

dúdhiabhail: deamhain dhubha

baicle: scata

dímhúinte: drochbhéasach

nach mór an croí a fuair sibh…?: how dare you…?

easair chosáin: trampled corn

á ghiollacht: ag tabhairt aire dó

dias choirce: an ear of corn

gábhadh: cruachás

ár n-anáil i mbarr ár ngoib linn: bhíomar ar gearranáil (*panting*)

ag sroicheachtáil isteach: reaching in

a dhath: rud ar bith

can é amháin: gan trácht ar…

corr: aisteach (*odd*)

fear mire: fear a bheadh as a mheabhair

an t-athrach: an t-athrú

lách suáilceach: caoin cneasta

eadar an dá fhearsaid: ar dhroim an domhain

tá boc mór mearaidh air: tá sé ina fhear buile

ag amharc: ag féachaint

lch. 187

léana: paiste féir (*a lawn*)

ballóg: fothrach (*ruin*)

muilteoir: muilleoir (*flour-miller*)

lá den tsaol: uair amháin

leoga: go deimhin

ina shuí go te: go maith as, saibhir go maith

cliú dhóighiúil: cáil na dathúlachta

a gcuirfeá sonrú… inti: a thabharfá faoi deara

an chliú a thabhaigh sí: an cháil a bhí tuillte aici (*…that she deserved*)

inghnaoi léi: inchurtha léi, chomh dathúil léi

coimir: comair, néata, deachumtha

bhí a shliocht uirthi: dá réir sin (*accordingly*) 'sign's on'

ráchairt: (*demand*)

'sciordann éan as gach ealt': seanfhocal, 'there's an exception to every rule.'

a gháir: a chlú (*his reputation*)

le cois: agus thairis sin (*besides*)

a chuartú neadrach: ag lorg neadacha éan

cuinneog: (*churn*)

bláiche: tuis. gin. de 'bláthach', *buttermilk*

an tseithe: an clúdach, an craiceann

curach: bád íseal rámhaíochta

Féile Eoin: 24 Meitheamh

Oíche Fhéile Eoin: an oíche roimh 24 Meitheamh, oíche mhór tinte chnámh srl fadó

ba doiligh: ba dheacair

d'fhéach na gasúir le…: rinne na buachaillí iarracht

cliabh: ciseán mór

lch. 188

pillidh sé: d'fhill sé / tháinig sé ar ais

Dónal na goice: swaggering Dónall

gealas: braces, a choinníonn treabhsar gan titim

a scrublach: a scata gan aird, *you hooligans*

muirfidh: maróidh

an seanduine mire: an seanfhear buile

gaibhte: gafa (*caught*)

goitse: gabh anseo, téanam ort

seanbhearád: seanbhairéad / seanchaipín

bealaithe: greasy

an tallann seo: an taom (*fit*) seo (a bhuail Dónall)

tá sé faoi gheasa: tá an t-ádh dearg leis (*he's under a lucky spell*)

'is cruaidh a shaothraigh mé féin iad': 'dhíol mé féin go daor astu'

soc: srón